文史哲學集成

唐瑞裕著

清代乾隆朝吏治之研究

文史哲出版社印行

國家圖書館出版品預行編目資料

清代乾隆朝吏治之研究 / 唐瑞裕著. -- 初版
-- 臺北市：文史哲, 民 90.08
面； 公分 --（文史哲學集成；446）
參考書目：面
ISBN 978-957-549-378-8（平裝）

1.官箴－中國－清乾隆（1736-1795）

573.4274 90013771

文史哲學集成 446

清代乾隆朝吏治之研究

著者：唐瑞裕
出版者：文史哲出版社
http:// www.lapen.com.tw
e-mail：lapen@ms74.hinet.net
登記證字號：行政院新聞局版臺業字五三三七號
發行人：彭正雄
發行所：文史哲出版社
印刷者：文史哲出版社
臺北市羅斯福路一段七十二巷四號
郵政劃撥帳號：一六一八〇一七五
電話886-2-23511028・傳真886-2-23965656

實價新臺幣四八〇元

二〇〇一年（民九十）八月初版

ISBN 978-957-549-378-8 00446

清代乾隆朝吏治之研究　目次

緒論

清高宗、名愛新覺羅弘曆（一七一一—一七九九），清世宗（胤禛）之第四子，母鈕祜祿氏，原任四品典儀官凌柱之女，於康熙五十年（一七一一）八月十三日子時生。弘曆生而岐嶷，六歲就傅受書於庶吉士福敏，課必兼治。十二歲謁清聖祖於圓明園之鏤月開雲，見即驚愛，命養育宮中，備荷貽顧。學射於貝勒胤禧、學火器於貝勒胤祿（即後之莊親王）。肄輒精能，發多奇中。隨聖祖巡幸避暑山莊，賜居萬壑松風，讀書其中。木蘭秋獮入永安莽喀圍場，命侍衛引射熊，甫上馬熊突起，聖祖親殪之。歸語太妃曰：「此子（指弘曆）命極貴重，福將過余。」乃益愛之。……雍正元年（一七二三）八月，世宗密書弘曆名緘固，召諭諸王大臣，藏「正大光明」匾上，預立為嗣。於雍正十一年（一七三三）正月，封和碩寶親王。……雍正十三年（一七三五）八月世宗崩逝，莊親王胤祿、果親王胤禮、大學士鄂爾泰、張廷玉等，同受顧命，宣讀詔旨曰：「寶親王四子，秉持仁慈，居心孝友。……其仍封親王者，蓋令備位籓封，諳習政事，以增見識。今既遭大事，著繼朕登基，即皇位。」（註一）愛新覺羅弘曆即位為清高宗，年號乾隆（一七三六—一七九五）。在位六十年，再訓政四年，前後長達六十四年的統治，是清代極盛時期。他爲政以高壓、懷柔並行。清高宗在位期間，文治武功都盛極一時：武功方面，則爲兩次平定準噶爾、一次平定回疆、兩次掃蕩金川、一次平定臺灣天地會之變、一次攻入緬甸、一次平定安南、二次勝廓爾喀。清高宗將這些戰役合攏起來，號稱「十全武功」。這是清高宗本身的誇大之辭，一般的評論如下：

事實上這些戰役有勝有敗，不過總結起來說，還是得多於失，清朝因此而版圖擴大，國威遠揚。（註二）

清高宗首開博學鴻詞科，訪求書籍，完成「明史」、「續文獻通考」、「皇朝文獻通考」等書。乾隆三十八年（一七七三）開館纂修「四庫全書」，自乾隆三十八年起開始編輯，歷時九年第一分已抄錄完成，以後陸續抄錄完成六分。其間動員審核，校勘，謄錄、木匠等人員不下三千八百餘人。並興建北四閣及南三閣以安置這七分「四庫全書」。每分「四庫全書」，收錄約計經部書籍六九七種五、五二〇冊、史部書籍五六七種九、五一三冊、子部九二九種九、〇七〇冊、集部一、二七八種一二、二七八冊。（註三）耗費巨大人力物力。同時藉此機會銷毀、竄改對清朝政權不利的書籍，又屢興文字獄以加強統治。清高宗在統治期間，到處巡遊，特別是六次江南巡行，浪費無度，除了加重國帑負擔，更給貪官污吏辦差時侵貪的機會。雖然國家的財富足以支持他的揮霍，但對政治社會的風氣，有非常惡劣的影響，他的行爲象徵著清室，甚至整個滿族奮發精神的消失，也象徵著清帝國的國運開始走下坡。由於清室政權日趨穩固，滿人自身的缺點也逐漸顯露，滿族官僚的貪污日甚一日，影響所及，內外官吏也貪黷成風，吏治便日趨敗壞。再加上清高宗晚年，躊躇自滿，且自稱「十全老人」，政事多荒弛。將政權交給他所寵信的臣子和珅。和珅在重位達二十年，招權納賄，營私舞弊，大長貪污之風，使清代政治轉趨於腐化，這個原因都是清高宗整頓吏治失敗的主因：現就清高宗乾隆朝，吏治相關問題加以探討，以瞭解清代自清高宗以後漸漸步入衰運的原因。清代之專制時代的官吏，乃君主統治的工具。語云：「工欲善其事，必先利其器。」故歷代君主欲維持其政權於不墜，勢必精選其統治萬民之文武官員。清代君主亦不例外，夫官吏既代君主統治則君主不能不予美好的令名，因此則有官吏封贈制度探討。君主不能不予事權，因此則官職品級尙焉，則君主不能不予報酬，因此俸銀祿米尙焉，俸銀祿米不足遂有徵收耗羨及頒發官吏養廉銀以養其眷口幕友。爲了優秀之士既用，不能不察其行能，考其才識，於是有考績制度。各官如有貪婪行爲，則必須嚴加懲治，並時時予以整飭。尙有不法官吏遂有官員侵貪及書吏弊案的探討。筆者根據國立故宮博物院所藏《軍機處奏摺錄副》、《宮中檔奏摺》、《清高宗純皇帝實錄》、及其他相關史料、書籍等以探討清代乾隆朝之吏治情況。自第二章至第七章以探討上述相關吏治問題，第七章至第九章列舉事實以說明乾隆朝之吏治實際狀況。第十章作一總結。

【附註】

註一　蕭一山著《清代通史》，卷中，第一篇，第一章〈鼎盛時期之政治〉頁一—二。

註二　張之傑主編《環華百科全書》，十二冊〈清高宗〉條，頁二四七。

註三　吳哲夫著《四庫全書纂修之研究》，第四章，第三節〈部次圖書體制之建立〉，頁一一七—一二〇。

第一章　清代乾隆朝吏治之整飭

前　言

自清代取明代而得中國以來，清代統治的基本精神是「皇權」，絕對專制的集權統治。（註一）創業者清太祖、清太宗統治的六十餘年間，固然勵精圖治，依靠特有的八旗制度統一全國，并逐漸建立起文館（內三院即內國史、內秘書院、內弘文院）及六部、理藩院、都察院等中央行政機構。但因惟時不長，眞正建立國家政治制度，應該是在清聖祖及清世宗時代。清聖祖（康熙）、清世宗（雍正）都曾從釐正制度入手，尤其大力整頓吏治，所謂「吏治」即官吏治事之成績。而清高宗（乾隆）爲了延續康熙雍正兩朝的勵精圖治，對一般的官僚體制他並沒有太大的變革，而是針對中央九卿（清代指都察院、大理寺、太常寺、光祿寺、鴻臚寺、太僕寺、通政司、宗人府、鑾儀衛爲九卿），各科道、御史、各省督撫、地方州府縣衙門存在有關吏治的不同問題。清高宗以官吏職責範圍的角度，提出相關性整飭要求。本文根據《清高宗純皇帝實錄》、國立故宮博物院所藏《軍機處奏摺錄副》、《宮中檔奏摺》及相關史料、以探討清高宗整飭中央及地方有關吏治問題所作的努力，以及官吏仍然不能全面清廉勤奮的原因分析之。

第一節　對中央九卿的整飭

清高宗對當時中央九卿狀況的瞭解，見《清高宗純皇帝實錄》，卷一三八，云：

訓勵大臣，諭近見九卿辦事亦皆黽勉效勤，不致曠廢。……朕就近九卿風氣論之，大抵謹愼自守之意多；而勇往任事之意少。朕之所望於諸臣者實不止此，嗣後當實體公忠，擴充器識視國事如己事，以古大臣自期許，佐朕孜孜圖治之心，方爲無忝擢用棟樑舟楫之任也。（註二）

這個上諭直指中央九卿雖然謹愼自守，實則是不求有功，但求無過，毫無所作爲的風氣。而其表現出來的狀況有兩種現象：

其一：通常表現是懶散。

乾隆十一年（一七四六）三月某日，清高宗發現，應召在乾清門等候奏事的九卿，卻因等候稍久，有不耐勞累而忿怒離去者。清高宗於十八日（甲申），下旨加以斥責。見《清高宗純皇帝實錄》，卷二六一云：

諭朕日理政務，不時召見文武大臣，面加諮詢，以期或有裨益。前因九卿奏事到乾清門，朕正在召見諸臣之際，而續降旨召見之臣以爲己事既畢，竟不候而歸。是朕心機務維勤不敢暇逸，而大臣則已退食自公，優游閒適矣。此經降旨申飭並令奏事官員俟朕辦事畢，傳諭各散事之頃不能等待，而急遽若此。古人事君之道，夙夜匪懈諸臣獨不知然後退直。近聞九卿中，有因祗

稍久而以爲勞苦含怨者夫，以候朕理之乎。爲此特行訓飭，諸臣思之，當自愧於心也。（註三）

其二：表現因循而推諉，交移往返稽延緩慢。

乾隆三年（一七三八）六月（丁未）二十六日，清高宗頒諭訓戒部院大臣，要奉公潔己。見《清高宗純皇帝實錄》，卷七一，云：

諭各部院，辦理事務自宜恪慎廉潔奉公守法。若推諉因循，徇私舞弊，則官箴有玷，國法難容。朕聞近來各部院辦事，因循成習，每遇難辦之事即互相推諉，文移往返動經數月，迨夫限期已滿，則潦草完結以避參處。至於易結之事，又復稽延時日，及至限則苟且咨行，以期結案。吏、兵二部於陞遷議處之案，未盡平允。户、工二部於錢糧工程等事，亦不無染指。朕纘承大統以皇考之政爲政、百爾臣工自當仰體朕意，恪守成法以襄治理，何得怠玩疏忽以負朕委用之意，自干罪戾而不顧也。……嗣後各部院大臣等務潔己奉公無忝厥職，並嚴加訪察所屬官員，如有前項諸弊，即行據實指參，毋得瞻徇容隱。倘該堂官不行參奏，或被科道糾參，或經朕訪問定將該堂官一併議處。（註四）

其三：九卿以辦稿爲供職，無深謀遠慮爲國家大計著眼者，實愧爲大臣也。

乾隆七年（一七四二）三月清明節，清高宗在勤政殿對九卿首諭，凡事有徵兆就當先思預防之策云：

上御勤政殿，飭九卿大臣體國盡職。諭入春以來雖得微雪，而雨澤未沛朕心甚憂慮。不知者視爲無關己事，其知者以爲時尚早無煩廑念。朕謂當此旱勢將成未成之際，我君臣正當早作夜思，力圖補救。若旱已成災，夫復何及。（註五）

次諭九卿以循例辦稿爲供職，則一老吏能之，安所謂大臣者。

今爾等惟循例辦稿爲供職，並無深謀遠慮，爲國家根本之計，安所謂大臣者歟？如僅循例辦稿已也，則老吏能之，且其律例規條之熟，爾等尚有不知者。豈朕所望於諸臣耶。（註六）

再諭九卿以若有所見，自當據實指陳，竟與鄉愿無異。

試思朕七年中，誰是以言得罪者，孟子曰：「責難於君，謂之恭；陳善閉邪謂之敬。」爾等九卿中能責難於君者何人？陳善閉邪者何事？即有陳奏，不過請改一規條，更一律例，是即可爲久安長治之大猷乎？朕廣開言路而科道所奏，亦不過摭拾瑣碎無裨政體。……目今生齒益眾，民食愈艱。使猝遇旱乾水溢，其將何以爲計。……似此因循苟且之習不改，竟與鄉愿無異。若聽爾等爲鄉愿，則朕亦鄉愿之主矣。朕實赧焉。（註七）

從清高宗諄諄教誨中，知道當時中央卿任官態度，實過度因循塞責，毫無未雨籌繆之心，以爲循例辦稿爲供職，豈是皇帝之所依爲股肱心膂也，因此嚴加苛責。

第二節　對科道、御史的整飭及要求

清高宗認爲科道、御史承擔監察職責，御史人員未能履行職責關鍵素質大低，爲改善這種狀況，必須在甄選時提高御史素質，並要求請旨考試引見，然後特旨任用之。見《清高宗純皇帝實錄》卷二七七云：

諭……夫言官之設，本以繩愆糾繆激濁揚清。朝廷之得失，民生之利弊，無不可剴切敷陳。內而廷臣外而督撫，果有貪劣奸邪實據，指名彈劾，亦足表見風裁。若徒事懷私窺伺，何以克稱言官之任。比來伊等習尚如此不可不亟爲整飭。向例御史由保舉考試補授，後因臣工條奏，請朕於翰林部屬引見時記名特用。今看來不若仍復舊制之爲妥，著九卿於應行考選人員內，稟公保舉。請旨考試引見候朕簡用。其現任科道，著大學士、九卿通行甄別，毋得稍存瞻循以肅言路。（註八）

清高宗除了嚴格選拔御史外，更擴大選拔的對象，早在乾隆三年規定，除九卿部屬外，例應選翰林部屬等官，一概通行引見。足見清高宗對御史重視及整飭大概。

第三節　對地方督撫州縣的整飭

(一)對督撫的整飭：

清代統治地方，一方面區分治理，在全國分別建立特別區（如東北、京師等），少數民族區（如新疆、內外蒙古、西藏及少數民族集居地），和一般地區（如各十八直省），委以封疆大員分別治理，另一方面則逐級集權于中央，各直省督撫，繫一省或數省于一身，受王命以理事，責任封圻；新疆、內外蒙古、西藏，地處邊陲，各個民族派官員管理，並置八旗駐防大臣直承王命以總其成。因督撫是封疆大臣，身繫一方國計民生重任。因此清高宗對督撫之重視不亞於中央九卿，乾隆八年（一七四三）十一月庚辰（初一），特別下諭訓飭督撫，督撫諸臣應董率群吏，非徒奉文守法，循分苟安，遂謂無忝厥職。應以官事視同家事來辦。見《清高宗純皇帝實錄》卷二〇四，略云：

諭……而勸諭之術，尤在久道化成，是在督撫諸臣，董率群吏，日就月將，實用其心於興化致治之要，以駸駸於上理，非徒奉文守法，循分苟安，遂謂無忝厥職也。朕聞雅爾圖在河南官署，鞠爲茂草。許容之居湖南，至於文書廢紙糊窗，此即孫樵所謂「以官爲傳舍，醉濃飽鮮，笑與秩終」而已。雅爾圖、許容尚稱勤於職事者，而猶有此，則推而至於他省等……其在官無異一驛站耳。古人處官事如家事。試問之爲官者，其料理家務果肯若此之草率簡陋，漫不經心乎？此雖細務，可見其心不在官，欲望其曲體民情，而代謀家室此必不可得之數也。（註九）

清高宗認爲督撫有封疆之寄，主要職責是督察屬官。《清高宗純皇帝實錄》，卷二〇四，清高宗又云：

……從來爲政之道，安民必先察吏。是以督撫膺封疆之重寄者，捨察吏無以爲安民之本。……

夫用人柄操之于朕，而察吏之責則不得不委之督撫。（註一〇）

清高宗以爲「察吏」作爲「安民」的根本，認爲是地方大員的首要大責。這樣可以鞏固地方行政官吏體系，以維持中央集權政策。另外他還告誡各地督撫大員，不要在法令上多做文章而忽視認眞督察屬員工作。根據《乾隆傳》所引：

（督撫）其有一二號稱任事者，又徒事申教令，務勾稽，而無當于明作有功之實效。是但知求之民，而未知求之于治民之吏也。……古稱監司擇守令，一邑得人則一邑治，一郡得人則一郡治。督撫有表率封疆之任，不在多設科條，分擾百姓，惟在督察屬員，令其就現在舉行之事，因地制宜，務以實心行實政。《乾隆實錄》卷二八八。（註一一）

清高宗認爲，督撫祇要仰體朕意，照章辦事就可以達到治國平天下，不得以改科條爲名，卻行擾民之實。因此清高宗強調人治。

㈡對州縣的整飭

清高宗對州縣官員也非常重視，因此州縣官員的人選就特別重要。乾隆十二年（一七四七）七月甲辰（十六日），清高宗曾下諭訓示各地州縣官員，《清高宗純皇帝實錄》，卷二九五，云：

諭……知縣一官，古稱司牧，其才具之短長，乃政治得失所關，民生休戚所係。斷不可因其例應選用，曲意姑容，輒以杜稷民人寄之。闒茸之輩也，此等之人，必不能望其整頓地方，休養黎庶以無負父母斯民之責；即使勉徇其意令其赴任，該督撫亦必以才力不勝奏請改教。在本人既多往返跋涉之勞。設或更代之員，仍復不能稱職，則該地方竟至累月經年無正員經理，案牘由此日積，風俗由此日墮，流弊不可枚舉。（註一二）

清高宗並特別提出好的州縣官員，也就是張九齡所說的良宰賢牧，良宰賢牧的標準清高宗認爲是教養兼備，民獲得養才可教。先看《清高宗純皇帝實錄》，卷二〇四，云：

……張九齡云「縣得良宰，萬户息肩。州有賢牧，千里解帶。」（註一三）

再見《清高宗純皇帝實錄》，卷二〇八，乾隆九年（一七四四）正月，清高宗將教養百姓的道理說得清楚：

訓飭司牧教養兼施。……朕君臨天下，愛育黎元，厚生正德，時切於寤寐。蓋教養於二端，而實爲二端。……衣食足乃可與禮義；飢寒迫，則罔顧廉恥，是不能養民，不可以言教。不能教民，仍不得謂之能養。故教即在養之中，養即可以收教之效。……求其視百姓爲一體，視民事如家事，以實心實政，經畫有方，勸課有法，使地無遺利，家有蓋藏者。……果能視百姓如赤子，察其飢寒，恤其困苦，治其田里，安其家室。……各州縣官各子其民。……。（註一四）

從上面兩段清高宗的訓飭中，使我們知道，他要州縣官做好官，既在採取有效措施，發展地方經濟，又能關心百姓疾苦的才是好官。爲了做到上述兩項標準要求，地方官員就當經常深入民間了解民情，知道各地生產狀況。同年五月庚子（廿三日）《清高宗純皇帝實錄》，卷二一七，清高宗又訓督撫勸課州縣實行教養諭云：

蓋人君總其成於上，而分其任於督撫。督撫總其成於上，而分其任於州縣，州縣者民之司命，又與民最親者也。身居此官，身履此地，耳聞目擊切近易知，非地遠情疏遙爲揣度者可比。……所謂知州必能知一州之事；知縣必能知一縣之事。顧名責實，豈簿書錢穀無誤期令，遂謂可勝任而愉快耶。（註一五）

清高宗告誡地方官，不要成天只顧簿書錢糧，應去打探民間飢苦，用以興利除弊。足見清高宗把民間調查研究等工作，當作對州縣官的基本要求。也是一種改變衙門官僚作風的契機，但官僚作風的痼疾已深，無法得到貫徹施行之效果。

第四節　對地方幕客的整頓

清高宗在整頓吏治的過程中，也非常注意幕客對政治干擾問題，乾隆十二年（一七四七）二月庚寅（三十日），《清高宗純皇帝實錄》，卷二八五，記載廣西監察御史黃登賢，具奏各省幕客在省會生事招搖，並勾結衙門書吏等諸弊情事。其內容節錄如下：

廣西監察御使黃登賢奏，各省幕客頗多聚集省會，引類呼朋與上下各衙門書吏往來結識，因之生事招搖，并探知各衙門內幕，或指稱同鄉親族投帖拜往，互相照應。每於州縣申詳，多方批駁。各州縣不得不來省會，訪求幕客之與上司內幕熟識者，厚聘延請，彼此串合，滋弊無窮。（註一六）

黃登賢並提出辦法，也請清高宗下旨嚴處延請如此幕客之州縣官員，及原在該省被罷黜之官，營求原省作幕之人。他又奏稱：

請敕下各省督撫轉飭首府首縣，將聚集省會之覓館客嚴查驅逐。倘仍聽逗留，即將該府縣照不力保甲例參處。再府廳州縣以下等官罷職後，有在原省傳鑽營作幕，一旦得爲大吏，延請懷私

挾怨，心存報復，更有志在營私情弊尤難殫述，併請嗣後原官該省者不得復在該省作幕。（註一七）

清高宗接受黃登賢的建議，下旨執行。將聚集在省城的府縣幕客，嚴查驅逐。

第五節　對各地武官的整飭及派員檢查

清高宗還非常關注各地武官的居官狀況，乾隆六年（一七四一）十月，因接四川提督鄭文煥奏摺，始獲悉四川建昌鎮臣趙儒、重慶鎮臣蘇應選，俱年逾七旬，體力已衰，遇事逢迎瞻顧。清高宗立刻頒諭，各省提督凡有上述鎮臣武員，應令其休致。詳見《清高宗純皇帝實錄》，卷一五三乾隆六年十月癸丑（廿二日）諭云：

諭直省總督、提督，據四川提督鄭文煥奏稱，建昌鎮臣趙儒、重慶鎮臣蘇應選，俱年逾七旬，精神雖可支持，而年力已就衰暮。一切辦事待屬，似覺優容之意多，迅奮之氣少，逢迎且瞻顧，恐致董率有疏。再趙儒久任邊陲，頗著勞績。蘇應選和平直樸，人亦效力多年等。……前降諭旨甚明，今再頒諭旨。各省提督等留心查察，所統總兵官，內有年齒，雖老而精力未衰，能親身操練弁兵，整飭營伍者，仍准留原任。其於營伍雖未至於廢弛，而本身精力已衰，不能董率操練，則當奏聞令其休致。至於人已衰頹，操練又復懈怠，不免貽誤之員，即當據實參奏，毋得瞻徇。（註一八）

清高宗為了徹底瞭解各地武官實際狀況，遂於乾隆九年（一七四四）正月特派尚書訥親到河南及上下江、淮、徐、山東等地巡視。三月訥親報告，河南開封府駐防之滿洲兵，操練時「進退生疏，隊伍不整齊。」其他各省情況大抵相似。清高宗認為事態嚴重，遂於乾隆十一年（一七四六）九月決定，從次年（十二年）開始分批遣員查閱各省軍隊，當年查閱直隸、山西、陝西、四川、甘肅五省。第二年查閱湖北、湖南、雲南四省。乾隆十四年查閱廣東、廣西、浙江、福建四省。三年一閱，周而更始。略見《清高宗純皇帝實錄》，卷二七四，乾隆十一年（一七四六）十月辛丑（十四日）諭云：

諭國家設立營制，所以嚴拱衛而固苞桑。在選精銳以儲干城，勤訓練以資捍禦。所謂兵可百年不用；不可一日無備也。從前各標營日漸廢弛，朕命訥親前往山東、河南、江南等省，先行查看，並降旨申飭。復於督撫提鎮奏摺中，時加批諭，令其實力整頓。今各省操演之法，大抵旗纛戈甲，期以飾觀步伐陣圖，似為練習。其實在技勇精強，弓馬嫻熟者甚少。在水師營汛亦不過演就水陣聊以塞責而已。即軍政薦舉未能盡屬公當，徒為具文。以是整飭戎行，豈能使壁壘一新，士氣日奮。即如西北稱勁旅；而江浙多柔脆，不知既已為兵，自應鼓其銳氣使弱者日進於強，豈可任其委靡不加振作。蓋營伍令中兵馬錢糧甲冑器械，俱宜事事留心。向來虛冒浮糧私扣棚馬、夤緣拔補、挪借軍裝等弊，猶未盡除，而教訓演習，惟事粉飾，因循怠忽，尚沿舊習殊非設兵衛民之意。是必立定年限，專差大員查看，庶將弁知有責成，不敢怠廢而各兵亦知有考驗，時時儆惕，技藝不致生疏於戎政自有裨益。朕前旨每三年之限，著兵部請旨未定有分省查看之年限。今訥親閱之省，則已過二年。其餘則未派人查看之處，著該部定議，俟臨時朕酌量或自京命大臣往閱，或即命本省督撫查閱，則各提鎮時知提撕，營伍永不致廢弛矣。尋兵部議奏：……請自乾隆丁卯年（十二年）爲始查閱直隸……週而復始，三年各省巡遍，從之。（註一九）

從上述一段諭旨裡，看出乾隆朝初期，武職官員及營伍的缺失甚多。而清高宗對營伍演練，提鎮官員的作爲都有明確整頓，並指示兵部議奏派員查閱營伍三年巡遍方式，對武職官員的整飭亦大有裨益。

第六節　官吏的考績制度及清高宗之改革

官吏考核制度，謂之考績。而考績的好壞也代表對官員吏治的褒貶，因此官吏的考績制度與吏治有相當的關係。清代考績制度，係沿用明制。清制，內外官員官吏的考績制度，分京察和大計兩種：清制對於京官（在京都北平任職的官員）三年進行考核，稱爲京察。每三年考察外官事狀，謂之大計。京察：凡三品以上，由吏部開列事實，具奏裁定。四、五品特簡王大臣驗看；餘官由長官考察。（註二〇）依清代考績制度，京察是以子、卯、午、酉歲次，以乾隆朝爲例，即三、六、九、十二、十五、十八、二一、二四、二七、三〇、三三、三六、三九、四二、四五、四八、五一、五四、五七、六〇等年分別舉行。京城部院司員，由各部院長官考覈，標準爲四格，懸以才（有長、有平）、守（有長、有平）、政（有勤、有平）、年（有青、有壯、有健）爲鵠（格）。根據四格並分等第；一等爲稱職，二等爲勤職，三等爲供職。列一等者給予加級或記名。據《中國歷史大辭典》，清史（上卷）解釋，所謂加級：清代議敘法之一，凡官員考核成績優良，或有功績，均交部議敘以資獎勵。議敘法之法分爲兩種，一曰紀錄、一曰加級。紀錄分一次、二次、三次三等。凡紀錄三次之上爲加一級。加級亦有加級一次、加級二次、加級三次之別。兩者合之，共有十二等，直至加三級爲止。（註二一）所謂記名：清制，官員有功或考核優異者，交吏部或軍機處存記其名，並加考引見，以備外用即遇缺奏請任用。（註二二）而在三等之外者，糾以六法（註二三）：⑴不謹、⑵罷軟者革職，⑶浮燥、⑷才力不及者降調，⑸年老、⑹有疾者休致。大計是考核外官，由吏部考功司掌之。大計凡歲次是寅、巳、申、亥等年舉行，以乾隆朝爲例，二、五、八、十一、十四、十七、二十、廿三、廿六、廿九、三二、三五、三八、四一、四四、四七、五〇、五三、五六、五九等年分別舉行。大計：開始先由藩（布政使）、臬（按察使）、道、府，分別查明其屬之好壞？向督撫申報。督撫覈其事實，如相符即註明考語繕冊送吏部覆覈，如該司員才守確實俱屬優良者，則舉以「卓異」。而劣者，便彈劾以六法如京察例。如不入彈劾者，便算是平等。有關處分見清史選舉志六：

> 卓異者，自知縣而上，皆引見候旨，六法處分如京察。貪酷者，特參。凡京察一等、大計卓異有定額，京官七而一，筆帖式八而一，道、府、廳、州、縣十五而一，佐雜教官百三十而一，以是爲率。非歷俸滿者、未及年限者、革職留任或錢糧未完者、滿官不射布靶不諳清語者，均

不得膺上考，其大較也。（註二四）

清初世祖（順治）時規定，三品以上京官應自陳政績。清高宗認爲自陳繁文，有相率爲僞，其實很不洽當，遂下令取消。另按往例，大臣有自求罷斥，而舉賢自代者，清高宗認爲不妥亦遭廢去。見《清史》（選舉志六）云：

大臣，循例自陳求罷斥者，候旨照舊供職，國初以來行之。乾隆八年（一七四三），曾諭大臣自陳罷斥者，舉賢自代，嗣以所舉不得人，或樹黨營私，行之不久即罷。十七年（一七五二），帝以內外大臣，親自簡擢，隨時黜陟，奚待三年自陳繁相率爲僞，甚無謂也。詔罷其例。（註二五）

乾隆初年，對官吏之考劾亦相當嚴厲，有不少地方官員因考劾不及格或罷軟或降或休致。以乾隆十年（一七四五）凡地方官員被考劾爲不僅、罷軟、浮燥、才力不及、年老、有疾者共計有一百八十人。其中不僅官四三人、罷軟官十七人、才力不及官三五人、浮燥官十三人、年老官四〇人、有疾官三二人。（註二六）但根據《清高宗純皇帝實錄》，卷二五九，乾隆十年，地方官員大計考劾不及格者，實在人數細列表如下：

省名	不謹官	罷軟官	浮燥官	年老官	有疾官	才力不及官
奉天				一	一	
湖北	一	二		四		四
河南	二	一		四	四	四
山東	五	二		一	二	三
河東河員				一		
山西	五	一	一	二	三	三
陝西	二	一	三	一	一	二
甘肅	二			二	二	三
四川	五	三	三	四	六	三
雲南	五	一	二	四		一
貴州	二			六	三	一
小計	二九	十一	九	三十	二三	二四

這一次大計列入六法處分者，亦有一二五人，並一一處分如例。足見這樣考劾也不可不謂嚴厲，並非徒具形式了。相信在嚴厲的官吏考績制度實施下，對乾隆朝官吏必有所警惕和幫助。

第七節　清高宗之懲治貪官污吏（註二八）

懲治貪官污吏在清高宗整飭吏治中，也是一項重要的政策。官吏是否清廉是影響吏治好壞的指標，因此清高宗對貪官的懲辦便十分嚴厲。例如乾隆二年（一七三七），揭露山西學政喀爾欽，在布政使薩哈諒支持下，賄買文武生員及薩哈諒貪瀆之敗跡兩案。清高宗為之震怒，並即派吏部侍郎楊嗣璟會同山西巡撫喀爾吉善，嚴審山西學政喀爾欽賄買文武生員一案並定擬具奏。根據《清高宗純皇帝實錄》，卷一三八，乾隆六年（一七四一）三月壬申（七日），上諭云：

山西巡撫喀爾吉善疏參山西布政使薩哈諒，以收兌錢糧加平入己，擅作威福，嚇詐司書縱容家人，宣淫部民，婪贓不法，給領飯食銀兩恣意剋扣，請旨革職。得旨革職。這所參薩哈諒，著革職，其婪贓不職各款及本內有名人證，該撫一併嚴審究具奏。（註二九）

至於山西學政喀爾欽賄買文武生員一案，清高宗即於次日八日（癸酉）下旨派員會同巡撫嚴審定擬，並詳細說明懲治貪官污吏決心，要各省督撫對大官小官之貪污劣跡不要苟且姑容。以達到公忠體國之義。其諭旨云：

……不意竟有山西布政使薩哈諒、學政喀爾欽穢跡昭彰，贓私累累，實朕夢想之所不到。是朕以至誠待天下，而若輩敢於狼藉至此。豈竟視朕為無能而可欺之主乎？……昔日俞鴻圖賄買文武生童，我皇考將伊立時正法，自此人知畏懼而不敢再犯。今喀爾欽賄買生童之案，即當照俞鴻圖之例而行。若稍有寬宥，是不能仰承皇考整飭澄清之意矣。朕必不出此也。薩哈諒、喀爾欽二案，著吏部侍郎楊嗣璟前往會同巡撫喀爾吉善秉公據實嚴審定擬。且此二案係朕先有訪聞，降旨詢問喀爾吉善，伊不能隱匿，始行參奏。一省如此，他省可知矣。喀爾吉善著該部嚴察議處。凡爲督撫者，遇該省貪官污吏，不思早發其奸或題參一二州縣以塞責，而於此等大吏反置之不問，且忘意朕心崇尚寬大，遂爾苟且姑容，以取悅於眾，返之於公忠體國之義，甚可愧赧，且國法具在，朕豈不能效法皇考乎？可傳諭各省大小臣工知之。（註三〇）

乾隆六年五月庚辰（十七日），因喀爾欽賄買文武生員等情，亦已審實，清高宗遂下旨將喀爾欽家產入官，諭曰：

喀爾欽於山西學政任內，賄賣生員等情，今俱審實。現在審出者如此；則從前不無舞弊營私賄賣生員等情。……喀爾欽家產，著汪札勒……會同該旗大臣等詳細嚴查入官。（註三一）

喀爾欽除家產入官，並於同年七月甲子（二日）處斬。（註三二）而薩哈諒於山西布政使任內，以收兌錢糧加平入己，擅作威福，嚇詐司書縱容家人，宣淫部民，婪贓不法，給領飯食銀兩恣意剋扣之處，亦經審實。七月欽差大臣吏部侍郎楊嗣璟等，將山西布政使薩哈諒擬絞監候一案咨會刑部。丙子（十四日），刑部議薩哈諒論斬，並將前任山西巡撫石麟革任。《清高宗純皇帝實錄》，卷一四六記載：

……准欽差大臣吏部侍郎楊嗣璟等，將山西布政使薩哈諒擬絞監候。查多收入己，以監守自盜論。又例內侵盜錢糧一千兩以上，擬斬監候。應將薩哈諒從重改擬斬監候。原任巡撫石麟，不行訪察題參，降三級調用，係革職留任之員，無級可降應革任。……得旨，薩哈諒依議應斬，著解部監候秋後處決。石麟著革任。（註三三）

清高宗見山西布政使及學政兩大員，貪婪劣跡昭著，地方吏治敗壞嚴重，爲整頓吏治，遂將兩員均經處決，並沒收家產入官。亦見清高宗懲治貪官污吏嚴厲。

乾隆六年三月，左部御史劉吳龍奏聞浙江巡撫盧焯營私重賄，而該知府楊景震受賄三萬兩。見《清高宗純皇帝實錄》，卷一三八云：

戊寅（十三日）左都御史又奏聞得，浙江巡撫盧焯營私受賄。有准理嘉興府桐鄉汪姓分家一案。該府楊景震收受銀三萬兩。汪姓即托楊景震轉送巡撫盧焯銀五萬兩。物議沸騰。隨經督臣德沛檄委嘉湖道呂守曾，查訪該府劣跡。盧焯一聞消息，懼事發干己，星夜出本將楊景震題參。……又運判員缺，嘉興縣知縣閻沛年親送，盧焯銀二千兩，即爲題陞。凡委署州縣，俱有饋送，以缺之大小爲數之多寡。以上各款，既有風聞，不敢隱默，請旨密查。得旨此奏卿其稟公察奏，朕以至誠待臣下，不意大臣中竟尚有如此者，亦朕之誠不能感格衆人耳。……（註三四）

乾隆六年六月十六日，清高宗解盧焯職，並命總督德沛、副都統汪扎爾按治。至七年（一七四二）四月丁巳（廿八日）刑部會題：

參革浙江巡撫盧焯等，營私受賄款一案。據調任閩浙總督宗室德沛、欽差副都統汪扎爾疏奏，臣等逐一訊明分別按擬：除盧焯事後受財求索借貸等輕罪不議外，應如所題。盧焯、楊景震俱

依不枉法贓律，擬絞監候，秋後處決。得旨，盧焯、楊景震俱依應絞，著監候秋後處決。（註三五）

乾隆八年（一七四三），盧焯雖被判以監候秋後處決。但以完贓減等遠戍軍臺，且因建海塘有功，至十六年召還，復得以任用。其他官員貪瀆案件層出不窮。清高宗面對日益增多貪污案件，因此乾隆六年九月決定加重懲治。除完贓減等外一律遠戍軍臺效力，以爲黷貨營私者戒。見《清高宗純皇帝實錄》，卷一五一諭示：

又諭定例：文武官員犯侵貪等罪者，於限內完贓，俱減等發落。近來侵貪之案漸多，照例減等便可結案。此輩既屬貪官，除參款外必有未盡敗露之贓私。完贓之後仍得飽其囊橐，殊不足以懲儆。著尚書訥親、來保將乾隆元年以來，侵貪各案人員，實係貪婪入己，情罪較重者，秉公查明，分別奏聞，陸續發往軍臺效力。以爲黷貨營私者之戒。嗣後官員有犯侵貪等案者，亦照此辦理。（註三六）

乾隆十二年（一七四七），由於完贓之後發往軍臺效力之懲治法未能遏止官員侵貪之風，清高宗又降旨修改懲治貪污等。依原法規定貪官污吏至秋審時，概入緩決而且「不入情實」，所以不至於處死刑。清高宗遂命九卿于秋審時核其情罪，應入情實者，即入情實案內，以彰國法。見《清朝文獻通考》，卷二〇七（刑法）卷一三三云：

十二年，定侵貪官犯限滿擬入情實之例。奉諭旨貪婪侵貪之員，上侵國帑，下朘民脂實屬法所難宥，是以國家定制，擬以斬絞重罪，使共知儆惕。因律內載有分年減等，逾限不完仍照原擬監追之語，至秋審時概入緩決。外而督撫，內而法司皆爲當然。初不計二限已滿，既入秋審，自當擬以本罪。本犯亦持其斷不擬入情實，以至心無顧忌，不知立限減等，原屬法外之仁，至限滿不完。則是明知不死，更欲保其身家，此等藐法無恥之徒，即應照原擬明正其罪。嗣後此等二限已滿照原擬監追之犯，九卿於秋審時核其情實者，即入於情實案內，以彰國法，朕於勾到日再爲酌奪。（註三七）

由以上的敘述，可知清高宗用修改律例懲治貪官污吏，其作法嚴厲，應對侵貪官員是有所儆惕效果。但因爲歷史原因、及清高宗的不當作爲、……等（註三八），諸多原因，使清代乾隆朝官吏侵貪案件仍層出不窮。

第八節　清高宗吏治整飭收效不彰之原因

雖然清高宗對吏治整飭是很嚴厲，爲什麼其效果不彰呢？尤其乾隆朝中期是清代自盛而衰的轉戾點。根據筆者研究，認爲促使乾隆朝吏治漸行敗壞，有下列幾項原因：

1.清高宗精神不如前代，漸成衰退現象，誠如錢穆先生所言：「清代經康熙、雍正、乾隆三朝，比較過的有秩序承平的日子，然到乾隆中葉以後，清室即入衰運。」（註三九）清高宗於雍正十三年九月初三日即位，年二十五歲。到乾隆六十年（一七九五）歸政清仁宗（嘉慶），其年已八十五歲，又做了四年太上皇，總計統治中國六十四年。由於在位過久，乾隆四十年以後，精神顯有不繼。遂有重人治而輕法治，常有「不爲己甚去己甚的」主張。整飭吏治的主張因此鬆懈，失去應有的嚴厲。

2.滿漢旗人統治階級官僚，日益貪污放肆。旗人對中國戒備之心日懈，則其自身缺點日露。旗人貪污案件衆多，茲列簡表如下：

清代乾隆朝地方滿洲八旗、漢軍八旗官員侵貪案件簡表（註四〇）

年月	侵貪官吏	所屬旗籍	侵貪事實
五年四月	川陝總督 鄂彌達	滿洲正白旗	縱容家人婪贓累民包庇屬吏袁安煜放債病民
六年三月	步兵統領 鄂善	滿洲鑲黃旗	收受賄賂
六年六月	浙江巡撫 盧焯	漢軍鑲黃旗	營私縱賄
十一年	江南河道總督 白鐘山	漢軍正藍旗	貪污河工銀數萬兩
十二年九月	浙江巡撫 常安	滿洲鑲紅旗	貪婪
十五年十月	雲南巡撫 圖爾炳阿	滿洲正白旗	通同舞弊彌補虧空

十八年十月	江南河道總督 高斌	滿洲鑲黃旗	失察虧空
十九年二月	前任江南河道總督 顧琮	滿洲鑲黃旗	虧空河庫
二十年十二月	安徽巡撫調任山東 巡撫鄂樂舜	滿洲鑲藍旗	勒派商銀受賄八千兩
二十二年六月	雲貴總督 恆文	滿洲正黃旗	令屬員買金短發金價縱容家人收受門禮
二十五年十月	江西巡撫 阿思哈	滿洲正黃旗	婪賄派累
三十四年八月	貴州巡撫 良卿	滿洲正白旗	彌補掩覆隱匿追銀
三十九年	陝甘總督 勒爾謹	滿洲鑲白旗	王亶望冒賑婪贓全無覺察且收受屬員代辦物件家人從中影射侵肥
三十九年	解任雲貴總督 彰寶	漢洲鑲黃旗	勒索屬員銀四萬兩虧空兵糧
四十二年	雲貴總督 李侍堯	漢軍鑲黃旗	賣官求賕（收受莊肇奎銀二千兩等）、舞智貪贓（修屋勒索、販賣珠子）、私吞贓款（私改金銀數目圖利）、縱奴貪贓（通過家人貪財斂富）、回護貪官（包庇李興垣等）

四十三年九月	葉爾羌辦事大臣高樸（慧賢皇貴妃之姪）	滿洲鑲黃旗	買什物不發價、勒索柴草等項、多派累回衆、玉石藏匿轉賣、擅給翎頂
四十七年四月	山東巡撫國泰	滿洲鑲白旗	勒派通省屬員婪贓累萬
四十九年六月	江西巡撫郝碩	漢軍鑲白旗	勒派屬員各一千餘兩至數百兩、竟至累萬盈萬
五十年	兩廣總督富勒渾	滿洲正白旗	縱僕殷士俊納賕
六十年五月	閩浙總督伍拉納	滿洲正黃旗	婪索諸屬吏、州縣倉庫多虧缺。伍拉納受鹽商賕十五萬

經由上述滿洲及漢軍旗二十人侵貪案的舉發，可以瞭解旗人日益貪污放肆，地方吏治敗壞，顯見清高宗的整飭吏治成效不彰。

3.清高宗過份自信不聽淨言

於乾隆四十五年即用和珅爲戶部尚書時，創辦「議罪銀」制度。（註四一）凡貪污官員可以繳納罰銀的辦法而不予罷斥並不徹查官員貪瀆，地方倉儲虧空等情，因而減輕貪污犯之懲治。而養成官員臨時彌補虧空侵挪，以備欽差盤查惡習，吏治更是腐敗。

《清史列傳》，卷二七，尹壯圖卻批評這個貪污官員以繳納罰銀免罷斥的「議罪銀」辦法：

尹壯圖（雲南蒙自人一七三八—一八〇八）……乾隆四十五年（一七八〇）擢內閣學士兼禮部侍郎。……五十五年（一七九〇）十一月奏言：「督撫自蹈愆尤，聖恩不即加之罷斥，罰銀數萬兩充公。因有督撫等自請認罰銀若干萬兩者。在桀驁之督撫，藉口以快其饕餮之私。即清廉自矢者不得不望屬員之佽助，日後遇有虧空營私重案，不容不曲爲庇護。是罰銀雖嚴不惟無以動其愧懼之心，且潛生其玩易之念。請永停罰銀之例，如才具平常者或即罷斥或用京職，毋許再膺外任。」（註四二）

乾隆五十五年十一月乙未（十九日）國立故宮博物院所藏紅本《清高宗純皇帝實錄》，卷一三六七，清高宗卻下諭辯稱云：

……督撫坐擁厚廉，以其尸位素歲，故議罰充公；若敢藉此斂派，累及屬員則是貪黷營私，自蹈重罪，倘僅予以罷斥改用京員，是名爲嚴之。且各督撫必感尹壯圖此奏矣。尹壯圖慮有此等情弊，奏請將罰銀之例永遠停止，固屬不爲無見，殊不知朕之簡用督撫，皆因一時無人，而又非犯侵貪徇庇之過者，以愛惜人才起見，偶有過誤，往往棄瑕錄用，量予從寬即或議罰項，皆留爲地方工程公用，亦以督撫等祿入豐腴，而所獲之咎尚非法所難宥，是以酌量議罰，用示薄懲。其案情重大，……無不按律懲治，立寘典刑。……並非封疆大吏身獲罪愆，概得以罰鍰倖免。（註四三）

清高宗要尹壯圖將所指督撫何人？逢迎上司者何人？藉端勒派致有虧空庫項者何人？指實參奏。尹壯圖覆奏詳細情形，見同月丁酉（廿一日）實錄云：

……茲據覆奏，各督撫聲名狼藉，吏治廢弛，經過各省地方，體察官吏賢否？商民半皆蹙額興嘆，各省風氣大抵皆然。若問勒派逢迎之人，彼上司屬員授受時，外人豈能得見。徒以道路風聞漫行奏牘，斷不敢作此孟浪之行等語。（註四四）

尹壯圖又請簡派滿洲大臣，同伊密往各省倉庫盤查虧空。清高宗見其覆奏，語氣堅定似乎卻有其事。遂派侍郎慶成帶尹壯圖前往，經查山西、直隸、山東、江南、江蘇等省盤查倉庫、俱無虧短。因此清高宗認定尹壯圖逞臆妄言，顯有欺罔，下旨尹壯圖著革職交慶成押帶來京，交刑部治罪。後清高宗命著加恩免其治罪以內閣侍讀用仍帶革職留任。乾隆五十六年，諭加恩以禮部主事用，嗣因母老奉命歸養。至清仁宗嘉慶四年（一七九九）正月始得平反，諭曰：

前任內閣學士尹壯圖，曾以各省倉庫多有虧缺，藉詞彌補層層朘削以致生民受困之處，具摺陳奏其事。雖查無實據而所奏實非無因。似此敢言之臣急宜錄用，……著富綱傳知尹壯圖令其即行來京候旨擢用，並准其馳驛。……（註四五）

同年四月，尹壯圖抵京具奏，因母老乞恩歸養。經清仁宗著賞給事中銜仍令馳驛回籍侍母，他年再來京供職。整個尹壯圖事件影響是惡劣的，乾隆朝議罪制度不但沒因此取消；相反地再沒有人敢于對時政發表諫言。只剩下一片歌頌之聲，使得乾隆朝的吏治黑暗下去。

4.官員毫無志節，與貪官互相勾結，沆瀣一氣敗壞吏治

(1)**先論中央官場**：洪亮吉（字君直）江蘇陽湖人，乾隆五十五年（一七九〇），一甲二名進士授翰林編修，嘉慶二年（一七九七）命在上書房行走。嘉慶四年清高宗上賓，清仁宗（嘉慶）親政詔求直諫之士，亮吉奮曰：「吾終不可以立仗馬，辜聖天子恩。」反覆極陳時事累數萬言。（註四六）據錢穆先生著《國史大綱》洪亮吉疏謂：

十餘年來，士大夫漸不顧廉恥，有尚書侍郎甘為宰相屈膝者，有大學士七卿之長，且年長以倍，而求拜門生為私人者，有交宰相之僮隸，並樂與抗禮者。太學三館，風氣之所由出，今則有昏夜乞憐，以求署祭酒者，有人前長跪以求講官者，翰林大考，國家所據以陞黜詞臣，今則有先走軍機章京之門，求認師生，以探取御製詩韻者。行賄於門闌侍衛，以求傳遞，代倩藏卷而去，製就而入者。大考如此，何以責鄉會試之懷挾替代。士大夫之行如此，何以責小民之誇詐夤緣。輦轂之下如此，何以責四海九州之營私舞弊。（註四七）

這段洪亮吉疏，已經充分指出乾隆末期，中央官吏日窳，官員為求高官厚祿競奔於官場，賄賂公行。翰林大考，亦行賄於門闌侍衛，以求傳遞，代倩藏卷而去，製就而入者，這樣大膽舞弊，考試風氣大壞。士大夫豈有志節可言，而清高宗整飭吏治功效，更加喪失殆盡。

(2)**次論地方吏治之敗壞**

清制州縣，分選調二等，而各省督撫又得請旨揀發員到省試用，因此部選之缺，常被擱置。

地方官員之銓選之權漸移於督撫，因而督撫之權愈重，州縣賄賂愈不能禁。錢穆先生說的好：每一缺出，鑽營得之者，輒不惜盈千累萬之賄，而墨吏日甚一日。外省鬻缺，其弊尤甚於明吏部之掣籤。洪亮吉謂「十餘年督撫藩臬之貪欺害政，比比皆是，」……當時督撫既多滿員貪黷，道府亦少清望，州縣尚在府廳司道之下，層層管轄，層層剝削，有志節者亦無以自保。故其時讀書稍自好者，苟非入翰林清顯，即退爲書院山長，或浮沉郎署，或寧爲一教官。故乾嘉經學極盛時期之學者，仕官率多不達。如是而望州縣之清廉，吏治振飭自不可能。（註四八）

從上所述所知，地方官吏爲求幸進，遂賄賂公行，竟至虧空彌補，擾民日甚。

5.清高宗寵幸和珅，使和珅秉持朝政達二十餘年。在和珅包庇奧援的官場下，形成一個個侵貪賄賂集團。例如乾隆五十一年（一七八六），浙江學政竇光鼐揭發浙江倉庫虧空一案，清高宗雖派欽差曹文埴等人赴浙調查，但未得確切結果；而竇光鼐仍再三參奏，尤以平陽縣知縣黃梅勒派彌補弊案，最爲眞切，但不爲欽差們相信。甚至清高宗特派的大學士阿桂也被蒙蔽，以至竇光鼐幾乎身陷牢獄。後終因竇光鼐取得黃梅勒派彌補侵漁的田單、印票等確鑿證據，竇光鼐遂得平反。（註四九）如此地方官官相護的侵貪集團，使清高宗的吏治整飭幾乎收不到效果。

6.清高宗個人縱肆奢靡，巡幸無度。（註五〇）官吏爲供應隨扈人員需索，直接促成官吏侵貪行爲以彌補虧空，敗壞吏治整飭工作。

【附註】

註一　劉子揚著《清代地方官制考》，（前言），頁二（北京，紫禁城出版社，一九八八年六月）。
註二　《清高宗純皇帝實錄》，卷一三八，頁五—六，乾隆六年三月戊辰（十八日），總頁二〇五五。
註三　國立故宮博物院所藏紅本《清高宗純皇帝實錄》，卷二六一，頁三，乾隆十一年三月甲申（十八日）諭。
註四　《清高宗純皇帝實錄》，卷七一，頁一七，乾隆三年六月丁未（廿六日），總頁一一七一。
註五　《清高宗純皇帝實錄》，卷一六二，頁二—五，乾隆七年三月庚申（初一日），總頁二三七九—二三八一。
註六　同註四。
註七　同註四。
註八　《清高宗純皇帝實錄》，卷二七七，頁一五，乾隆十一年十月丙戌（廿四日），總頁四〇三二。
註九　國立故宮博物院所藏紅本《清高宗純皇帝實錄》，卷二〇四，頁一，乾隆八年十一月庚辰（初一）諭。
註一〇　國立故宮博物院所藏紅本《清高宗純皇帝實錄》，卷二〇四，頁一，乾隆八年十一月庚辰（初一）諭。
註一一　唐文基、羅慶泗著《乾隆傳》，第二章，第五節（全面整頓吏治），（北京，人民出版社），頁一〇五—一〇六。
註一二　《清高宗純皇帝實錄》，卷二九五，頁一—二，總頁四二八一。
註一三　國立故宮博物院所藏紅本《清高宗純皇帝實錄》，卷二〇四，頁一，乾隆八年十一月庚辰（初一）諭。

註一四　國立故宮博物院所藏紅本《清高宗純皇帝實錄》，卷二〇八，頁二一三，乾隆九年正月壬午（初四）諭。

註一五　《清高宗純皇帝實錄》，卷二一七，頁一三，總頁三一七五。

註一六　《清高宗純皇帝實錄》，卷二八五，頁一六—一七，總頁四一三四—四一三五。

註一七　《清高宗純皇帝實錄》，卷二八五，頁一六—一七，總頁四一三四—四一三五。

註一八　《清高宗純皇帝實錄》，卷一五三，頁八—九，總頁二二六四—二二六五。

註一九　《清高宗純皇帝實錄》，卷二七四，頁一一—一七，總頁三九九二—三九九三。

註二〇　《大清會典》卷六〈吏部考功清史司考察〉。

註二一　《中國歷史大辭典》，〈清史（上）〉，（戴逸等主編，上海辭書出版社一九九二，十一）頁一三七

註二二　《中國歷史大辭典》，〈清史（上）〉，（戴逸等主編，上海辭書出版社一九九二，十一）頁一二八。

註二三　清制，考核不及三等者，要糾以八法即貪、酷、罷軟無為、不謹、年老、有疾、浮躁、和才力不及者，乾隆四年清高宗下令將八法改為六法。而貪、酷者即一旦發現就要參劾不應待三年參劾。

註二四　《清史》，卷一一二，選舉志六，頁一三三八，（臺北國防研究院，民國五二年八月）。

註二五　《清史》，卷一一二，選舉志六，頁一三三九，（臺北國防研究院，民國五二年八月）。

註二六　唐文基、羅慶泗著《乾隆傳》，第二章，第五節（全面整頓吏治），（北京，人民出版社，一九九四年八月），頁一〇八—一〇九。

註二七　《清高宗純皇帝實錄》，卷二五九，頁一一，乾隆十一年二月甲寅（十八日），總頁三七四二。

註二八　唐瑞裕〈論清代乾隆朝幾則官吏侵貪案件〉，《故宮學術季刊》，第十七卷第四期，頁二一二─二一五。（國立故宮博物院，民國八十九年，夏季）。
註二九　《清高宗純皇帝實錄》，卷一三八，頁九，總頁二〇五七。
註三〇　《清高宗純皇帝實錄》，卷一三八，頁一一，總頁二〇五八。
註三一　《清高宗純皇帝實錄》，卷一四三，總頁二一二七。
註三二　《清史稿》，卷一〇，（高宗本紀一），頁三六八。
註三三　《清高宗純皇帝實錄》，卷一四六，總頁二一八四。
註三四　《清高宗純皇帝實錄》，卷一三八，總頁二〇六四。
註三五　《清高宗純皇帝實錄》，卷一六五，總頁二四三四。
註三六　《清高宗純皇帝實錄》，卷一五一，總頁二二四七。
註三七　清高宗敕撰《清朝文獻通考》，卷二〇七，刑考卷一三，考六七一一。（臺北新興書局發行）。
註三八　唐瑞裕〈論清代乾隆朝幾則官吏侵貪案件〉，《故宮學術季刊》，第十七卷第四期，頁二一二─二一五。（國立故宮博物院，民國八十九年，夏季）
註三九　錢穆《國史大綱》，第四十五章〈狹義的部族政治下之民變〉，一、乾嘉之盛極轉衰〉，頁六二三（臺北、國立編譯館，民國四十九年一月）。
註四〇　節錄並補充自唐瑞裕〈論清代乾隆朝幾則官吏侵貪案件〉，《故宮學術季刊》，第十七卷第四期，頁一

八一—一八六（國立故宮博物院，民國八十九年，夏季）

註四一　唐文基、羅慶泗著《乾隆傳》，第五章，第五節（貪污案迭起），（北京，人民出版社一九九四年八月），頁三七二。

註四二　《清史列傳》，卷二十七，〈尹壯圖〉傳，頁一。

註四三　國立故宮博物院所藏紅本《清高宗純皇帝實錄》，卷一三六七，頁二—三，乾隆五十五年十一月乙未（十九日）諭。

註四四　國立故宮博物院所藏紅本《清高宗純皇帝實錄》，卷一三六七，頁四—五，乾隆五十五年十一月丁酉（廿一日）諭。

註四五　《清史列傳》，卷二十七，〈尹壯圖〉傳，頁四。

註四六　《清史列傳》，卷六十九，〈洪亮吉〉傳，頁五。

註四七　錢穆《國史大綱》，第四十五章〈狹義的部族政治下之民變〉，一、乾嘉之盛極轉衰〉，頁六二四（臺北，國立編譯館，民國四十九年一月）。

註四八　錢穆《國史大綱》，第四十五章〈狹義的部族政治下之民變〉，一、乾嘉之盛極轉衰〉，頁六二四—六二五（臺北，國立編譯館，民國四十九年一月）。

註四九　唐瑞裕《清代吏治探微㈡》，〈清代乾隆朝竇光鼐含冤事件的始末〉、頁七七—九五。

註五〇　請參閱唐瑞裕〈論清代乾隆朝幾則官吏侵貪案件〉，《故宮學術季刊》，第十七卷第四期，頁二一四（

國立故宮博物院，民國八十九年，夏季）。

第二章　清高宗統治政策由寬轉嚴

前　言

清朝自清世祖順治皇帝入關取代明朝，到宣統溥儀退位，歷經十個皇帝二百六十八年，其中以清高宗乾隆皇帝在位六十年並任太上皇三年，操縱政權時間最久。在前後六十三年裏（西元一七三六—一七九八），爲了因應政治上實際的需要，他的統治政策常有轉變。初期的政治活動採取從寬的政策，中期以後卻有轉嚴的變化。雖然他本人仍然不承認改變，但實際政治活動確有較嚴的傾向。根據乾隆朝文獻檔案加以探討，這樣的轉變確有它的時代性及必須性，並影響到乾隆晚期高壓政策的實施。

清高宗愛新覺羅弘曆，生于康熙五十年（西元一七一一）八月十三日，他是清世宗胤禛的第四子，是清朝入關後第四代皇帝。清代經順治、康熙、雍正三朝近百年的經營，統治局面比較穩定，從表面上弘曆接收的是太平江山，但實際上卻有問題存在。雖然康熙一朝在在政治上鞏固了多民族統一的國家，經濟上逐漸走上繁榮的道路。由於聖祖玄燁到了晚年面臨諸皇子爭奪儲位的局面，爲之心力交瘁，因此對於大臣官員每多包容，而不察察于細故，遂致吏治敗壞，而貪污風盛。清世宗胤禛是個雄才大略的皇帝，勤于政務，故力持務期振數百年之頹風，在位期間御下甚嚴，大力清除康熙末年吏治廢弛的種種積弊，對於賂賄請託及因循苟且的惡習特加嚴懲，可是他爲人猜忌多疑，刻薄寡恩，也因此產生一些消極而不奮進的風氣。這些都是清高宗即位時所需面臨的問題。

清高宗即位，國力鼎盛，由於經濟繁榮，國庫充裕，社會安定，戶口大增。由於他勤于理事，始終不懈，獨攬大權，能謀有斷。每遇戰事、河工、賑災、祀典等重要政務，必忙碌萬分、全力貫注、孜孜不倦。如在平定準噶爾戰役時，趙翼在「簷曝雜記」中有這樣的記載：

每軍書旁午，應機指示，必揭要領。或數百言，或數十言，軍機大臣承旨出授司員，屬草率至脫腕。或軍報到以夜分，則預飭內監，雖寢必奏。迨軍機大臣得信入直廬，上已披衣覽畢，召聆久矣。撰擬繕寫，動至一二十刻，上猶秉燭待閱，不稍假寐。（註一）

這樣勤奮治國，非但邊疆的統一得以鞏固，中國的版圖于此奠定，可算是清朝的鼎盛時期。乾隆皇帝能夠創造清朝的盛世，其統治政策值得加以研究。清高宗即位時，吸取了康熙、雍正兩朝的統治經驗，遂標榜推行的政治準則是「執兩用中」。他認爲從政之道在損益隨時寬猛互濟。並分析當時形勢以爲可以施行惇大之政。用諸事從寬可以矯正雍正一朝過嚴之偏，才能符合一張一弛的文武之道。他在位前期，不斷闡述這個觀點，並採取許多寬大措施，使清世宗在位時綳得很緊的弦子稍稍鬆弛下來。

第一節　寬政思想的由來

乾隆皇帝的老師很多，但眞正授業的教師只有三位，即福敏、蔡世遠、朱軾。其中尤以朱軾影響最爲深遠。朱軾是著名理學家，研究禮記最爲著名，本身精明能幹，勤於治學雖政務繁忙，仍不廢學問，生活則檢樸。他所講的是儒家修齊治平之學，仁民愛物之德。自雍正元年由世宗聘入上書房擔任弘曆等皇子的師傅。雍正十三年七月，朱軾議奏修築浙江海塘，自請往督其事。獲世宗俞允，遂特敕督撫及管理塘工諸大臣咸聽節制。八月二十三日子刻，世宗雍正皇帝逝世，同日弘曆即頒諭命朱軾回京協同總理事務王大臣辦事，由於弘曆長期住在宮中，也未自建藩府，了解的官員極少，他想到的可靠而又能幹的人，就只有他的老師朱軾了。弘曆於九月初三日即皇帝位。可惜朱軾於次年（即乾隆元年）九月即病死。在短短一年時間內朱軾和乾隆皇帝關係特別密切。在袁枚撰的朱軾神道碑中有適切的記述：

公以舊學重臣，日趨內廷，辰入酉退，屢陳便宜。……公奉世宗詔，侍皇上青宮最久。皇上登極未一載，仁言聖政重累而下，九州八陔，靡不異音同嘆，慶堯舜復生。然則公啓沃之功可以想見。而公之風概，又豈可求諸唐虞下哉。（註二）

蔡世遠則是一位崇拜宋儒的純正理學家，福敏也服膺程朱理學，爲人方正鯁直，寬容有寬。總之乾隆皇帝的三位老師都是理學家，提供了他推行仁民愛物之寬政思想的源泉。

乾隆皇帝於雍正八年撰成「樂善堂全集」之「寬則得衆論」一文中，對寬大政治大加讚揚：

誠能寬以待物，包荒納垢，宥人細故，成己大德，則人亦感其恩而心悅誠服矣；苟爲不然，以

> 褊急爲念、以刻薄爲務，則雖勤于爲治，始皇之程石觀書，隋文之躬親吏職，亦何益哉！（註三）

在此段文中，乾隆皇帝指責「褊急」「刻薄」的秦始皇隋文帝，雖「程石觀書」或「躬親吏職」，不可獲人心而無實效。其實這樣的批評不是正對著他的父親清世宗說的嗎？可見乾隆皇帝對雍正皇帝苛嚴政治早有意見，而且早有實行寬政的意圖。

第二節　寬政的諭旨頒佈

乾隆皇帝在即位前於雍正十三年八月丙申（三十日）下諭指示群臣：

> 自古人君爲治，莫要於周知庶務通達下情，虞帝明目達聰執兩用中，所以博聞廣見，得時措之宜也。（註四）

要諸大臣當反矢公心，摒棄私意，都照從前之例，具摺奏事廣爲諮諏，以補皇帝個人見聞之所不及。隨後常常訓諭大臣：「治道貴得其中，矯枉不可過正。」又云「寬非縱弛之謂，嚴非刻薄之謂。」他認爲「從來爲政之道，損益隨時，寬猛互濟。」而「損益隨時」是指不拘泥于成法，應當根據具體情況製定政策。所謂「寬猛互濟」是指恩威並施有剛有柔。他分析當時形勢以爲可以施行惇大之政。因此諸事從寬，以矯正雍正一朝過嚴之偏，才能符合一張一弛文武之道。

> 治天下之道貴得其中，故寬則糾之猛，猛則濟之以寬，而記稱一張一弛爲文武之道。凡以求協

乎中，非可以矯枉過正也。（註五）

將寬政的要旨詳加指示：

惟思剛柔相濟，不競不絿以臻平康正直之治。夫整飭之與嚴厲，寬大之與廢弛，相似而實不同。朕之所謂寬者；如兵丁之宜存恤，百姓之宜惠保，而非謂罪惡之可以悉赦，刑罪之可以姑縱與庶政之可以怠荒而弗理也。（註六）

進而警告大臣們，行政但不可以爲主於寬而相習日久，甚至諸事務廢弛，以至於達到非嚴不可的地步：

朕主於寬，而諸王大臣嚴明振作以輔朕之寬。夫然後政和事理，俾朕可以常用其寬而收寬之效，此則諸臣贊助之功也；倘不能如是恐相習日久，必至人心玩愒，事務廢弛，激朕有不得不嚴之勢，此不惟臣工之不幸，抑亦天下之不幸，更即朕之不幸矣。（註七）

乾隆皇帝爲了防止各部院衙門書吏，舞文作弊，呼朋引類遇事生風，影射撞騙，靡所不爲的積弊，特別降諭旨嚴禁之：

朕御極以來，仰遵皇考遺詔，每事務從寬厚。凡八旗直省以至窮邊極壤，無不殫慮精思，周詳體卹，冀臻惇大成裕之治；然寬厚二字非可一概視也。厚民生紓民力，加惠於兵丁，施恩於百姓，乃爲寬厚。朕所以仰承先志而日夜孳孳者此耳。若夫姑息以養奸，優柔以縱惡，聽若輩（指各部院書吏）貽民害而蠹國事，以待善良者待奸蠹，則適所以成其悋刻殘忍，而爲不寬厚之

尤著也。朕深恐此輩不知朕所以用寬厚之意，而故智復萌以身試法，用是特爲申諭。（註八）

並命都察院五城坊官順天府，大宛二縣及九門提督，各文武衙門不時加以嚴查訪緝。

乾隆元年二月，乾隆皇帝發現八旗辦事，諸臣條奏事件尚有未合大公至正者，遂於二月初九日下旨申斥，重申以義理權衡而得其中，並希望諸臣深自省察交相勸勉屏絕揣摩迎合之私心。

……迎見八旂辦事情形及諸臣條奏事件，尚有未合大公至正者；如八旗事務頭緒繁多，章程不一，朕是以略加斟酌去其煩冗，俾從簡易；而都統副都統等竟于會議之時多不到班，更有乾清門奏事亦不到者。且有交辦事件遲至一年半年而後議奏者。有朕面詢所奏之事情即而茫然不能應對者。如此則日漸廢弛鮮能振作，豈朕料理旗務之本意乎。……近親諸臣奉行漸有錯會朕意而趨于怠弛朕滋懼焉。天下之事有一利必有一害，凡人之情有所矯必有所偏，是以中道最難。先儒謂子莫所執，乃楊墨之中非義理之中也，必如古聖帝明王隨時隨事以義理爲權衡，而得其中乃可以類萬物之情成天下之務。故寬非縱弛之謂；嚴非刻薄之謂。朕惡刻薄之有害于民生，亦惡縱弛之有妨于國，爾諸臣尚其深自省察交相勸勉，屏絕揣摩迎合之私心，庶幾無曠厥職而實有補于政教，戒之愼之，欽此。（註九）

一個月之後，乾隆皇帝發現很多無識諸臣，誤認一切寬容既不事稽察，從而民間以訛傳訛，說諸禁已開。風聞各直省有盜賊、賭博、打架、娼妓等四惡的現象微露，如同大津一帶私鹽橫行無忌，惟恐其他相似的罪行傳播開來。因此在乾隆元年三月初八日下諭：

……是守土之官敢悖世宗憲皇帝之明旨，墮十有三年之成功而戕賊善良，傷敗風俗也。自後州縣官有政令廢弛使四惡復行於境內者，該督撫不時訪察即行嚴參。督撫司道郡守有不能董率州縣殫心捕治者，或被內外臣工核實列奏，或朕訪聞得知必以溺職治罪，與通包苴受賄賂等決不輕貸。爾諸臣愼毋泄泄沓沓，自取殃咎戒之戒之！特諭。（註一〇）

乾隆皇帝推行寬政以來，督撫大臣屢屢具奏請寬事件，諸臣以爲凡事宜從寬，庶皇上見許也。全不顧及吏治民生有益與否，並且以皇帝的意思爲奏摺辦事的張本。因此於乾隆元年三月三十日，乾隆皇帝下旨說明寬嚴必須就事論事，萬不可一昧從寬而群相怠玩百弊叢生：

夫目前奏摺諸臣，一則曰請寬某件云云，再則請寬某件云云；不知今之請寬者，即向日之一則曰請嚴某件云云，再則請嚴某件云云者也。夫不論其與吏治民生有益與否，而但覘上之意以爲奏摺辦事之張本，是豈公爾忘私，古大臣之謂乎。……朕意當今之政，莫若謹守皇考十三年以來之整理，而向日一二奉行不善過於苛細者，漸次緩改則吏治而民安。毋庸我君臣汲汲皇皇，今日曰寬此，明日曰寬彼，以至群群相怠玩，百弊叢生，必至激朕又有不得不用其嚴之時，則非天下臣民之福也。即朕此諭亦非自悔其寬而有意用意之漸。惟訓勉汝督撫大臣，奉公盡職察吏安民，則朕可常用其寬。（註一一）

乾隆元年三月間，原任江西巡撫常安回京，船過仲家淺閘口。當不應放閘之時，常安嚇令開閘，而僕從多人，閘官畏其威勢，躲避不敢過問。常安遽行越漕起板，將船放行。如此橫行，跋扈之舉，遂使乾隆皇帝深感有不容尚寬大之勢。且自乾隆皇帝於元年二月間頒旨將鹽禁稍寬，卻使直隸江浙閩廣諸省私梟鹽棍，招集無籍之徒，肆行無忌。導至乾隆皇帝於乾隆元年五月廿七日下旨，說明處理常安等玩法營私情弊不少假借，以求當寬則寬，當嚴則嚴，且不可妄行揣度，以爲欲轉寬爲嚴了。要求文武百官深加省察，使百姓永享其寬惠的恩典：

……朕御極以來，見從前內外臣工不能仰體皇考聖意，諸凡奉行不善遂有流於刻嚴之處，是以去其煩苛與民休息，並非寬縱廢弛聽諸弊之叢生，而置之於不問也。而內外臣民不喻朕意，遂謂法令既寬可以任意疎縱，將數年前不敢行爲之事漸次干犯；即如鹽禁稍寬，乃朕優恤窮民之意，而直隸江浙閩廣諸省私梟鹽棍，輒敢招集無籍之徒肆行無忌，現在查拏究處。然此不過編户小民不能深悉朝廷德意，一時觸法犯禁，猶可云愚昧無知。至於常安乃封疆大吏，豈不知憲典之當遵，而亦爲此市井跋扈之舉乎。朕看此等情形天下臣民竟有不容朕崇尚寬大之勢。傳曰寬則得眾，易曰元者善之長也。朕以天地好生之心爲心，豈肯因一二無知之輩即自改其初志。但治貴得中，若於玩法之徒亦用其寬，則所謂稂莠不除將害嘉禾，倘不速爲整理恐將來流弊無所底止，是以近日處分臣工數案。……如李紱、勵宗萬之事即營私作弊之漸，常安之事即目無功令之漸，懲一儆百爲治之道固當如是，朕豈忽變而爲嚴刻者哉。大凡人臣居心惟當以義理爲權術，而不可稍存仰合之見。……總之，治貴得中，事求當理，不當寬而寬，朕必治以廢弛之罪；不當嚴而嚴，朕必治以深刻之罪。內而九卿百職，外而督撫庶司，咸當洗心滌慮，各加警

省，毋蹈前轍自干咎戾，則朕之百姓，可以永久受朕寬惠之澤矣。（註一二）

乾隆元年六月，兵部侍郎留任四川巡撫王士俊密奏具陳時政。共有四條，內容如后：

第一條云近日條陳，惟在翻駁前案。甚有對衆揚言，只須將世宗時事翻案即係好條陳，傳之天下甚駭聽聞。第二條大學士不宜兼部。第三條各部治事，私揣某省督撫正在褒嘉，其事宜准。某省督撫方被詰責，其事宜駁。不論事理當否，專以逢合爲心。第四條廷臣保舉率多徇情，甚至藉以索賄。（註十三）

王士俊的密摺一上，乾隆皇帝大怒。尤其批評時政一項，指大臣奏章只要翻案就是好條陳，忤逆其父清世宗皇帝更爲髮指。當即發予王大臣公閱，御史舒赫德立劾王士俊喪心病狂，妄發悖論，請予明正其罪。七月廿九日乾隆皇帝於養心殿召集王大臣九卿，頒諭駁斥王士俊言論之非，對翻案條陳之說詳加剖析辯正：

……夫指群臣爲翻案，是即謂朕爲翻案矣，此大悖天理之言也。從來爲政之道，損益隨時寬猛互濟。記曰「張而不弛，文武勿能；弛而不張，文武勿爲。」一張一弛文武之道。……我皇考即位之初，承聖祖仁皇帝深仁厚澤，垂六十餘年之久，休養生息物熾而豐，厥後遂有法網漸弛，風俗漸玩之勢。皇考加意振飭，使綱紀整肅弊革風情。凡此因勢利導之方正，所以成繼志述事之善也，又豈得謂翻聖祖之案乎。皇考初攻駿厲，至雍正九年十年以來，人心已知法度，吏治已漸澄清，未始不敦崇寬間相安樂易，見臣工或有奉行不善失於苛刻者，每多救其流弊寬免體恤之恩時時下逮，是即十三載之中，而劑酌盈虛，調適競緣，前後已非一轍矣。至朕纘承丕緒泣奉遺詔，諭令向後政務應從寬者悉從寬辦理。朕祇遵明訓衣德紹聞。凡用人行政競以皇考誠民育物之心爲心，以皇考執兩用中之政爲政。惟恐膠固成見，有違時措咸宜之理，弗勝負荷之重。臨御以來與廷臣敬愼斟酌，庶曰陟降庭止克綏予乎。皇祖皇考與朕之心原無絲毫開別，如果內外大小臣工俱能仰體，使政治清平民生安樂，可以垂之永久而無弊，又何必更有因時制宜之舉。無如法久自必弊生，奉行每多過當，不得不因畸重畸輕之勢而爲之維持調劑，以歸於正直蕩平之道，此至當不易之理。乃王士俊訾爲翻駁前案，是誠何言？是誠何心？至於事關皇考而妄指前猷，有意更張實朕所怵惕靡寧而不忍聞者也。（註一四）

由於王士俊膽敢批評乾隆皇帝的時政，因而被指爲悖理之言妄行陳奏，不可姑恕。經將舒赫德參奏原摺交王大臣九卿等會議具奏，其決議內容：

「奸惡暴者，國法不可暫弛，將王士俊拏解來京，交法司嚴審定擬明正其罪，以爲人臣怙惡亂政罔上行私者戒。」（註一五）經乾隆皇帝批云「從之」，「經法司照大不敬律擬斬立決，得旨改爲斬監候秋後處決。」（註一六）

乾隆二年，王士俊經釋爲民，這是王士俊不了解乾隆帝推行寬猛互濟因時制宜的政策，且膽敢批評皇帝的施政，眞是罪有應得。

乾隆皇帝推行寬政以來，發現臣工處理事物，辦理賞罰，常沒有定見並存有揣摩迎合之念，只想討好皇帝高興，全不顧事理之當否，相沿成習。乾隆皇帝唯恐臣工不知改易，因此常常下旨訓戒臣工，要內外諸臣摒除積習，不要預設立場，使事理不清，甚至同一人處事有先後迥異之別，寬嚴沒有標準：這都是乾隆皇帝所輕視而須臣工竣改者：

……若存揣摩迎合之念，安希有當上意；而不顧事理當然之則，則偏陂輕重之弊不可勝數矣。數年以來，朕屢以此訓戒臣工，而無如積習已深猝難變化。即如朕於當寬之事，降一寬恤之旨，而諸臣遂以爲朕意在寬，凡所辦理所條奏之事悉趨於寬之一路矣；朕於當嚴之事，降一嚴厲之旨，而諸臣遂以爲朕意在嚴，凡所辦理所條奏之事悉趨於嚴之一路矣。且有今日之號令甫頒，而明日之摹擬旋至。一人未改面貌兩事迥異後先，人心不古何至於茲。朕本無心而臣工以私心測之。所謂差之毫厘繆以千里，豈朕之所望於諸臣者哉。……豈可徇流俗之見懷覬望之心，揣度意旨以爲容悅，而適爲朕之所輕鄙哉……。（註一七）

自清世宗雍正皇帝時，准許州縣提解火耗而優給各官作爲養廉之法，以懲貪風而紓民力，行之有年。自乾隆皇帝即位後，政崇寬大，但人心澆薄，不肖州縣誤會乾隆皇帝寬大之意，以玩縱爲寬大，漸有暗加重耗以刻剝小民。因此於乾隆三年六月初四日諭令各督撫必當確實訪查州縣，如有任意加重火耗而肥己私囊者必須嚴參：

朕聞江南州縣徵收錢糧，有加增火耗之處，可傳諭那蘇圖、許容等嚴查闔屬，如果有劣員暗地加耗立即題參治罪，以爲殃民肥己之戒。……前後屢頒諭旨至爲明切，而尚誤以玩縱爲寬大，是非誤會朕意直任私朘脂膏而肥囊橐，乃國法不可宥者矣。……該督撫等不時體察，如有不肖州縣於應收火耗外絲毫加重者即立題參嚴行治罪……（註一八）

乾隆皇帝即位後屢下諭旨，不斷闡述寬大政策，並常以嚴厲的口吻訓戒群臣，不可因崇寬而縱玩怠忽，而忽略了以事理爲權衡的標準，更不可以揣摩上意預設立場，進而忽嚴忽鬆。反而違背加惠庶民的本意。

第三節　寬政的實施

乾隆皇帝爲了矯正雍正朝過嚴之偏，遂有諸事從寬的措施，進而施行惇大之政。即位之初，便推行多項寬政，謹舉幾項敘述之：

1.爲解決文武官員俸祿過低，不足以維持官吏本人和其家屬的生活。乾隆皇帝將在京職官的俸銀增加一倍，外省大小官員繼續推行雍正時辦法，給予「養廉」。各部院受到「降」「革」處分的漢人司員，開復后准許通算前俸。對各旗省歷年虧空案件，一改雍正朝追賠到底的成例。其情罪有一線可以寬恕的，不但免予治罪既已沒收入官的房地產也予發還。凡貪污侵占追回銀兩的，查明本人家產確已盡絕，力不能完者，概予豁免，毋得連累親族。

2.爲解決康熙末年諸皇子爭奪儲位，所遺留下來的歷史問題。乾隆皇帝對宗室、覺羅因罪革退的子孫分別賜予黃帶子、紅帶子（清制以顯祖塔克世—努兒哈赤的父親的直系子孫爲宗室繫黃帶子；努兒哈赤的叔伯兄弟的旁支子孫爲覺羅繫紅帶子）附載玉牒，使其恢復不同於平民的貴族身份。對受到削去王爵圈禁懲罰的允䄉（康熙皇帝的十子），允禵（康熙皇帝的十四子），乾隆皇帝恩予寬釋。以後允禵以其「家居十數年來安靜循分并未生事」爲由，乾隆皇帝封爲貝勒，命其照常上朝。到了乾隆四十三年乾隆皇帝諭命恢復允禩（康熙皇帝的八子，被雍正皇帝改名爲阿其那）允禟（康熙皇帝的九子被雍正皇帝改名爲塞思黑）的原名。同年乾隆皇帝追復多爾袞的封爵並同時恢復了豫親王多鐸，禮親王代善，鄭親王濟爾哈朗，肅親王豪格，克勤郡王岳託的原爵位並配享太廟。所有這些措施，確實緩和了原來十分尖銳的皇室內部衝突。

3.科場考試，以往規定考生入闈，穿的衣服必須「皮衣去面，氈衣去裏」，以防止在衣服裏夾帶。讀書人把好端端的皮襖面子拆去，穿著光板去應試，不但有失體統，簡直侮辱人格，且寒意難擋。乾隆皇帝命「將皮衣去面之例停止」士子莫不同聲擁載，感恩不盡。

4.關心人民疾苦，採取蠲免、賑恤、平糶等方法以解決民間災荒：

(1)蠲免：「田禾被災五分，則收成僅得其半，輸將國賦未免很難，嗣後著將被災五分之處蠲免十分之一，永著爲例」。除了因災蠲免外，還在國家有重大喜慶時實行「恩蠲」。乾隆皇帝在位六十年，三次普免全國錢糧。乾隆元年三月初八日上諭云「……朕自嗣位以來，蠲免租賦豁除賠累裁革積弊增廣赦條……」（註一九）

(2)平糶：乾隆皇帝比較重視社倉的作用，他命令地方官動支庫帑。豐年時按照時價購糧儲存，既不使穀賤傷農，又可在歉收時減價平糶或平借，以收平抑糧價之效。有時也截留漕糧接濟受災地區賑糶之需。

乾隆三年正月初八日上諭云「從乾隆三年爲始，將減半平餘銀兩一概停其解部，即存貯本省司庫。遇有地方荒歉及裨益民生之要務，確應賑卹辦理者，即將此項奏明動用報部查核。此項既出民力輸將，仍令一絲一粟均濟百姓之緩急，朕何取焉。該省大小官員有奉行不善，使百姓不沾實惠者，朕惟於該督撫是問欽此。」（註二〇）

(3)賑恤：乾隆皇帝認爲查賑在於無遺無濫。災情勘實以後便進行賑濟，並將賑恤的對象分成極貧，次貧等級次。按定例極貧戶賑四個月，次貧戶賑三個月，又次貧戶賑兩個月。

爲了配合「寬猛互濟」的政策，當然也有些立法從嚴的措施，但無非是爲了保障寬政的成果：

1.有玷官箴的封疆大吏治以重罪：乾隆元年三月間，原任江西巡撫常安回京，座船越閘起行，強行通過，事聞弘曆命拿交刑部治罪，「論罪當枷號鞭責，命貸之，往北路軍營董糧餉。」（註二一）。乾隆六年，御史仲永檀奏風聞步軍統領受工部鑿匠俞君弼銀一萬兩，訊實後賜鄂善自盡。又山西學政喀爾欽以賄賣生童縱僕營私違禁漁色，爲御史所劾，六年三月初七日命吏部右侍郎楊嗣璟往山西會鞫，得實弘曆命立即正法。

2.甄別僧道，恢復度牒之法：乾隆皇帝認爲當時出家的僧尼道士甚多，良莠不齊，而眞心出家修行者並不多見；而無賴之徒，游手聚食，甚至有獲罪逃匿者混跡其中，恐流弊日深。雍正十三年十二月辛丑（初六）諭：

……今僧之中有號爲應付者，各分房頭世守田宅，飲酒食肉並無顧忌；甚者且畜妻子。道士之火居者亦然。夫一夫不耕或受之饑，一女不織或受之寒。多一僧道即少一農民，乃若輩不惟不耕而食且食必精良，不惟不織而衣必細美，室廬器用玩好百物爭取華靡，計上農夫三人肉袒深耕尚不足以給僧道一人，不亦悖乎。（註二二）

爲此要禮部詳議僧侶道士給度牒之法。

乾隆元年四月初六日禮部遵旨詳議：

清釐僧道之法，莫善於給度牒，而給度牒之法，必盡令其恪守清淨，請令順天府，奉天府，直省督撫轉飭該地方官，於文到三月內將各戒僧、全眞道士，年貌籍貫、焚修處所、清查造冊。取具印結、申送彙齊到部，發給度牒轉飭地方官當堂給發，各僧道收執，遇有事故追出彙繳。嗣後情願出家之人，必請給度牒方准簪剃受戒，如有借名影射及私行出家者，查出治罪。至於應付僧人令地方官一體給與度牒，若不願受戒者，即行勒令還俗，其中老邁殘疾既難受戒又難還俗者，查實給與度牒看守寺廟以終天年。又如深山僻壤，不能遠出受戒，及俗家並無可歸者，亦姑給與度牒，仍另行註冊永不許招受生徒。至清微正一道士，除龍虎山上清宮由眞人給與印照。各直省清微靈寶道士仍給部照毋庸給牒外，火居道士俱令還俗，其年老不能還俗者亦暫給部照，永不許招受生徒。又尼僧亦應照僧道之例還俗者聽其還俗；不能還俗者亦暫給度牒，永不許招受年少生徒。嗣後婦女必年逾四十方准出家，年少者嚴行禁止。」得旨「從之。」（註二三）核實發給僧尼道士度牒，雖然嚴苛但是使有志修行著永守清規，而無賴之徒不得竄入其中，也是護持僧道的措施。

第四節　寬政的轉變

寬政經過一段時期的實踐，乾隆皇帝曾頗有心得地說：「治貴得中，事當求理。不當寬而寬，朕必治以廢弛之罪；不當嚴而嚴，朕又必治以深刻之罪。」「寬猛互濟」的政策探其源，是出自「左傳」：「寬以濟猛，猛以濟寬，政是以和。」這樣的政治應該完全符合中國傳統的儒家思想。由於乾隆皇帝的「寬則得衆」許多措施，對於穩定社會秩序和鞏固專制統治收到較好的效果，而他自己也博得寬仁的聲譽。弘曆當政後的十餘年間，由於他的敬事愼謀，社會經濟穩步發展，府庫充實成爲康雍乾盛世的頂峰。禮親王昭槤在「嘯亭雜錄」中寫道：

純皇帝（即乾隆帝）即位時，承憲皇嚴肅之后，皆以寬大爲政。罷開墾，停捐納，重農桑，汰僧尼之詔累下，萬民歡悦，頌聲如雷。吳中謠有「乾隆寶，增壽考，乾隆錢，萬萬年」之謂。

但是到乾隆十三年以後，由於「諸事從寬」產生了一些流弊，在官場中產生普遍鬆弛現象，如他自己所說：「見朕辦理諸事往往從寬，遂一以縱弛爲得體。」故政策措施上又逐漸嚴峻起來，而對官吏的懲治也隨之加重起來，除上述原因外，其他因素分析於後：

(一)皇子皇后相繼逝世皇后喪葬事件及金川失利重懲大臣

乾隆皇帝自乾隆十三年後，朝廷的政策方針從寬趨嚴，向著新的統治作風演變。主要是因爲他的家庭迭遭悲劇，乾隆三年十月十二日皇儲永璉去世，當時才九歲，並謚端慧皇太子。十二年除夕，他心愛的皇七子永琮出痘死亡年僅二歲。與他終身相愛的孝賢皇后富察氏，卻於十三年二月東巡，三月至德州，十一日登舟病逝。接二連三的痛失家人使他身心疲竭。且由於皇后的喪葬事件引起了大批官員一連串遭到貶責黜革。如閏七月江南河道總督周學健，湖廣總督塞楞額以皇后喪期剃髮，被逮下獄，旋皆處死。其他受到處分幾達一百多人。讓人覺得他小題大作，株連甚多，而且量刑從嚴。乾隆十二年二月大小金川騷動，三月命張廣泗爲川陝總督進剿大金川。十三年三月命訥親經略四川軍務，結果遭遇了重大挫折。清廷雖投入大量的兵力、財力，卻由於遭到金川番民的頑強抵抗，加上地形崎嶇，碉堡難攻等原因，得到勞師無功的後果。由於攻剿金川的失利，十二月乾隆皇帝親審張廣泗處斬，並命於軍前處斬訥親，其他也有大批官僚受到嚴厲的處分。十二月十一日他下旨道：

> 朕御極之初，嘗意到十三年時國家必有拂意之事，非計料所及者。自去年除夕，今年三月迭遭變故（指皇七子永琮和孝賢皇后之死），而金川用兵，遂有訥親、張廣泗兩人之案，輾轉乖謬至不可解免，實爲不大稱心。（註二四）

這些不稱心的事使得寬政也有所轉嚴。

(二)乾隆十四年秋朝審大批勾決罪犯

清代刑獄，本省督撫原則上只能決定流刑以下案件，死刑須由刑部、都察院、大理寺組成三法司最後審決。三法司例于每年八月復審地方呈送的死刑案件，稱爲「秋審」。而對於刑部判決案件及京城附近死刑案件進行復審則稱爲「朝審」。朝審須於每年霜降後進行，冬至前審畢，死刑案經過「秋審」「朝審」的案件，分成四類判決：1.情實：情節屬實，罪名恰當。2.緩決：案情屬實，但危害性小，留待下次秋審，朝審處理。3.可矜：案情屬實，但有種種可以減刑的理由，免于處死。4.留養承祀：情節確實而罪行嚴重，但父母、祖父母年老無人奉養，或獨子單傳無人承祀，可減刑免死。這四類判刑都須經上報皇帝作最後決定。因此皇帝是重大案件的最後審級，掌握者死刑的最後覆核權，所謂「威權生殺之柄，惟上執之。」皇帝認可死刑，在罪人名冊上用朱筆打勾稱爲勾決。而已勾決之犯即行處死，未勾者歸入「緩決」，明年再議。

乾隆皇帝每年九、十月在宮中懋勤殿或圓明園之洞明堂親閱招冊，研究案情，愼重勾決。乾隆初年，政局寬大，不少罪犯雖入「情實」；但皇帝網開一面，不予勾決入於「緩決」而屢年均入「緩決」稱爲「老緩」。雖長期監禁，均可免處死。乾隆十四年（西元一七四九）秋審、朝審的案件，乾隆皇帝卻一反從前的做法，不留情面大批勾決，而且將許多「老緩」囚犯亦行勾決。連乾隆初即位時審決緩決十餘次的罪犯亦不免仍歸一死。本年更在乾隆皇帝的指示下，各省上報的緩決犯，由九卿議爲情實而處死者甚衆。尤以四川、湖北、江蘇、河南、山東、山西、直隸等七省，由緩決改情實者四十三名，多屬謀殺、叛逆重案。乾隆皇帝肯定改判恰當，認爲此等凶犯斷不應擬以緩決並將原判的督撫：策楞（

四川總督）、彭樹葵（湖北巡撫）、雅爾哈善（江蘇巡撫）、鄂容安（河南巡撫）、準泰（山東巡撫）、阿里袞（山西巡撫）等嚴行重飭。乾隆皇帝大批勾夬刑犯有他的解釋：

蓋緣朕臨御初年，多方爲之原宥以致漏網，其實此等凶犯，論法律毫無可恕，揆情理毫無可寬；若令久系囹圄無以彰明國憲。或且別生事端，人見應死不死，眾心無所儆惕，而該犯亦自恃不死，益無忌憚。……是以朕今年詳加裁奪，情實人犯內情罪當勾者即予勾以正其罪。

又說：

當臨御之初，因人命攸關，切切而不忍，寧失之寬。今閱歷即久灼見事理，若一味姑息縱舍，則失之懦弱，裁度因時，方得權衡不爽。非有意從嚴。（註二五）

(三)社會環境變化有不得不實行從嚴的原因：

自乾隆七八年以後，地方災荒頻仍，社會動蕩不已，搶米抗糧不斷，社會衝突尖銳。乾隆帝小心翼翼地注視著這種形勢的變化，將政策加嚴以維持秩序。乾隆十三年正月，江蘇沛縣夏鎮，蕭縣發生流民，搶劫店舖，求賑鬧事，乾隆帝指示地方官，「此等搶奪鬧賑之事，必應立時嚴拿以警刁風」（註二六）。二月福建甌寧地方老官齋會起義，似同叛逆，乾隆皇帝確實十分關心，下旨嚴加緝捕殺絕之：

……可傳諭喀爾吉善，此案務須嚴行訪緝，竭力擒捕痛絕根株，以絕後患。不但首惡不可漏網，但奸匪餘孽，有一二人存留，即如遺蝗蝻種，深爲地方之害。……嗣後遇有此等聚眾拒捕之案，官兵擒捕時除首惡要犯須嚴審根究者當存活口，其餘逆黨即多戮數人，亦使奸徒知所畏懼，不特孽由自作亦除暴安良，理當如是。且免生靈被其誘惑於前，受其荼毒於後，所誅者少所全者大也。至謂查拏奸匪，恐人心驚疑非安全之道。在尋常撫字，固自不可驚擾。若地方奸匪早除一日，不得慮其驚疑不行辦理轉成姑息之風，一併傳諭知之。（註二七）

從這段諭旨中，可知乾隆皇帝對於命盜叛逆案件增加，處理上已漸趨嚴厲了。而官場貪污之弊滋生，軍營腐敗之習嚴重，乾隆皇帝對之深切認識並加以大力整頓。乾隆朝前期二十年裏共懲處貪污巨案達七次之多：

(1)乾隆六年四月議政大臣，步兵統領鄂善因受賄處死。

(2)乾隆十三年七月浙江巡撫常安，以歲易鹽政承差有婪索狀且嘗以公使錢自私，下刑部卒於獄。

(3)乾隆十三年十一月江南河道總督周學健，以營私受賄，縱戚屬奴僕骫法，本論斬決，後賜自盡。

(4)乾隆廿一年三月山東巡撫鄂樂舜，以婪索鹽商銀八千，逮鄂樂舜至京師，賜自盡。

(5)乾隆廿二年九月湖南布政使楊灝，以湖南倉穀濟江南，當糴補，發穀值百取一二，得金三千有奇，受誅。

(6)乾隆廿二年九月雲貴總督恒文，與雲南巡撫郭一裕議製金爐上貢，恒文令屬吏市金減金值及巡察營伍縱僕婪索諸事。乾隆皇帝以其用進獻為名私飽己囊簠簋不飭，賜自盡。

(7)乾隆廿二年十一月山東巡撫蔣洲，以貪縱虧庫帑鉅萬，並命諸屬吏納賕彌所虧，受誅。

以上七件犯贓者家產籍沒，人都被處死，足見這一時期，乾隆皇帝統治作風由寬轉嚴，大加整頓，並時常訓示諸臣，切莫侵貪：否則後悔勿及。

一犯侵貪，即入情實，且即勾決，人人共知法在必行無可幸免。身家即破，子孫莫保，則饕餮之私必能自禁。（註二八）

乾隆皇帝爲了整頓吏治，杜絕大臣祈望赦免，特別宣布乾隆十五年和十六年分別爲乾隆皇帝四十歲和皇太后六十歲慶誕，本照例停止勾決，但凡屬于侵貪之官犯不在赦內，仍予勾決處死，指望用嚴厲的措施來挽回官場的頹風。乾隆十四年後，政策轉向嚴厲固然打擊了貪官污吏們，使他們的穢行苛政不得不有所收斂，對澄清吏治及興廉懲貪起了一些積極的作用。

【附　註】

註一　清趙翼撰《簷曝雜記》卷一〈聖躬勤攻〉。

註二　《國朝耆獻類徵初編》卷十三袁枚撰〈朱軾神道碑〉。

註三　清高宗御製《樂善堂全集》卷一〈寬則得衆論〉。

註四　《清實錄》㈨〈高宗純皇帝實錄〉㈠，頁一五五，雍正十三年丙申條。（中華書局影印出版一九八九年十一月）。

註五　同註四卷四，頁二一六，雍正十三年十月甲戌條。

註　六　同註五。

註　七　同註五。

註　八　同註四卷五，頁二四六，雍正十三年十月庚寅條。

註　九　《乾隆朝上諭檔》第一冊四十八號，十三頁，乾隆元年二月初九日。（中國第一歷史檔案館編，檔案出版社出版。一九九一年六月）

註一〇　同註九第一冊，九十一號，頁二十七，乾隆元年三月初八日。

註一一　同註四卷一五，頁四二二，乾隆元年三月甲子條。

註一二　同註四卷一九，頁四八一，乾隆元年五月庚申條。

註一三　同註九第一冊，三〇二號，頁一〇五，乾隆元年七月廿九日。

註一四　同註四卷二三，頁五四一，乾隆元年七月辛酉條。

註一五　同註一四。

註一六　同註一四。

註一七　同註九第一冊，八五九號，頁二七三，乾隆二年五月初十日。

註一八　同註九第一冊，八八一號，頁二八〇，乾隆二年六月初四日。

註一九　同註一〇。

註二〇　同註九第一冊，七六七號，頁二四四，乾隆二年正月初八日。

註二二　《清史》，卷三三九，列傳一二五，頁四三七三。（國防研究院印行，民國六十年十二月）

註二三　同註四卷六，頁二六二，雍正十三年十一月辛丑條。

註二三　同註四卷一六，頁四三三，乾隆元年四月庚午條。

註二四　《清寶錄》（十三）〈清高宗純皇帝實錄〉㈤，頁四八八，乾隆十三年十二月辛卯條。。

註二五　同註二四卷三五〇，頁八二七，乾隆十四年十月戊寅條。

註二六　同註二四卷三一三，頁一三三，乾隆十三年四月丙子條。

註二七　同註二四卷三一二，頁一一三，乾隆十三年四月壬戌條。

註二八　同註二四卷三五一，頁八五二，乾隆十四年十月甲辰條。

第三章　清代乾隆朝徵收耗羨與官員養廉銀關係

前　言

清代文武官員的俸餉制度，與明代相仿，亦採歲俸制；但有兩項不同，一、文武官員分京官俸祿及外官俸銀。二、耗羨與養廉制度。茲先就清代文獻檔案分析京官與外官俸餉之區別情形，由於外官既沒有祿米也沒有恩俸，然而所帶眷口家奴數量衆多，聘請幕友吏胥等費用浩繁，因此自雍正朝開始實施外官給予比俸銀多十倍至二百多倍之養廉銀，而龐大之養廉銀來自於正稅外所收之附加耗羨銀。耗羨又稱羨餘，是清代附加稅之一，以補償徵稅手續費、雜費及保管解運過程中的損耗爲名，所加徵的若干錢糧。本文除探討耗羨與養廉銀制度之起源環境（內外官員俸餉過少）外，再就國立故宮博物院所藏《軍機處奏摺錄副》及相關史料爲基礎來討論乾隆朝地方政府官員養兼及徵收耗羨情形，以瞭解乾隆朝官員實際所得俸餉及養廉銀之多寡，認識清代乾隆朝的地方吏治實況，進而發覺乾隆朝耗羨之徵收浮濫與地方官員養廉銀貪婪多取之弊端。

第一節　清代文武官員之俸餉

㈠在京滿漢文武官員俸銀祿米：

清代文武官員之俸祿：分在京滿漢文武官員俸銀祿米，在京官員恩俸及在外文官俸銀與在外武職俸薪，四部份。清順治元年（西元一六四四）八月（己巳）十四日，定在京文武官員支給俸祿柴薪仍照故明舊制，按品級等差給予。爲優禮漢官即於同年，議准漢官柴薪銀兩，根據《大清會典事例》，卷二四九，頁一，列表如下：

清順治元年議准漢官柴薪銀兩表㈠

品級	每歲實支柴薪銀兩
正一品	一四四兩
從一品	一四四兩
正二品	一四四兩
從二品	一四四兩
正三品	一二〇兩
從三品	一二〇兩
正四品	七二兩
從四品	七二兩
正五品	四八兩
從五品	四八兩
正六品	四八兩
從六品	四八兩
正七品	三六兩
從七品	三六兩
正八品	二四兩
從八品	二四兩
正九品	一二兩
從九品	一二兩

順治十年（西元一六五三），特定旗員每俸銀一兩給米一斛，漢官不拘品級歲給米十二石。因有失公允，遂於順治十三年（西元一六五六）議准文武官俸祿不論滿漢一例照品支給。裁漢官柴薪銀。文武

京官俸祿表列如下：

文武京官俸祿表(二)

品級	每歲俸銀	每歲祿米
正從一品	一八〇兩	一八〇斛
正從二品	一五五兩	一五五斛
正從三品	一三五兩	一三〇斛
正從四品	一〇五兩	一〇五斛
正從五品	八〇兩	八〇斛
正從六品	六〇兩	六〇斛
正從七品	四十五兩	四十五斛
正從八品	四〇兩	四〇斛
正九品	三十三兩一錢一分四釐	三十三斛一斗一升四合
從九品	三十一兩五錢二分	三十一斛五斗二升
未入流	同從九品	同從九品
宗人府宗室筆帖式	四十五兩	四十五斛
各部院七品筆帖式	三十三兩	三十三斛
各部院八品筆帖式	二十八兩	二十八斛
各部院九品筆帖式	二十一兩一錢一分四釐	二十一斛五升
各衙門未入流筆帖式	月給兩二兩	〈順治五年定〉
內府官員	不支俸銀	月支米二斛（順治七年奏定）

《大清會典事例》，卷二四九，頁一—二。

雍正三年（西元一七二五）奉清世宗諭旨：

朕體恤臣工，時深軫念，每思經理區畫以贍其俯仰之資。舊例在京漢官，每年俸米皆支給十二石，即可粗足。現在今漢官攜帶家口者多，若俸米仍照舊數食用或有不敷，居官難免內顧之憂。嗣後在京大小漢官著照俸銀數目給予俸米，俾祿糈所須足供養贍。（註一）

清世宗為照顧在京漢官家口生活又重申前令，以重視滿漢京官俸祿一致。

㈡自雍正五（西元一七二七）年起，在京文武官員開始賜予「恩俸」即凡官員於正俸外，加倍給賞：

1. 雍正五年（西元一七二七）諭：

論乾清門侍衛著照品級加給俸銀一倍，米石不必加給，嗣後凡令在乾清門行走之侍衛俱照此給予。（註二）

2. 雍正六年（西元一七二八），京城五部堂官亦給予「恩俸」，即雙俸雙祿予以優惠。其諭旨：

諭吏戶兵刑工五部堂官，今皆各殫厥職，贊勷政治，共相黽勉，失勤失慎，端方自持，剔除情弊，杜絕請託，甚屬可嘉，朕深許之。夫大臣者果能廉潔自守其用度必不敷。朕心不忍。五部大臣內除差往外省署印外，俸銀俸米著加倍給予。其署理之大臣亦照此賞給。若遇罰俸案件，將朕分外所給之俸不必入議。（註三）

3. 乾隆元年（西元一七三六），諭禮部堂官照五部堂官亦給予雙俸，並諭將在京大小文員俸銀加一倍賞給，首諭：

諭禮部堂官照五部堂官例給與雙俸。（註四）

又諭：

從前在京文員俸入未足供其日用，時廑皇考聖懷。是以雍正三年特旨增添漢官俸米，而各部堂官又加恩給與雙俸，其餘大小各員原欲次第加恩仰得均沾渥澤。今朕仰體皇考加恩臣工之意，彷彿雙俸之例將在京大小文員俸銀加倍賞給，令其用度從容益得專心關守。所給恩俸自乾隆二年春季爲始。（註五）

至於在京漢官俸祿分給辦法，康熙十年（西元一六七一）議准每年由各該衙門總領分給，凡新除升轉各官，遇領俸時，吏部兵部咨送到者准給，過期者不准補給。而在京王以下八旗文武各官俸祿，於康熙二十三年（西元一六八四）覆准每年於春秋二季，覈實人數於未給之前，先行題請。如有罰俸降級者，憑各衙門文移臨時裁扣。

㈢**在外文官俸銀**：根據《大清會典事例》記載：

凡在外文官俸銀與京官一例按品級頒發，不給恩俸，不支祿米。……順治四年議准，在外文職照在京文職各按品級支給俸銀外，總督歲支薪銀一百二十兩、蔬菜燭炭銀一百八十兩、心紅紙張銀二百八十八兩、衣什物銀六十兩。（註六）

根據上段記載列表如下：

在外文官俸(三)（以兩爲單位）

職稱	歲支薪	蔬菜燭炭銀	心紅紙張銀	案衣什物銀	修宅什物銀	迎送上司撒扇銀
總督	一二〇	一八〇	二八八	六〇		
巡撫（兼副都統銜）	一二〇	一四四	二一六	六〇		
巡撫（僉都銜）	七二	一四四	二一六	六〇		
織造官	照品支薪外	一〇八	一〇八	六〇		
學政	三六	一八〇	三六〇	六〇		
巡按	三六	一八〇	三六〇			
巡鹽	三六	一八〇	三六〇			
巡茶	三六	一八〇	三六〇	六〇		
巡倉各御史	三六	一八〇	三六〇	六〇		
左布政	一四四	八〇	一二〇	五二	四八	
右布政	一四四	四〇	四〇	四〇	四〇	
按察使	一二〇	八〇	一二〇	五二	四八	
參政道	一二〇	五〇	五〇		五〇	
副使道	七二	五〇	五〇		五〇	
參議道	七二	五〇	五〇		五〇	
僉事道	四八	五〇	五〇		五〇	

布政使司	經歷	四八				
	理問	四八				
	都事	三六				
	照磨	二四				
	檢校	一二				
按察使司	經歷	三六				
	知事	二四				
	照磨	一二				
	檢校	一二				
知府		七二		五〇	二〇	五〇	
府同知		四八		二〇	一〇	一〇	
通判		四八		二〇	一〇	一〇	
推官		三六		二〇	一〇	一〇	
府	經歷	二四				
	知事	一二				
	照磨	一二				
	檢校	一二				
知州		四八		三〇		二〇	一〇

州同	四八		三〇		二〇	一〇
州判	三六		三〇		二〇	一〇
吏目	一二		三〇		二〇	一〇
知縣	三六		三〇		二〇	一〇
縣丞	二四	四〇	四〇		四〇	
典史	一二	四〇	四〇		四〇	
鹽運使	一二〇	四〇	四〇		四〇	
運同	七二		二〇			一〇
運判	四八	一〇	二〇	一〇	二〇	一〇
提舉	四八	一〇	二〇	一〇	二〇	一〇
運使經歷	三六					
運使知事	二四					
提舉司吏目	一二					
以下不列						

順治九年裁案衣什物銀。十三年裁薪銀及蔬菜燭炭銀，康熙九年裁心紅紙張銀（註七）在外文職官員，自康熙九年（西元一六七〇）以後，除了每歲支領俸銀外，別無任何正規津貼收入。

(四)在外武職俸薪：清代武官額俸與京官有異。並各支薪銀有差。茲根據《大清會典事例》，卷二五一記載，列表如下：

在外武官俸薪(四)

品級	俸銀	薪銀
正一品	九十五兩九錢一分二釐	一四四兩
從一品	八十一兩六錢九分三釐	一四四兩
正二品	六十七兩五錢七分五釐	一四四兩
從二品	五十三兩四錢五分七釐	一四四兩
正三品	三十九兩三錢三分九釐	一二〇兩
從三品	三十九兩三錢三分九釐	一二〇兩
正四品	二十七兩三錢九分三釐	七二兩
從四品	二十七兩三錢九分三釐	七二兩
正五品	十八兩七錢五釐	四八兩
從五品	十八兩七錢五釐	四八兩
正六品	十四兩九錢六分四釐	三十三兩三分五釐
從六品	十四兩九錢六分四釐	三十三兩三分五釐
七品	十二兩四錢七分一釐	二十三兩五錢二分九釐

武職官員自順治五年（西元一六四八），提准支俸薪之外，提督等另外歲給蔬菜燭炭銀、心紅紙張銀、案衣什物銀。依據《大清會典事例》卷二五一頁四—五記載，列表如下：

在外武官額外奉薪㈤（以兩為單位）

職稱	蔬菜燭炭銀	心紅紙張釭	案衣什物銀
提督	一八〇	二〇〇	一〇〇
總兵官	七二	一〇八	五〇
參將	四八	三六	二四
遊擊	三六	三六	二四
都司	一八	二四	一六
守備	一二	一二	八
千總	（廩給銀）四八		
把總	（廩給銀）三六		
掌印都司	三六	七二	三二
屯田操捕都司	三〇	四〇	三〇
營都司	二四	二四	二四
衛守備	八	八	八
衛守千總（歲給五品俸薪專城者）		三二	二四
百總	（廩給銀）三六		
運糧把總	一二	一二	八

按《清朝文獻通考》（卷九〇）（職官一四）在外武職俸薪記載：

至於武職定品不一，故支領俸薪亦時有異同。初制在外武官給俸至五品止，其營千總把總止支廩給銀。康熙元年定千總六品，把總七品俱按品支俸。至乾隆十八年議定綠旗營武職向係照銜食俸。今既將小銜刪除，則自提督以至守備所食俸銀自當一例更定，應將提督定爲從一品食俸八十一兩六錢，總兵官定爲二品食俸六十七兩五錢各有奇。其副將以下各官俱照品給俸如額。（註八）

第二節　養廉銀制度之起源及內容

清代官吏于常俸之外，按品級另給津貼銀兩稱爲養廉銀。意在杜絕貪墨，廉潔官守。養廉銀只限於發給外官和八旗官員。各直省文官養廉銀之設，始於雍正二年（西元一七二四），山西巡撫諾岷奏請，以各省徵收耗羨存公者，除用於地方公事外，以其贏餘定爲各官養廉，嗣後各省俱奏請仿倣。雍正五年（西元一七二七），又定以兩淮、兩浙課耗羨之餘銀，分撥都統、副都統、前鋒統領等八旗官員作爲養廉銀。養廉銀額數，以所收耗羨之多寡，依差務之繁簡，按官員之等差，自督撫、司道以及佐貳雜職，所得養廉銀數額依序遞減不等。自雍正朝以後，養廉銀逐漸固定，與正俸相同。養廉銀制度之形成原因除與當時外官所得俸銀有直接關係之外，其他社會因素也有影響。茲分列敘述於下：

㈠文職外官俸銀過低：

自康熙九年（西元一六七〇）起，在外文官除按品級領取俸銀之外，別無祿米恩俸及蔬菜燭炭銀、心紅紙張銀、案衣什物銀等津貼，以致俸餉過低。就以總督（從一品）、巡撫（從二品）等外官爲例，按前述「文武京官俸祿表」所列，總督之每年俸銀只有一百八十兩，巡撫則每年俸銀只有一百五十五兩，如此過低的俸餉如何養活家人至爲明顯。更遑論其他較低的司道等官員們。

(二)實際外官負擔沉重：

文職外官，如總督、巡撫等大官，除所有家族外，尚有家人、幕友及其他許多隨從，故其總數達數百人至千人。如雍正元年鎮海將軍署江蘇巡撫印務何天培全家二百人，引《雍正硃批諭旨》雍正元年（西元一七二三）十月十九日，鎮海將軍署江蘇巡撫印務何天培奏云：

……臣全家二百人。（註九）

又如雍正三年（西元一七二五）四月初三日，湖南巡撫王朝恩奏云：

……臣之家口，所有親友薦送長隨等類，已經散去，現在者皆係祖父舊人。歷年生聚，連親丁約有一百六十餘人。（註一〇）

雍正三年（西元一七二五），川陝總督年羹堯，受彈劾被免去總督之職，貶爲杭州將軍而赴杭州時，所帶人員亦不下千人。據雍正三年（西元一七二五）八月二十九日，署理浙江巡撫印務吏部侍郎福敏奏云：

竊臣道經江南地方，一路密訪年羹堯行止。皆云：到浙之日，隨從尚有千有餘人，馬匹亦多。將軍署中人眾難容，爲造房屋百餘間居住。（註一一）

正如日本學者佐伯富先生所言：

但可見當時的總督之中，其隨從人員有千餘人以上的。那個時候，當官前往任地時，通常都率領許多家口隨從的。（註一二）

總之，因總督、巡撫等地方官員之多數的家口甚衆，自然日常開支也就浩大，而且還須負擔未領俸餉之幕友們的費用，及衙門的一切設備、消費，豈是一年不滿二百兩的少數俸銀所夠支付的。爲此所以有徵收附加稅，以充官員養廉之費。誠如佐伯富先生所言：

所以總督、巡撫便以種種方式向所轄的官衙、商人等索取必要的經費，因此，下級官吏就以附加稅的名義，向人民徵收巨額的耗羨，把相當於賄賂的陋規送給上司，剩下的就中飽私囊了。如果把官吏徵收的陋規置之不理，人民的負擔就會日甚一日，而又不能在不調整官吏的俸祿之下，禁止已往官吏們的所作所爲。以限制他們任意向人民索取錢財，藉以保障官吏之生計，與地方衙門的各種開支，那就是養廉銀了。（註一三）

㈢官吏收取養廉銀在雍正二年（西元一七二四）前，既已有之，清世宗只是予以默認而制度化。

根據莊吉發先生所著《清世宗與賦役制度的改革》中謂：

外任官員俸薪菲薄，州縣徵收錢糧時，各員即以耗羨爲養廉銀。在康熙年間，直省文職各員多私徵耗羨，以爲養廉之貲。康熙五十六年（西元一七一七）三月，廣西巡撫陳元龍具摺奏稱：「雖然廣西地瘠官貧，而州縣徵糧加耗，實止加一，以資下吏養廉，其一切陋規，自前撫臣今大學士蕭永藻盡行革除之後，恪守至今，並無絲毫雜派，布政司兑收州縣錢糧，並無絲毫加耗，通省里民無不知之地方亦漸有起色。」……惟終清聖祖一朝，並未將支給養廉銀兩合法化或公開化，養廉銀制度迄未確立，以致積弊重生。（註一四）

(四)由於地方濫徵和無節制地收受規禮銀（實際上也出自火耗），既加重了百姓的負擔更無益于吏治。

基於以上社會環境因素，清世宗一方面爲整理地方財政清除積弊，一方面顧及地方官員實際需要，進而承認既成事實，遂將養廉銀認可而因地制宜地公開化合法化，並要求通盤計劃統籌辦理，以求公平合理。清世宗於雍正六年，對養廉銀舉行之利，有詳細說明，曾諭云：

錢糧之加耗，原非應有之項。朕勤求治理愛養黎民，本欲將此悉行禁革，而博採輿論留心體訪，知州縣地方官實有萬不得已。公私兩項之用度，若全革耗羨其勢必不可行。爲有司者果能減輕收納不苟取於民，在民亦所樂從，此耗羨所以未盡裁革之故也。州縣既有耗羨而上司官員無以養廉，勢不得不收州縣之餽送，上司冒貪贓之罪，以爲日用之資；在謹愼小心者，則畏懼而不敢行必至過於窘迫，而貪取濫用者，又因無所限制，借規禮之名恣意橫索，弊端種種。州縣公私之用既有不敷，必致加派巧取爲害於民，況上司既收屬員之規禮，則必有瞻顧回護之處；而下屬反得操上司之短長，於察吏之道大有關係。所以雍正二年間，山西巡撫諾岷請以通省耗羨提解存公，將闔省公事之費及上司下屬養廉之需，咸取於此。上不誤公下不累民，無偏多偏少之弊。無苛索橫徵之擾，實通權達變善策。朕是以降旨允行，此提解火耗之所由來。……蓋朕之

原意聽各省督撫自之，而至於不能行之督撫、不便行之地方，則朕並未強之使行之。（註一五）

自雍正二年（西元一七二四）起，清世宗次第允許各省奏請，自各省耗羨存公（布政司庫）以備公用，即其贏餘，才定為各官養廉銀。其旨在外官事務較繁，故於俸銀常額之外酌給養廉，明立規制，使不得需索以擾民。給養廉的標準是依各省徵收耗羨的多少，各官差務的繁簡而定。因此同官各省所給養廉銀數目不同，同一省而官有等差，所得的養廉銀數目自然不同。惟各司道藩司均須將每年徵收耗羨及領取養廉銀數目分層查核，彙報戶部稽核備查。各直省督撫的養廉銀，自七千兩至三萬兩不等，差距很大。這是養廉銀的起源及內容。

茲根據光緒版《清會典事例》所載，總督、巡撫至州縣官的養廉銀數抄錄如下：總督：一三〇〇〇—二〇〇〇〇兩，巡撫：一〇〇〇〇—一五〇〇〇兩，布政使五〇〇〇—九〇〇〇兩，按察使三〇〇〇—八四四四兩，道員一五〇〇—六〇〇〇兩，知府八〇〇—四〇〇〇兩，知州五〇〇—二〇〇〇兩，知縣四〇〇—二〇〇〇兩，河道總督六〇〇〇兩，（其中北河總督系直隸總督兼領，支銀一〇〇〇〇兩），管河道員二〇〇〇—四〇〇〇兩，漕運總督九五二〇兩，鹽運使二〇〇〇—五〇〇〇兩，鹽法道二〇〇〇—四二四〇兩（兼任加領不列）。除各衙門正印官外，所有佐貳官也都有養廉銀。（註一六）

第三節　耗羨徵收之起源

所謂耗羨，是正額以外所加的附加稅。對耗羨徵收由來，莊吉發先生作這樣解說：

耗羨主要爲正賦耗羨及雜賦羨餘：正賦耗羨包括錢糧火耗與糧米本色雀耗、鼠耗等。雜賦羨餘包括稅課、錫金、平頭等項，名目繁多。……自夏商周至於唐代，國家所徵於民者，主要爲粟帛本色，因此雀耗、鼠耗由來已久。唐代建中元年（西元七八〇），採行兩稅法，改爲徵錢。元代歲課開始徵銀。明代徵收正雜錢糧，銀糧並納。自清太祖時，開始鑄「天命通寶」……。

（註一七）

清代自太祖鑄造了制錢以後，太宗、世祖都鑄造各朝制錢「通寶」。但是課稅就銀圓制錢並收。由於銀圓是秤量貨幣，並非計數貨幣。由於本色折銀熔銷，改鑄時都不無折耗，州縣徵收銀糧時，遂於正項之外稍取盈餘，以補折耗之數。而民間繳納稅收都是小錠碎銀，州縣更須熔銷，而提解赴司，而輾轉解送，在在需費。爲此其初，僅限於不純銀色須徵火耗，後來所有折銀交納相沿成例，都須徵收耗羨。清代自順治初年地方官，既多徵濫收，中飽私囊，後屢飭禁革，收效甚微。至清世宗初年乃議定耗羨歸公。由前述得知養廉銀，是提解耗羨存公（布政司），闔省公事之費及上司下屬等餉銀，皆取於此。這個制度的主旨，雖是將所有耗羨都提到布政司庫；然而因各省都有其特殊情形，所以有些省份卻未必如此做的。因此有依耗羨提解數目多少，將它分爲全提型、多提型、少提型三種。將所有耗羨提解布政司庫的，稱全提型。提解半數以上耗羨而將餘額留存於府、州、縣的稱多提型。在府、州、縣留存半數以上，只提解少數到布政司庫的叫做少提型。根據這樣的分類，全國初期各省耗羨提解的情形分別如下：

(1)全提型的省分：山西、河南、陝西、甘肅、貴州、四川、安徽七省。

(2)多提型的省分：山東、江西、江蘇、雲南、福建、奉天六省。

(3)少提型的省分：湖廣、直隸、浙江、廣東、廣西五省。

到了雍正六、七年之後，結果少提型已減少至湖廣、廣西二省；多提型則爲山東、江西、雲南、福建、奉天、廣東六省；全提型山西、河南、陝西、甘肅、貴州、四川、安徽、江蘇、浙江、直隸十省。（註一八）至於提解耗羨及頒發養廉的實例，茲舉雍正六年（一七二八）十月十一日，湖南布政使趙誠具奏曰：

> 奏爲請定養廉銀兩解司分給，以免州縣挪虧事。……湖南所屬各州、縣徵收錢糧，先於雍正元年前督臣楊宗仁檄飭，每地丁銀一兩，許加耗銀一錢：內將三分解司，以充地方公用；其七分以一分五釐給藩司，並作部餉解費，六釐給臬司，四釐給巡道，一分給知府，三釐給同知，三分二釐給州縣，爲各衙門辦理公務，以及日用薪水之需。（註一九）

清世宗提解耗羨歸公的原因，其初意因官吏薪俸微薄，甚至有些地方上司收受下屬餽送、節禮。耗羨歸公實施以後，官吏所得養廉多於薪俸，過去的陋規遂得革除。在提解耗羨未公開化、合法化以前，州縣侵挪錢糧、虧空數量驚人；但自耗羨歸公實施以後，直省虧空因而有逐年完補現象，地方財攻亦有顯著改善趨勢。

第四節　乾隆朝繼續頒發養廉銀及徵收耗羨銀兩之改革

清高宗繼續實施耗羨徵收及養廉頒發，但有不少耗羨徵收及養廉頒發之改革分述於後。見於清世宗提解耗羨，原爲一時權宜之計，其本來之意欲俟地方虧空清完後，即停止提解耗羨。因此于乾隆七年（西元一七四二），命九卿、翰林、科道、及外省各督撫等，直抒所見陳奏耗羨歸公的因革問題。同年十一月（乙丑）十日，實錄云：

今據陸續覆到，俱稱耗羨歸公，法制盡善，不可復行更張，眾議僉同。……得旨錢糧之有耗羨，蓋經國理民，事勢之必不能已者。未歸公以前，耗羨無定制，有司之賢者，兢兢守法不敢踰閑；不肖者，視爲應得之項，盡入私囊。一遇公事，或強民輸納、或按畝派捐，濫取橫徵無所底止。且州縣以上官員，養廉無出，於是收受屬員之規禮節以資日用。而上官下屬之間，時有交際，州縣有所藉口，恣其貪婪。上官瞻徇而不敢過問，甚至以餽遺之多寡，爲黜陟之等差，吏治民生均受其弊。我皇考俯允臣之情，定耗羨歸公之法。就該省舊收火耗之數歸於藩司，酌給大小官員養廉，有餘則爲地方公事之用。小民止各循其舊有不常，有輕減無加益也。而辦公有資，捐派不行。有司之賢者，固無所用其矯廉，而不肖者亦不能肆其貪取，此愛養黎元整飭官方之至意，並非爲國用計，爲此舉也。且以本地之出產，供本地之用度，國家並無所利於其間。然通天下計之，耗羨數用之處不過二三省，其不足之處，仍撥正供以補之。此則臣民未盡知者，此十數年中辦理耗羨之梗概也。……此事當從眾議，仍由舊章，特頒諭旨，俾中外臣民知之，餘著照大學士等所議行。（註二〇）

(一)清高宗養廉銀的增加

清高宗繼續實行清世宗之耗羨徵收及養廉銀制度，但見江南省（康熙六年分爲江蘇、安徽兩省）及浙江省所有佐雜等官，向來未議准養廉銀。因此清高宗分別於乾隆元、二年頒諭賞給養廉銀。

(1)乾隆元（西元一七三六）年，諭曰：

聞江南佐雜等官，向來未議養廉。該省事務繁多，差遣絡繹倍於他省，微員俸少力薄，未免衣食維艱。查江蘇有不充餉之鹽規銀兩，安徽司庫有存公耗羨銀兩，著總督趙宏恩、巡撫顧琮、趙國麟公同查核仿照江西、湖廣之例酌定數目，每年賞給以爲養廉，示朕體恤微員之至意。（註二一）

(2)乾隆二年，諭曰：

向來江浙等省，佐雜微員未曾議給養廉。朕聞江南地方事務頗繁差遣絡繹，已於上年特頒諭旨賞給以爲養廉以資日用。今思浙省事務差遣亦屬繁多，微員等俸少力薄，所當一體加恩，著將應給各官查照江南之例從乾隆貳年爲始。（註二二）

清高宗除與江南、浙江等地方，文職佐雜微員養廉銀之外，對於武職人員亦開始賞給養廉銀。乾隆十年（西元一七四五），戶部奉特旨賞給八旗大臣養廉銀，歲支八萬六千兩。受頒養廉銀者，計有領侍衛內大臣、滿洲都統、前鋒護軍統領、蒙古漢軍統領等等。至各省提鎮以下武職員弁，乾隆四十七年（西元一七八二），下諭要各直省各將武職應得養廉名糧數目陸續具奏。經戶部酌核章程，按各武職品級大小通同比較定額給予養廉銀（註二三）。茲按直省、在京巡捕五營、甘肅省之烏嚕木齊等處，分別列表如下：

直省提督以下武職人員所給養廉銀表(六)　（以兩爲單位）

職銜	每員歲給養廉銀
提督	二〇〇〇
總兵	一五〇〇
副將	八〇〇
參將	五〇〇
遊擊	四〇〇
都司	二六〇
守備	二〇〇
千總	一二〇
把總	九〇
經制外委千把總	一八

在京巡捕五營員弁所給養廉銀表(七)　（以兩爲單位）

職銜	每員歲給養廉銀
步軍統領	八八〇
副將	九〇〇
參將	六〇〇
遊擊	五〇〇
都司	三〇〇
千總	一四〇
把總	一〇〇
外委	二〇

甘肅省之烏嚕木齊等處員弁所給養廉銀表(八)

甘肅省之烏嚕木齊提督	二八〇〇	瑪納斯、哈密外委	各二八
伊犁巴里坤總兵	二二〇〇	雲南騰越鎮總兵	一六〇〇
瑪納斯、哈密副將	各一二〇〇	龍陵協副將	九〇〇
瑪納斯、哈密參將	各八〇〇	龍陵協遊擊	四五〇
瑪納斯、哈密遊擊	各六〇〇	龍陵協都司	三〇〇
瑪納斯、哈密都司	各三八〇	龍陵協守備	二三〇
瑪納斯、哈密守備	各三二〇	龍陵協千總	一四〇
瑪納斯、哈密千總	各一八〇	龍陵協把總	一〇〇
瑪納斯、哈密把總	各一二〇	龍陵協外委	二二

四川崇化等五營員弁所給養廉銀表(九)

遊擊	都司	守備	千總	把總	外委
五二〇	三四〇	二六〇	一六〇	一二〇	二八

並奉清高宗諭旨：「雲南提督、總兵及福建臺灣總兵或地當煙瘴或遠隔重洋，均與腹地不同，著加恩於議給養廉銀外，雲南提督加賞五百兩、雲南總兵及福建臺灣總兵各加賞、一百兩以示朕軫念嚴疆加惠戎行之至意著爲令。」（註二四）

(二)乾隆十二年（西元一七四七）各省督撫養廉銀之調整（督撫養廉銀定型）：

乾隆十二年，清高宗對各省的督撫養廉銀，進行了一之普遍的調整。這是養廉銀制度自雍正年間開始建立以來，趨向定型的標誌。（註二五）《東華錄》記載：

乾隆十二年五月（己亥）十日，諭軍機大臣等，各省督撫養廉，有一二萬兩者；有僅數千兩者。在督撫俱屬辦理公務，而養廉多寡懸殊似屬未均，著軍機大臣等酌量地方遠近、事務繁簡、用度多寡量爲衰益，定議具奏。尋議：查各省督撫養廉銀，見在湖廣總督一萬五千兩、兩廣一萬五千兩、江蘇巡撫一萬二千兩。江西、浙江、湖南、湖北、四川各一萬兩不甚懸殊無庸置議外。直隸畿輔重地事務繁多，總督養廉止一萬二兩千兩，較各省覺少，請增銀三千兩。山東、山西、河南三省同屬近地，事務用度亦屬相做且俱係兼管提督而山東、山西二省各二萬兩，河南止一萬二兩千兩，請將山東、山西各減五千兩，河南增三千兩，各成一萬五千兩之數。廣東巡撫一萬五千兩，廣西止八千四百餘兩，雖廣東用度稍多然相去太遠，請將廣東減二千兩廣西增銀一千六百兩以足一萬兩之數。川陝總督雖有節制邊方犒賞兵丁之費，然養廉三萬兩較各省過多，而西安甘肅二省巡撫，西安居腹裏甘肅爲邊地，乃西安二萬兩甘肅止一萬一千九百兩，請將川陝總督減五千兩，西安巡撫減八千兩，甘肅巡撫增一百兩以足一萬二千兩之數。閩浙總督其道里遠近事務繁簡與兩廣相做，而養廉二萬一千兩未免過多，請減三千兩。福建巡撫養廉一萬二千兩未免不敷，請增一千兩。江蘇巡撫養廉一萬二千兩，安徽則止八千兩，雲南巡撫一萬五百五十兩、貴州則止八千五百兩亦屬不均，請將安徽增二千兩，貴州增一千五百兩，以足一萬兩之數。至各省督撫養廉間有奇零乃從前據火耗之額定數，今既經定制零數應刪，請將兩江總督養廉銀一萬八千二百兩內去零銀二百兩。雲貴總督雲南巡撫各去銀五百五十兩。從之。（註二六）

㈢清高宗對耗羨提解之改革

清高宗有見於地方未能將耗羨全提解司庫：由於1.移動耗羨銀時，難免有所虧損，而在移動中也可能遭遇盜竊，或沉船等意外。2.尤其是，難於避免在交接時的官吏或書吏之不能潔身自愛。3.省屬官吏豫領及透支。因此清高宗，下諭改變提解耗羨方式以便地方官員就近頒發養銀，於乾隆二年（西元一七三七）九月二十六日（辛亥）實錄云：

吏部議覆太僕侍卿蔣漣奏，直省各官養廉令就近支領。查道府養廉爲數既多，若州縣支領恐滋弊竇。其州縣佐雜等應如所請奏，在該處徵銀內撥給，按季冊報，得旨依議。州縣以下等官養廉，於各州縣就近支給，可省解司赴領之煩，仍令該管上司不時稽察，毋得啓豫領透支等弊。（註二七）

㈣清高宗即位後，曾多次減免各種耗羨錢糧，以減輕人民負擔。

1.雍正十三年（一七三五）九月三日清高宗即位著詔曰：

一，各省民欠錢糧，係十年以上者，著該部查明具奏，候旨豁免。（註二八）

2.雍正十三年（一七三五）九月二十三日（己未）免雍正十二年以前民欠。

茲特再行降旨於恩詔外，將雍正十二年以前，各省錢糧實欠在民者，一並寬免……。（註二九）

3.雍正十三年（一七三五）九月二十九日（乙丑）蠲免江南蘇松二府浮糧。

漕運總督顧琮奏請蠲免江南蘇松二府浮糧。又請禁關稅贏餘，逐年加增陋習。得旨，所奏浮糧關稅二件甚屬可嘉。（註三〇）

4.雍正十三年（一七三五）十月七日（壬申）免江南等省漕糧蘆課及學租雜稅。（註三一）

5.雍正十三年（一七三五）十一月丁未……次日（戊申）十三日頒詔覃恩有差，免四川巴縣等旱災額賦。（註三二）

6.雍正十三年（一七三五）十一月（癸丑）三十一日又諭減免鹽場應徵錢糧：

朕即位之初，加恩海內民人，已降旨將雍正十三年以前，各省民欠錢糧悉行蠲免，俾閭閻無催科之擾。因查兩淮鹽場灶戶，應徵折價錢糧亦有未完之項，當與民人一體加恩者，著該部即速傳諭總督趙宏恩、鹽政高斌，將雍正十三年以前舊欠若干一一查明，照地丁錢糧例奏聞蠲免。俾灶戶均霑實惠，毋使胥吏滋弊中飽。（註三三）

7.雍正十三年（西元一七三五）十一月（癸丑）三十一日清高宗諭：

赦降苗罪，免貴州三年內耗羨。（註三四）

8.清高宗除屢次減免民間錢糧及耗羨外，在他即位之初，還頒詔要求嚴格控制耗羨徵收標準並禁溢收耗羨。雍正十三年（西元一七三五）十一月（癸亥）二十八日他說：

惟是提解耗羨之法，行之已十有餘年，恐日久弊生，奸吏胥緣朘削，羨外加耗，重困閭閻，不可不爲深慮。著各該督撫嚴飭有司，咸體朕意，知耗羨一項，可減而決不可增，可于格外從寬，而斷不可于額外多索。（註三五）

(五)清高宗時期，各省徵收耗羨銀兩的多寡、耗羨銀兩的報銷及支付

1. 各省耗羨的提解藩司，各就本省情形酌定分數徵收，所得存藩庫，以備地方官員養廉銀兩及地方公用。概不解部，各省徵額不一。清高宗對此又有明白指示：

再各省耗羨分數，率在加一上下。然江南賦重之區，如蘇松常鎮四府，額賦較之他省幾及數倍。雍正六年以前每兩加耗僅五分，雍正六年以後增至加一，且有司又復巧取苛索，民何以堪。其令江南督撫詳加酌定，量減分數徵收不得仍前重耗困民，倘敢陽奉陰違，朕必於該督撫是問。（註三六）

清高宗時，正項額賦之徵解根據《欽定四庫全書》，（欽定大清會典），卷十（戶部田賦）（註三七）記載各省田賦徵收及各省留用情形列表如下：以乾隆十八年（西元一七五三）奏銷冊爲計(十)

(十)

布政使司名稱	民田畝數	賦銀數	糧量數	糧草數	本省支用數
直隸布政使司	六五萬七一九一頃八七畝有奇	二四一萬一二八六兩有奇	十萬一二二九石有奇	九萬四四〇四束	糧草均留充本省經費
盛京	二萬五二四三頃二一畝有奇	三萬八千十兩有奇	七萬六二〇六石有奇		糧充本省經費

山東布政使司	九七萬一○五四頃七畝有奇	三三四萬六二五七兩有奇	五○萬七六八○石有奇		歲漕京師三四萬八七七八石留充本省經費十五萬八九○二石有奇
山西布政使司	三二萬九五八六頃二一畝有奇	二九七萬二六六兩有奇	十六萬九二四六石有奇		糧充本省經費
河南布政使司	七二萬二八二○頃三六畝有奇	乾隆三年蠲除一六○兩實徵三三○萬三○八○兩	二四萬八八六五石有奇		歲漕京師二一萬九八七四石留充本省經費二萬八九九二石各有奇
江南江蘇布政使司	六八萬九八八四頃四五畝有奇	雍正三年蠲除四五萬，乾隆二年蠲除二○萬兩實徵三三七萬一三三四四兩有奇	二一五萬五○二一石有奇		歲漕京師百七一萬六八八九石留充本省經費四三萬八一三二石有奇
安徽布政使司	三三萬八一二○頃九三畝有奇	一六八萬八○○○兩有奇	八四萬五二四八石有奇		歲漕京師五六萬六二七六石留充本省經費二七萬八九七一石有奇
江西布政使司	四七萬九二○七頃六二畝有奇	雍正三年蠲除七萬五五四九兩，乾隆三年蠲除三萬七七四兩實徵一八七萬九八一○兩有奇	八九萬九六三二石有奇		歲漕京師七七萬一三二石留充本省經費十二萬九四九九石有奇
福建布政使司	十二萬八二七○頃八七畝有奇	一一七萬七八九九兩有奇	十六萬八四五三石有奇		糧充本省經費
浙江布政使司	四五萬九七八七頃七○畝有奇	雍正五年蠲除八萬七二○○兩，乾隆三年四年蠲除四萬五四○兩實徵二八一	一一三萬四八一石有奇		歲漕京師八五萬六七三九石留充本省經費二七萬三七四二石有

		萬二四四九兩有奇			奇
湖廣湖北布政使司	五六萬六九一三頃四九畝有奇	節年蠲除十八萬二四五四兩實徵一一〇萬八一五三兩有奇	二八萬六五五四石有奇		歲漕京師十三萬二四〇三石留充本省經費十五萬四一五〇石有奇
湖南布政使司	三一萬二二八七頃九八畝有奇	節年蠲除十八萬五五三兩實徵一一六萬三〇六三兩有奇	二七萬七六四一石有奇		歲漕京師十三萬三七四三石留充本省經費十四萬三八九七石有奇
陝西布政使司	二五萬二三七一頃三畝有奇	一五三萬九〇七兩有奇	十六萬八四五三石有奇		糧充本省經費
甘肅布政使司	十七萬七八三一頃三三畝有奇	二五萬七七二三兩有奇	五〇萬三四七六石有奇		糧充本省經費
四川布政使司	四五萬九〇四六頃六七畝有奇	六五萬九〇七五兩有奇	一萬四三二九石有奇		糧充本省經費
廣東布政使司	三二萬八八三二頃九三畝有奇	一二五萬七二八六兩有奇	三四萬八〇九五石有奇		糧充本省經費
廣西布政使司	八萬七四〇〇頃六〇畝有奇	三八萬二五九七兩有奇	十三萬〇三三七五石有奇		糧充本省經費
雲南布政使司	六萬九四九九頃八〇畝有奇	十五萬三七五〇兩有奇	二三萬〇八四八石有奇		糧充本省經費
貴州布政使司	二萬五六九一頃七六畝有奇	十萬一五六兩有奇	十五萬四五九〇石有奇		糧充本省經費

總計全國民田、賦銀、糧、草數目根據《欽定四庫全書》，（欽定大清會典），卷十（戶部田賦）記

載：

凡直省田賦以乾隆十八年（西元一七二七）奏銀冊計之，共民田七〇八萬一一四二項八八畝，賦銀二九六一萬一二〇一兩，糧八四〇萬六四二二石各有奇。草五一四萬五五七八束。（註三八）

至於各直省田賦的徵解方式也有記載：

凡直省田賦由州縣官布政使司執其總而量度之，或聽部撥解京，或充本省經費，或需鄰省酌劑。歲陳其數析爲春秋冬三冊，由巡撫咨部；春二月、秋八月、冬十月。部受其計簿覈其盈絀以式法，列其留存撥解之數。以時疏聞以定財用出納之經。（註三九）

田賦留充經費備用也有分儲備用辦法：

凡直省田畝留分儲備用於每歲經費外，按直省事務之繁簡道里之遠近，賦入之多寡，各留賦銀有差或布政使司庫，或知府直隸州庫。儲司庫者，遇省有急需，督撫疏報，即發儲府庫者遇州縣有急需，府州申詳即發，事竣以時奏銷。（註四〇）

至於巡撫奏銷冊達部的寫法：

凡歲課奏銷布政使司會所屬，見年賦稅出入之數，申巡撫疏報以冊達部曰奏銷冊：備載舊管、新收、開除、實在四柱，條析起運、存留、支給、撥協、採辦爲數若干，以待檢校部會全數而覆覈之。彙疏以聞，以愼財賦出入以定奏銷考成。（註四一）

清高宗時，正額田賦需要按規定上繳戶部或留省作省政經費，而一般地方耗羨銀兩則不必上繳戶部這是最大的不同。至於耗羨銀報銷手續則與正額田賦相同，即由各省布政使申詳巡撫，並由各省巡撫每年五月必須將前一年一月至十二月的耗羨銀兩之舊管、新收、開除、實在四柱清單上奏皇帝並由戶部核銷。各省督撫有覆查動存耗羨銀兩責任，如乾隆十二年，陝西巡撫徐杞所具奏的軍機處奏摺錄副為例節略如下：

奏明陝省乾隆十一年徵收耗羨銀兩並動支餘存數目由。……新收並舊管共銀二八·一八七兩四錢八分零。內除支廉費並公用二一·七四三兩三分零。實在存剩公用銀六·四八四兩四分零。民欠未完乾隆十一年一錢五分耗銀二三六·二五七兩七錢一分零，七五耗銀六二〇兩九錢二分零。又未完乾隆十年一錢五分耗銀四·七五九兩一分零，七五耗銀七五兩四錢二分零。又未完乾隆九年一錢五分耗銀四六〇兩零……。（註四二）

2.耗羨銀兩之用途

耗羨銀兩除支付官員養廉銀兩外，並支付地方公用，即所謂「耗羨歸公」。戶部行文分別有定無定及補給各款。無定的公用動支必須先報戶部核准，才能動支。各州縣徵收的耗羨銀兩，上繳藩庫；或州縣就近支用耗銀。換言之，分成三項用途：

(1)耗羨銀兩支付官員養廉銀兩，耗羨銀兩發給各級官員養廉銀以使官員生活安定，並作為各級官員聘請刑名、錢糧等幕友的束脩及支付衙門裏的人事費，以減少官員胥吏勒索百姓規禮等弊端。請參閱前述清高宗調整官員養廉銀情況。

(2)撥發地方作公費使用。譬如修繕官署、倉庫、廟宇、學堂、城池、橋樑……等，但必須報部准銷。

(3)彌補地方財政虧空並照戶部撥協鄰省賑災救濟及他省不足官員養廉費。先就文獻檔案，僅略舉幾件乾隆朝奏報各省動存耗羨清單如下（不含未完民欠及緩徵耗羨者）以明瞭乾隆年間，地方耗羨銀兩數目及動存大概情形：(十一)

(十一)

具奏日期	具奏人及官銜	省、府地名	所報年分	舊管	新收	開除	實存	資料來源	備註
乾隆十二年十月十三日奉批	陝西巡撫徐杞	陝西省	乾隆十一年	新收並舊管共管共銀二八，一八七兩四錢八分		支養廉銀並公用二一、七四三兩三錢三分	實存公用銀六，四八四兩四分	國立故宮博物院所藏《軍機處奏摺錄副》第〇〇一三一三號	(1)全文
乾隆十三年閏七月八日	陝西巡撫陳弘謀	陝西省	乾隆十二年	新收（含一錢五分耗銀及額徵蠲免）及舊管共銀三三六，二〇四兩		支過養廉銀並公用銀二二三，六三八兩九錢七分	公用銀一一二，五六五兩一錢九分	國立故宮博物院所藏《軍機處奏摺錄副》第〇〇三〇六〇號	(2)
乾隆十四年五月二	順天府府尹仍兼佐	順天府所屬	乾隆十三年	存中江牛馬稅羨等銀	新收中江牛馬稅羨	支過奉錦二府等各官養廉暨	二，五四九兩等	國立故宮博物院所藏《軍機處奏摺錄副》	(3)

十八日	領蘇昌			一，八四六兩等	九，六八二兩等	雜支八，九七九兩等		第〇〇四四六七號	
乾隆十四年六月二十四日	山西巡撫阿里袞	山西省	乾隆十三年	一二一，〇八九兩二錢一分	三一四，九四二兩六錢九分	開除養廉公費三三〇，九二〇兩二錢一分	一〇五，一一一兩八錢	國立故宮博物院所藏《軍機處奏摺錄副》第〇〇四五三五號	(4)
乾隆十四年六月二十五日	陝西巡撫革職留任陳弘謀	陝西省	乾隆十三年	新收並舊管共管共銀三四四，八五〇兩三錢三分		支養廉銀並公費共二一二，三六三兩三分	四二，四八七兩二錢九分	國立故宮博物院所藏《軍機處奏摺錄副》第〇〇四五二〇號	(5)
乾隆十四年六月二十五日	陝西巡撫徐杞	陝西省	乾隆十三年	新收並舊管共管共銀二三二，七一七兩三分		九一，三三九兩等	一四一，三八八兩二等	國立故宮博物院所藏《軍機處奏摺錄副》第〇〇四六二八號	(6)
乾隆十五年五月二十八日	奉天府府尹圖爾泰	奉天府所屬	乾隆十四年	二，五四九兩四厘五毫八絲等	九，九九一兩五錢	各官養廉銀八，七二三兩八等，雜支銀八七二三兩八分等	三，八一七兩七錢二分等	國立故宮博物院所藏《軍機處奏摺錄副》第〇〇五七六五號	(7)
乾隆十五年五月三十日	河南巡撫鄂容安	河南省	乾隆十四年	一二一，二七六兩二錢五厘	四二九，四四九兩一錢三分等	四〇，〇二八兩四錢三分等	一四九，七九六兩九錢等	國立故宮博物院所藏《軍機處奏摺錄副》第〇〇五七六五號	(8)
乾隆十六年七月二	江蘇巡撫王師	江蘇省	乾隆十五年	三九六，五〇六兩	三三〇，三二〇兩	四一九，五八三兩三錢	二九七，二四三兩二錢	宮中檔乾隆朝奏摺第一輯頁二一三。	(9)

	十二日								
(10)	乾隆十七年三月十六日	管理九江關務惠色	九江關務監督	乾隆十五年三月初八日至十六年三月初八日	新收並舊管共管共銀二三二，七一七兩三分		九一，三三九兩等	一四一，三八八兩二等	宮中檔乾隆朝奏摺第二輯頁四四七。
(11)	乾隆十七年三月十六日	管理九江關務惠色	九江關務監督	乾隆十六年三月初九日至十七年二月初八日	徵正耗三九〇，二四二兩二錢九分等	耗銀三〇，一一六兩九錢		較乾隆十五年收正銀多八，五九二兩	宮中檔乾隆朝奏摺第二輯頁四四五。
(12)	乾隆十七年四月十五日	兩江鹽政總管六庫事務郎中普福	兩江鹽政總管六庫	乾隆十六年三月至十七年二月			無動支	積存閒款銀一二，五〇〇兩八錢等	宮中檔乾隆朝奏摺第二輯頁六八一。
(13)	乾隆十七年四月二十四日	長蘆鹽政天津總兵官吉慶	天津關	乾隆十六年五月至十七年四月		正額四〇，四六四兩銅近水腳費七，五九二兩等	飯銀及支銷經費等一四，二八九兩等另支費通行除淨	額外盈餘九，二六五兩二分	宮中檔乾隆朝奏摺第二輯頁七二四。

(14)	乾隆十七年四月二十九日	陝西巡撫鍾音	陝西省	乾隆十六年		一錢五分實徵二三六，四四一兩等額徵七五耗銀六三〇兩等	支總督巡撫學政司道府同知通判筆帖式州縣及佐雜並甘省總理青海事務衙門吏書等養廉公費口食共銀一七五，三六七兩等	尚該存公銀二七四，二一三兩其他支用實在存一七六，七二二兩二錢四分等	國立故宮博物院所藏《軍機處奏摺錄副》第〇〇八三六三號
(15)	乾隆十七年五月二十八日	兩廣總督阿里袞廣東巡撫蘇昌	廣東省	乾隆十六年	藩司(1)一五二，四三九兩八錢糧驛道(2)一，九一七兩等	(1)一八二，四四二兩(2)三，九六七兩等	(1)養廉等費一八三，三三四兩(2)三，八〇〇兩	(1)一五一，五四六兩(2)二，〇八四兩	國立故宮博物院所藏《軍機處奏摺錄副》第〇〇八七三二號
(16)	乾隆十七年六月六日	河南巡撫蔣炳	河南省	乾隆十六年	一八五，七七五兩八錢四分	四〇五，一四二兩九錢六分	四二四，三五〇兩一錢四分	一六六，五六八兩六錢六分	國立故宮博物院所藏《軍機處奏摺錄副》第〇〇八五一五號
(17)	乾隆三十四年六月二十日	廣西巡撫宮兆麟	廣西省	乾隆三十三年	耗羨等一六，八五三兩九分等	五三，六一〇兩六錢二分等	各州縣存留、解司共三九，三六四兩四錢等	三一，〇九九兩三錢等	國立故宮博物院所藏《軍機處奏摺錄副》第〇一〇二五二號
(18)	乾隆三十	署福建巡	福建省	乾隆三十	二十二年至	二十八至三	二十五至三十	二十二至三	國立故宮博物院所藏

四年七月十六日	撫閩浙總督革職留任崔應階		三年以前	三十二年耗羨銀二七，三〇二兩等 三十三年耗羨銀三二三，五四兩等	十三年一一，三〇一兩等	三年公費及各官養廉共銀三三二，三一八兩等	十三年耗羨二九，三四〇兩及未解司扣缺養廉四，五〇七兩等	《軍機處奏摺錄副》第〇一〇二八八號及〇一二四一〇號	
			乾隆三十四年	三三五，九七五兩	三十三年關稅耗羨銀等一二七，〇三八兩又收入借支費五十兩	三十四年各官養廉銀一五七，三九〇兩等	存庫銀三〇一，六五〇兩等		
乾隆三十五年四月二十九日	陝西巡撫文綬	陝西省	乾隆三十四年	耗羨等銀五六，一三八兩等	三一八，六七四兩等	二一三，九七一兩等	耗羨等銀一六，〇八四〇兩等	國立故宮博物院所藏《軍機處奏摺錄副》第〇一一九四〇號	(19)
乾隆三十五年五月二十二日	山東巡撫富明安	山東省	乾隆三十四年	耗羨舊管三二六，三六七兩等	各年六二，七一六兩及三十四年耗羨銀二五五，三一六兩	三七五，〇二五兩	耗羨銀二六九，三七五兩	國立故宮博物院所藏《軍機處奏摺錄副》第〇一二〇〇三號	(20)
乾隆三十六年五月二十六日	湖北巡撫梁國治	湖北省	乾隆三十五年	三一七，二六四兩	三〇九，五七〇兩	三四五，〇五三兩	二八一，七八一兩	國立故宮博物院所藏《軍機處奏摺錄副》第〇一四二六二號	(21)

乾隆三十六年五月二十七日	廣西巡撫陳輝祖	廣西省	乾隆三十五年	耗羨舊管等銀三四，一七四兩等	四三，九六五兩等	各州縣存留解司四五，〇七五兩等	三三，〇六四兩等	國立故宮博物院所藏《軍機處奏摺錄副》第〇一四三七六號	(22)
乾隆三十七年四月二十九日	陝西巡撫勒爾謹	陝西省	乾隆三十六年	耗羨等銀一四四，九二三兩等	一一一，三〇九兩等	二四一，九五三兩等	一四，二七八兩等	國立故宮博物院所藏《軍機處奏摺錄副》第〇一六九三六號	(23)
乾隆三十七年五月二十九日	湖北巡撫陳輝祖	湖北省	乾隆三十六年	耗羨舊管等銀二八一，七八一兩等	四一〇，三六六兩	三二一，九〇一兩登除協鄰省銀一三四，〇〇〇兩	三三六，二四六兩	國立故宮博物院所藏《軍機處奏摺錄副》第〇一七二三二號	(24)
乾隆三十七年五月二十六日	廣東巡撫德保	廣東省	乾隆三十六年	一七二，二五四兩等	七，一九〇兩等	官員養廉八四，一六一兩	九五，二八三兩	國立故宮博物院所藏《軍機處奏摺錄副》第〇一七三八七號	(25)
乾隆三十七年五月二十八日	陝甘總督文綬	甘肅省	乾隆三十六年	二五，一五二兩	一四二，三五七兩	一四〇，〇七九兩	二七，四三〇兩	國立故宮博物院所藏《軍機處奏摺錄副》第〇一七二五四號、〇一七六二九號	(26)
乾隆三十七年六月十八日	山東巡撫徐績	山東省	乾隆三十六年	三十五年舊管二四六，〇一七兩新收	三十六年耗羨銀一五九，〇二五兩	二三二，三八五兩	二〇四，五八八兩	國立故宮博物院所藏《軍機處奏摺錄副》第〇一七二八三號	(27)

(28)	乾隆四十三年四月二十九日	陝西巡撫畢沅	陝西省	乾隆四十二年	耗羨銀等二二九，一七六兩等	二二六，四四七兩等	三三七，六八五兩等	二一七，九二七兩等	國立故宮博物院所藏《軍機處奏摺錄副》第〇一九六四八號
(29)	乾隆四十三年五月二十五日	直隸總督周元理	直隸省	乾隆四十二年	五五，三六三兩等	四三年及節年耗銀一〇七，九〇〇兩等	一四二，六七五兩等	二〇，五八八兩等	國立故宮博物院所藏《軍機處奏摺錄副》第〇一九六四八號
(30)	乾隆四十三年五月二十五日	富察善 銘通	奉天所	乾隆四十二年	耗羨銀一一，三〇六兩	奉天收中江牛馬稅羨並地丁耗羨八，七〇二兩等 吉林收耗羨二，一三一兩等	支給奉天錦州各官養廉公用八，二二六兩等，支給吉林各官養廉五五九兩等	奉天剩耗羨一一，七八二兩等。吉林並無餘剩	國立故宮博物院所藏《軍機處奏摺錄副》第〇一九八六八號
(31)	乾隆四十三年五月二十五日	廣東巡撫	廣東省	乾隆四十二年	(1)耗羨官租二七三，五九〇兩等 (2)抵給糧驛道養廉鉏九，三六〇兩等	(1)一七八，八九九兩等 (2)四十二至四十三年三，六七六兩	(1)各官養廉公用一五七，二四四兩等 (2)支給驛道養廉三，四二五兩等	(1)二九五，二四五兩等 (2)九，六一〇兩等	國立故宮博物院所藏《軍機處奏摺錄副》第〇二〇〇六七號

(32)	乾隆四十三年五月二十七日	山西巡撫覺羅巴延三	山西省	乾隆四十二年	耗羨銀等三四七，三四〇兩	五六三，四九四兩	四七八，〇七八兩	四三二，七五六兩	國立故宮博物院所藏《軍機處奏摺錄副》第〇一九八一七號
(33)	乾隆四十三年五月二十九日	江西巡撫郝碩	江西省	乾隆四十二年	耗羨二七五，〇四八兩	二三五，〇三一兩	二二〇，八七三兩	應存二八九，二〇七兩內借工料銀二九，一四七兩實存二六〇，六〇兩	國立故宮博物院所藏《軍機處奏摺錄副》第〇二〇〇一五號
(34)	乾隆四十三年六月三日	湖北巡撫陳輝祖	湖北省	乾隆四十二年				現實存四十二年分耗羨等銀七六，八七六兩等	國立故宮博物院所藏《軍機處奏摺錄副》第〇一九九九六號
(35)	乾隆四十四年五月二十日	全魁銘通	奉天所屬	乾隆四十三年	耗羨銀一一，七八二兩	奉天收中江牛馬稅羨並山海關撥補養廉四，五五六兩等。吉林收耗羨三，七四九兩等	借撥承德等州並支給奉天錦州各官養廉公用七，六八〇兩等，支給吉林各官養廉五五九兩等及將軍衙門兵丁紅白事銀三，	奉天剩耗羨八，六五九兩等。吉林並無餘剩	國立故宮博物院所藏《軍機處奏摺錄副》第〇二三七六八號

						一九〇兩等			
乾隆四十四年五月二十八日	江西巡撫 郝碩	江西省	乾隆四十三年	二六九，二〇七兩	二三五，五六二兩	二〇六，九四七兩	應存銀三一七，八二〇兩遵例借工料銀四三，九〇一兩實存二七三，九二〇兩	國立故宮博物院所藏《軍機處奏摺錄副》第〇二三九九八號	(36)
乾隆四十四年五月二十九日	山西巡撫 覺羅巴延三	山西省	乾隆四十三年	耗羨銀等四三二，七五六兩	五五五，九七六兩	四三六，九七六兩	五五二，一二九兩	國立故宮博物院所藏《軍機處奏摺錄副》第〇二三八三七號	(37)
乾隆四十四年六月十日	直隸總督 楊景素	直隸省	乾隆四十三年	存銀二〇，五八八兩等	四十三年及節年耗羨銀五四，二六三兩等	六七，三九四兩等	司庫節省耗銀七，四五七兩等	國立故宮博物院所藏《軍機處奏摺錄副》第〇二三八八一號	(38)
乾隆四十四年六月二十九日〈奉批日期〉	廣東巡撫 李質穎	廣東省	乾隆四十三年	(1)耗羨官租二九五，二四五兩等 (2)抵給糧驛道養廉銀九，六一〇兩等	(1)一八三，〇三六兩等 (2)四十二年至四十三年三，六〇〇兩	(1)各官養廉公用一六六，兩等 (2)支給糧驛道養廉三，四二五兩等	(1)三一一，六一〇兩等 (2)九，六九〇兩等	國立故宮博物院所藏《軍機處奏摺錄副》第〇二四〇七七號	(39)

現就二、三兩項動存耗羨銀之用途分述如下：

二，耗羨銀兩除支付官員養廉之外，另外最大的用途在修理或建設地方之公費使用，除大規模經費由部撥正額外，概由各藩司（布政司）報戶部核銷，爲了讓各省藩司有所遵循，遂於乾隆十三年二月初一日，由戶部查得各省耗羨立定章程。見乾隆十四年（西元一七四九）三月初三日的江西巡撫唐綏祖奏摺云：

查乾隆十三年三月二十一日准戶部咨開江西司案，准彙辦耗羨處付稱，查得各省耗羨立定章程一案，經本部詳議繕寫清單于乾隆十三年二月初一日具奏，本日奉旨依議。欽此欽遵相應抄錄原奏併酌定款項銀數清單，移付各司行文各督撫，以乾隆爲始，欽遵辦理。……江西省乾隆十三年之收支動存耗羨等遵照部行分別有定無定及補給各款。（註四三）

茲列舉幾件動用存公耗羨銀兩的例子，以瞭解耗羨歸公戶部分別有定及無定款項範圍：廣東巡撫岳濬，具奏撙節存公耗羨事由摺，特別講明部議藩司衙門，每年庫丁各火夫及攢典紙張，各役工食等項款數。於乾隆十四年十月十七日奉批其內云：

竊照粵省存公耗羨銀兩，准部議立章程分別歲需有定無定款項，酌量撥給。行令酌盈劑需，通融撙節務使實用實銷，不得出此範圍之外等因，咨行遵照在案。……遵查部定耗羨章程各款內有議定藩司衙門，每年庫丁各火夫及攢典紙張各工食等項，共銀一千四百八十五兩零。（註四四）

動用耗羨銀兩以歲修考棚，見安徽巡撫裴宗錫之乾隆三十六年十二月九日奏摺云：

奏爲循例奏明案，准部咨外省存公銀兩，如有必需之處，隨時奏明動用等因遵照在案。茲據安徽布政使增福詳稱，官屬各州縣修理考棚，應需工料銀兩，乾隆二年欽奉上諭應動存公銀兩。……（註四五）

動用耗羨銀兩以修理營房，見署理兩江總督江南河道總督薩載之乾隆四十三年九月二十一日奏摺云：

……據布政使陶易洋稱，上元縣沿江之傅家溝汛營房等，於乾隆四十年十月內修竣，因連遇颶風大雨山水江潮，將營房牌柵等項沖損。查與沿江沿海猝被風雨坍損准修之例相符。……。（註四六）

其他奉部准銷工料銀兩者，乾隆四十三（西元一七七八）年十月至四十四年（西元一七七九）二月間，經直隸總督周元理查核，奏明修理的工程有下列幾項：

(1)大興縣修理常平倉敖，用過工料奉部准銷六百五十六兩九錢零。
(2)清苑縣修理府望亭橋，用過工料奉部准銷銀九百二十一兩零。
(3)豐潤縣修理沙流河墩臺營房，用過工料奉部准銷銀二百二十九兩四錢零。
(4)茲州於乾隆四十三年分輪搭漳河橋工額支銀一百三十兩。
(5)清苑縣修理下閘村木橋，用過工料奉部准銷銀，八百四兩零。
(6)開州修理常平倉廒，用過工料奉部准銷銀七百兩六錢零。

(7)元城修理常平倉廒，用過工料奉部准銷銀四百二十五兩九錢零。

(8)昌平州修理監獄房橋，奉部准銷銀，五百八十一兩零。（註四八）

(9)懷柔縣修理常平倉廒，用過工料奉部准銷銀七百六十九兩八錢零。

(10)平谷縣修理常平倉廒，用過工料奉部准銷銀九百六十七兩零。

(11)寧河縣修理常平倉廒，用過工料奉部准銷銀九百六十七兩零。

(12)清苑縣修理楊忠愍公祠宇，用過工料奉部准銷銀三百四十九兩零。（註四九）

(13)順義縣修理監獄，用過工料奉部准銷銀七百三十三兩零。

(14)通州乾隆四十二年，修舟念北關外額設梭船二十二隻，用過工料奉部准銷銀七百五十二兩零。

(15)通州乾隆四十二年，油舟念北關外西河船九隻，用過工料奉部准銷銀四十八兩零。

(16)通州乾隆四十二年，搭蓋北關外東西二河額設浮橋，工料奉部准銷銀九十五兩零。（註五〇）

以上十六項修理等工程之工料，均經奉部准銷在案，都先後由直隸總督周元理分別具奏，並由周元理逐一覆加查核，俱准部咨核銷先行批司照數動撥。雖然上述工程包括火夫及攢典紙張，各役工食等款項、歲修考棚，修理營房、常平倉敖、橋樑、祠宇、梭船等項。

三，存公耗羨也用於解到他省幫助修理城工、查災辦賑等項之用並彌補地方財政虧空。

乾隆十六（西元一七五一）年九月九日，直隸總督方觀承具奏他省解到耗羨銀兩以修城工。

……布政使玉麟詳稱，山東省委員解到耗羨銀十萬兩。又於七月二十八日，山西省委員解到耗

羨銀十萬兩，俱經照數兑收司庫訖。除應修城工容臣查明節次辦理。……（註五一）

又如乾隆四十三年（西元一七七八）年十一月十五日，安徽巡撫閔鶚元具奏，他省解到安省耗羨銀兩以辦理災賑急需摺。

安省耗羨不敷，節年查災辦賑並撥借各官養廉等用，共借動正項未歸銀八萬一千九百七十九兩。部議撥江西省耗羨銀八萬一千九百七十九兩四錢三分七釐，解交安省歸還借款。此外另撥山東省耗羨銀四萬兩，河南省耗羨銀六萬兩，共銀十萬兩以為安省留辦災賑等項急需。……（註五二）

清代各朝，如雍正朝、乾隆朝，遇地方財政虧空，地方官員可以動用存公耗羨銀兩以為彌補。見《清世宗與賦役制度的改革》第五章第三節（彌補錢糧虧空的途徑）內云：

康熙末年，從中央到地方，庫帑虧空情形異常嚴重。……向來地方政府彌補虧空的方法，不外為二途，即以通省俸工抵補與私徵火耗，科派百姓。但自康熙末年以後，各省俸工多已抵補軍需等項，唯有以耗羨抵補一途。……雍正元年（西元一七二三）山西巡撫諾岷率先試辦並實施提解耗羨，是因山西省面臨虧空纍纍的困境之故。次年，河南巡撫石文焯倣效諾岷實施耗羨歸公，提解火耗，以彌補虧空。直隸巡撫李維鈞提解耗羨，其目的之一，亦欲在二年之內完補直隸虧空銀兩的未完部分。簡言之，雍正時期的提解耗羨，其直接動機是出自財政上的需要，即彌補虧空。（註五三）

乾隆六十年，閩浙總督伍拉納、福建巡撫浦霖侵虧帑項案。清高宗也問浙江巡撫覺羅吉慶有關閩省倉庫虧缺一事。《大清高宗純皇帝實錄》內云：

> 浙江巡撫覺羅吉慶覆奏，奉旨詢問閩省倉庫事。伍拉納節次來浙從未提及地方虧空。伏思此等事件，惟賴督撫等潔己奉公認眞妥辦，何難於二、三年內彌補齊全。（註五四）

浙江巡撫覺羅吉慶有關閩省倉庫虧缺一事，所謂「惟賴督撫等潔己奉公認眞妥辦，何難於二、三年內彌補齊全。」想必指利用耗羨銀兩彌補。足見乾隆朝地方官員用耗羨銀兩彌補地方虧缺一事，顯然是很普遍的。

第五節　養廉銀制度及耗羨銀兩歸公的影響

養廉銀制度自雍正朝實施後，產生的影響：一、是清代財政制度的改革，它解決了各級官府經費不足且沒有合理正當的收入窘況。自從雍正朝實施「耗羨歸公」以後，各級地方政府都有合理正當的收入，使清代財政制度進入健全起來。所有地方虧空款項，也可以用合理用耗羨銀分期彌補。正項額賦不至不足。二、普遍實施「耗羨歸公」以後，提取耗羨分數也適度減低，減少了百姓負擔。養廉銀制實施之後，各級官員都享受比俸給多十倍百倍的養廉銀，查禁各項陋規的收取和裁革，在雍正年間吏治整頓中，收效良多。使官員們起先都能全力放在地方公務上。這都是影響好的一面。但這段時間是很短暫的，清高宗即位後，吏治漸趨懈怠。乾隆十二年（西元一七四七）正月二十二日，廣東巡撫準泰具奏，提到有關錢糧養廉耗羨各冊問題：

查粵省賦稅、錢糧、養廉、耗羨各冊，經營衙門任意拖延。諸多牽混不清，嗣後限定於次年四月內造齊全詳呈本管府州加繕於五月內送司彙核，於六月詳題咨。如有貽誤核實嚴參以除積弊。（註五五）

足見養廉耗羨制度已經呈現弊端。自乾隆十二年（西元一七四七）後督撫題咨都改爲次年六月，報前年耗羨動存銀兩數目。到了乾隆後期，官場的腐敗、弊竇叢生。請參閱拙著〔論清代乾隆朝幾則官吏侵貪案件〕（註五六）。爲什麼到了乾隆後期，養廉制度及耗羨歸公諸種措施會失去整頓吏治的功效而弊竇叢生呢？筆者認爲至少有下列幾項原因：

㈠養廉制度及耗羨歸公諸種措施的目的，不是爲了削弱地方，而是增加地方官所得，卻是爲了鞏固政府的統治。因爲官員養廉及耗羨歸公的多少決定權仍歸皇帝一人。官員養廉銀及耗羨歸公雖然經清世宗及清高宗屢次調整，卻趕不上物價膨脹，比不上以前收取陋規的予取予求的多，爲此產生了很多反對者，他們暗地裡進行不認同措施：

1.減耗後復暗地加耗。見雍正六（西元一七二八）年九月十三日巡察山西等處戶科掌印給事中宋筠奏摺云：

……一錢糧耗羨定議加一有三。臣巡察所至之州縣有加一四五，加一七八以及加二者。雖於一三之數較多而民俱相安，並無怨聲。惟稷山縣王夢雄歷任四年，一向耗羨竟至加二以外，頗干物議，及聞山西特設巡察之員即爲減去，現今仍有加一七八。現襄垣縣現在引見之知縣李錫桓，聞

伊耗羨加二有餘，伊離去任。民多怨言。（註五七）

2.因官員有豐富養廉銀，生活奢侈需要開支大，因此將養廉銀盡入私橐，而復私收陋規如故。宋筠同摺奏摺云：

……一臣於九月初十日巡行平順縣，始入其境即聞該令居官污穢，民怨沸騰。再行密訪知於各鄉充置農官，勒索銀兩到手方許充應。發給民壯工食俱不足數，扣剋入己。（註五八）

因耗羨歸公，官吏無所取利，遂有失意怨懟。見雍正四年七月，直隸正定鎮總兵官楊鯤摺：

臣查關稅羨餘既已歸公，該管將備無所沾潤未免失意。若將稅務仍專屬該將備抽收，恐致隱漏侵蝕以及額外多抽。（註五九）

3.擴大議給養廉銀官員名額，增加養廉銀的支出。如前所述清高宗議准江南省及浙江省所有佐雜等官，於乾隆元、二年（西元一七三六、一七三七）分別恩給微員養廉銀。乾隆十年（西元一七四五），戶部特旨賞給八旗大臣養廉銀。至乾隆四十七年（西元一七七一），經戶部酌核章程，各直省等武職按品級大小通同比較定額給予養廉銀兩。乾隆十二（西元一七四七）年又大幅調整各省督撫養廉銀。爲此政府增加養廉銀的支出，並讓官員增多收入。古人云：「由簡入奢易；而由奢入簡難」。官員生活漸趨浮華，家人隨從日益增加，爲求更好更富的生活。由於每年各省規定的耗羨銀兩及養廉銀增加有限，故而從事侵貪公款，勒索百姓，挪用公款私加耗羨銀兩……無所不用其極。官員生活腐敗，政府支出大量增加，國庫日拙。

㈡耗羨銀之提取及養廉銀之頒發，在清世宗以在外文武官員俸餉過低及清理錢糧、追賠虧欠、嚴懲貪官污吏等考量下，養廉制度實施確實收到約束官員的貪污之效。行成「整肅綱紀」及「安定社會」。但隨著時間的推移，繼任皇帝清高宗又沒有清世宗的精明嚴厲，貪官污吏惡性膨脹，對官吏而言，養廉銀反倒是一項除非法收受陋規之外的合法及固定的財源。再說清高宗的不當的作爲：如1.統治政策寬嚴前後不一，自乾隆六年至二十二年，共有七件（註六〇）貪黷大臣均處斬；高宗晚期，因年老力衰，不克振興，統治也就鬆懈下來了，使人不知所從。好貪黷者以爲有機可趁。2.懲貪執法不一，清高宗亦有因人執法，處罰侵貪官吏標準不一的現象，亦使官吏無所適從。遇到好貪瀆枉法者也就趁機侵貪養廉銀兩以求幸免。3.和珅專擅失誤，清高宗寵幸和珅，使和珅秉持朝政達二十餘年。在和珅包庇奧援的官場下，形成一個個侵貪賄賂集團。例如乾隆五十一年（一七八六），浙江學政竇光鼐揭發浙江倉庫虧空一案，清高宗雖派欽差曹文埴等人赴浙調查，但未得確切結果；而竇光鼐仍再三參奏，尤以平陽縣知縣黃梅勒派彌補弊案，最爲眞切，但不爲欽差們相信。甚至清高宗特派的大學士阿桂也被蒙蔽，以至竇光鼐幾乎身陷牢獄。後終因竇光鼐取得黃梅勒派彌侵補漁的田單、印票等確鑿證據，竇光鼐遂得平反。（註六一）如此地方官官相護的侵貪集團促使吏治敗壞，耗羨歸公都無法滿足侵貪者欲望。

4.清高宗個人縱肆奢靡，清高宗在位期間，好大喜功，如十大武功所費不訾，軍隊所過之處，地方官無不竭盡財力供應，處處需要養廉銀之貢獻。另如遇年節、個人壽辰、節慶，大量收受大臣貢品，大臣疲於供應，花費無度，因此養廉銀便不足使用，另求侵貪。5.不褒獎清官廉吏，因此爲了過浮華生活不得虧空耗羨。6.官吏負擔重大，如本身因案必須負擔罰扣養廉銀兩、或罰議罪銀及賠補官項，非本身俸給及養廉銀所能支付。（註六二）因此耗羨徵收及養廉銀給予這一項財政改革，到了清高宗乾隆朝反而成了官員侵貪犯罪的原因之一。

㈢各省動用公存耗羨項目，都由督撫決定，暗地裏挪用耗羨銀兩彌補虧空，但不願者，仍然很多。因此各省財政侵呑虧空累累，也是地方發生衆多侵貪事件的原因之一。

【附註】

註一　《大清會典事例》，（戶部，俸餉）卷二四九，頁二。

註二　《清朝文獻通考》，（臺北，新興書局，民國五十二年十月），（卷九〇），（職官一四），考五六四七。

註三　同註二。

註四　同註二。

註五　同註二，考五六四七—五六四八。

註六　《欽定大清會典事例》，（戶部，俸餉），（卷二五一），頁一—五。

註七　同註五，考五六四八。

註　八　《清朝文獻通考》（卷九〇）（職官一四）考五六四八。
註　九　《宮中檔雍正朝奏摺》（國立故宮博物院，民國六十七年九月），第一輯，頁八七七。
註一〇　同註九，第四輯，頁一一一一一二。
註一一　同註九，第五輯，頁四七。
註一二　佐伯富著《清代雍正朝的養廉銀研究》，（臺灣商務印書館，民國六十五年十月），頁四。
註一三　同註一二，頁四—五。
註一四　莊吉發著《清世宗與賦役制度的改革》，（臺北，臺灣學生書局，民國七十四年十一月），頁一八九—一九〇。
註一五　同註八，考五六四八—五六四九。
註一六　白鋼主編《中國政治制度通史》，（第十卷清代），（北京，人民出版社，一九九六年十二月）頁五七〇。
註一七　莊吉發著《清世宗與賦役制度的改革》，（臺北，臺灣學生書局，民國七十四年十一月），頁一〇一。
註一八　同註一二，頁三五—三六。
註一九　同註九、十一輯，頁五一五—五一六。
註二〇　《大清高宗純皇帝實錄》，卷一七八，頁一六—二〇。
註二一　同註八，考五六四九。

註二二　同註八。

註二三　同註八，考五六五〇。

註二四　同註一八。

註二五　《清史論叢》，（中國社會科學院歷史研究所清吏研究編）第六輯，（黃乘矩—關於雍正年間養廉制度的若干問題）（中華書局出版一九八五年六月）頁一〇一。

註二六　《王先謙—十二朝東華續錄》，（乾隆朝），卷八，（乾隆十二年），頁八—九。

註二七　《大清高宗純皇帝實錄》，卷五一，頁二〇。

註二八　同註二五，卷二，頁八。

註二九　同註二五，卷三，頁一五。

註三〇　同註二七，頁四二。

註三一　《新校本清史稿》，（卷一〇），（本紀一〇）頁三四五。

註三二　同註二七，頁三四六。

註三三　同註二五，卷七，頁八—九。

註三四　同註二七。

註三五　同註三三，頁三五。

註三六　同註三五。

註三七　《欽定四庫全書·文淵閣本》，（欽定大清會典），卷十，頁三一七。
註三八　同註三七，頁三。
註三九　同註三七，頁一七。
註四〇　同註三七，頁一七。
註四一　同註三七，頁一七—一八。
註四二　國立故宮博物院所藏《軍機處奏摺錄副》第〇〇一三一三號。
註四三　同註四二，第〇〇四一五四號。
註四四　同註四二，第〇〇五〇四八號。
註四五　同註四二，第〇一五六二七號。
註四六　同註四二，第〇一五六二七號。
註四七　以上（⑴⑵⑶⑷）四項見同註四二，第〇二一二四三號。
註四八　以上（⑸⑹⑺⑻）四項見同註四二，第〇二三一六五號。
註四九　以上（⑼⑽⑾⑿）四項見同註四二，第〇二三五八三號。
註五〇　以上（⒀⒁⒂⒃）四項見同註四二，第〇二二七五二號。
註五一　《宮中檔乾隆朝奏摺》，第一輯，頁六一五。
註五二　同註四二，第〇二一六六一號。

註五三　莊吉發著《清世宗與賦役制度的改革》，（臺北，臺灣學生書局，民國七十四年，十一月），頁一七〇。

註五四　《大清高宗純皇帝實錄》，（卷一四八一一），頁三二一。

註五五　同註四二，第〇〇〇〇四七號。

註五六　《故宮學術季刊》，第十七卷第四期，〔唐瑞裕—論清代乾隆朝幾則官吏侵貪案件〕，頁一七八—二一五。

註五七　《雍正硃批御旨》，（臺北，文源書局，民國五十四年十一月）總頁三八二六。

註五八　同註四四，總頁三八二六—三八二七號。

註五九　同註四四，總頁四二〇四。

註六〇　《清高宗實錄》，卷四，頁二二七。

註六一　唐瑞裕《清代吏治探微(二)》，〈清代乾隆朝竇光鼐含冤事件的始末〉，頁七七—九五。

註六二　同註五六（四，乾隆朝官吏侵貪案發生原因分析）頁二一三—二一五。

註六三　《唐文基、羅慶泗著乾隆傳》，第四節（調整政治經濟政策），頁三八（北京，人民出版社，一九九四年八月）。

第四章　乾隆朝封贈制度——給予榮譽以鼓舞官員

前　言

中國歷代官員爲朝廷服務，爲皇帝效力，所獲得的便是官員的品秩俸祿——就是官員個人的政治地位和權力，榮譽稱號和經濟待遇，即是官吏制度中的酬勞制度。封建王朝用優厚的政治地位、經濟待遇及榮譽稱號，以確保各級官吏正常而持續地發揮個人的行政職能；有效地管理國家事務，並以此吸引廣大士人入仕，爲政府盡心職守，以保障政府穩固，朝廷能延續不衰。朝廷爲了推恩大臣重臣，除授予官員本身及其妻室爵位名號之封典外，更將官爵名號授給官員的父母和祖先，這就是封贈制度。而封贈制度的目的無非在「遂臣子顯揚之願，勵移孝作忠之風」（《清高宗實錄》第四卷）。除了顯榮本身處，還可以推恩逮及自己父母妻室祖先。由於這種封典雖只是虛譽封號，但卻能滿足官員個人的虛榮心，而朝廷並無實質損失，所以這項制度施行甚久，且非常完備。茲就清代封贈制度的由來和內容加以研究，並以乾隆朝官員奏請貤封、貤贈的實例，以說明清代乾隆朝封贈制度的實際執行情形。

第一節　中國「散官」、「階官」的由來

中國古代官員的銜稱，歷有兩種，即「職事官」和「散官」。以職事官定其職守；以散官定其班位。官員的品級制代表了職事官的品階，而品秩中還應包括了散官的品階。職事官品階稱職品，是官職本身的品級；而散官的品階稱本品，即官員本身品級。總之，凡做官都有散位，擔任具體職務時則另有官職品級。中國在漢朝以前，做官就有職，官職不分。西漢中葉以後，出現了不承擔具體職務的官品。如漢魏時，往往以「特進」、「光祿大夫」官銜以褒獎功臣或是尊崇貴戚。「特進」據《後漢書・百官志五》注引胡廣《漢制度》云「功德優盛，朝廷所敬畏者，賜『特進』」，就能在參加朝會時，即所謂奉朝請時班次居前。至於「光祿大夫」，漢武帝時爲掌顧問應對的近臣。進入三國時期，「特進」、「光祿大夫」已成爲優崇致仕公卿的榮譽虛銜。隋朝時散官制度開始確立，在《隋書・百官志下》云：「居曹有職務者爲執事官，無職務者爲散官也。」散官文武皆有，隋初散官共六階，隋煬帝時擴大到十七階。同時又設置散階品位，從第一階光祿大夫爲從一品起，等而次之，至十七階立信尉爲從九品，至此散官制初步定型。到了唐宋已形成散官體系，唐宋的文官散階爲九品二十九階，武官散階爲九品三十一階。這時的「特進」、「光祿大夫」分別爲文官散階中的正二品、從三品，階官中的第二階、第三階，因此地位確實很崇高。

第二節　清代的階官封贈

官吏依其散官階級授以爵名封號謂之階官。而皇帝給予官員本身及妻室和祖先的階官榮典稱爲封典。封典的封授都是在國家遇有慶典時廣予百官，謂之「覃恩封贈」。文武官員授封，均由朝廷頒授文書，曰「誥命」、「敕命」兩種。清代「誥」、「敕」頒授制度，據《欽定大清會典》卷十二注云：「五品以上官，授誥命。六品以下官，授敕命。」（註一）誥命及敕命均由清內閣漢票簽處撰擬，經誥敕房審查、校閱繕定的正本，經用寶後，發交吏、兵二部轉頒。文職官員隸吏部驗封清吏司，武職官員隸屬兵部武選清吏司辦理覃恩封贈事宜。

清代文武階官等級分述如下：

㈠文職階官共有十八級：

《清史・職官志》卷一記載名稱如後：

封贈，階十有八：正一品授光祿大夫，從一品授榮祿大夫，正二品授資政大夫，從二品授通奉大夫，正三品授通議大夫，從三品授中議大夫，正四品授中憲大夫，從四品授朝議大夫，正五品授奉政大夫，從五品授奉直大夫，俱授誥命。正六品授承德郎，從六品授儒林郎，吏員出身者宣德郎，正七品授文林郎，吏員出身者宣議郎，從七品授徵仕郎，正八品授修職郎，從八品授修職佐郎，正九品授登仕郎，從九品授登仕佐郎，俱授敕命。（註二）

此乃文職的階官。

㈡武職的階官也有十八級：

《清史・職官志》卷一記載名稱如後：

階十有八：正一品授建威將軍，公、侯、伯同，從一品授振威將軍，正二品授武顯將軍，從二品授武功將軍，正三品授武義都尉，從三品授武翼都尉，正四品授昭武都尉，從四品授宣武都尉，正五品授武德騎尉，從五品授武德佐騎尉，正六品授武略騎尉，從六品授武略佐騎尉，正七品授武信騎尉，從七品授武信佐騎尉，正八品授奮武校尉，從八品授奮武佐校尉，正九品授修武校尉，從九品授修武佐校尉。（註三）

武職階官屢有變動，至乾隆五十二年始規定如前，至此清代文武階官同是十八品十八級。

清代官員遇覃恩封贈，除誥敕官員本身階官封號外，其本身妻室、母親、祖母、曾祖母等女性，亦獲得封贈名號是爲命婦稱號。清代命婦共有九級，文武職稱相同，《清史・職官志》記載道：

命婦之號九：一品曰夫人，二品亦曰夫人，三品曰淑人，四官曰恭人，五品曰宜人，六品曰安人，七品曰孺人，八品曰八品孺人，九品曰九品孺人，不分正從。因其子孫封者，加太字，夫在則否。（註四）

清代命婦稱號，只限於嫡配正室和嫡妻亡故後的繼室，一般不推及妾、媵等其他妻房。清代封贈階官官員妻室和祖先除誥敕名號外，有職官員固然按不同階官可以穿戴不同章服，無職之人亦可按所得階官的章服穿戴以顯榮耀，現按《大清會典》所載各階文官冠服，經整理說明如下：（註五）

清代官員的頂戴、禮服均有朝用、常用兩種。二品以上穿紫貂，五品以上穿白狐。五品以上掛朝珠，文官補服繡飛禽圖案，而武官補服則繡走獸圖案。各級官員的章服規定如後：

㈠正、從一品，誥授光、榮祿大夫，妻封夫人。頂戴，朝用紅寶石嵌東珠；常用珊瑚。補服、仙鶴。貂褂。袍蟒，一、二、三品五爪者九。

㈡正、從二品，誥授資政、通奉大夫，妻封夫人。頂戴，朝用珊瑚嵌小紅寶石；常用起花珊瑚。補服，錦雞。

㈢正、從三品，誥授通、中議大夫，妻封淑人。頂戴，朝用藍寶石嵌小紅寶石；常用藍寶石及藍明玻璃。補服，孔雀。

㈣正、從四品，誥授中憲、朝議大夫，妻封恭人。頂戴，朝用青金石嵌小藍寶石；常用藍涅玻璃。補服，雲雁。蟒袍，四、五、六品五爪者八。

㈤正、從五品，誥授奉政、奉直大夫，妻封宜人。頂戴，朝用水晶嵌小藍寶石；常用水晶及白明玻璃。補服，白鷴。都察院及按察司官用獬豸。

㈥正、從六品，敕授承德、儒林郎，妻封安人。頂戴，朝用車渠嵌水晶；常用車渠及白涅玻璃。補服，鷺鷥。

㈦正、從七品，敕授文林、徵仕郎，妻封孺人。頂戴，朝用花晶嵌小水晶；常用素金。補服，鸂鶒。蟒袍，七、八、九品四爪者五。

㈧正、從八品，敕授修職、職佐郎，妻封孺人。頂戴，通用起花金頂；補服，鵪鶉。

㈨正、從九品，敕授登仕、登仕佐郎，妻封孺人。頂戴，朝用起花；常用鏤花金頂。補服，練雀，又名挖白練。

第三節　清代封贈制度

清代封贈制度，沿用明制，順治朝規定覃恩及三年考滿，均給封贈。到了康熙朝初年，便廢除了文武職考滿封贈的規定，只以「覃恩封贈」。所謂「覃恩封贈」即國家遇有慶典廣予百官封典。如清代乾隆朝六十年間爲例，清高宗頒恩詔「覃恩有差」共有七次：

第一次是雍正十三年九月十二日（西元一七三五年十月二十六日），因清世宗卒於雍正十三年八月二十三日子刻。《清史・高宗本紀一》記載：

雍正十三年九月丁未（十一日）上大行皇帝尊謚曰敬天昌運建中表正文武英明寬仁信毅大孝至誠皇帝，廟號世宗。次日（戊申）頒詔覃恩有差。（註六）

第二次是乾隆二十六年十一月二十一日（西元一七六一年十二月十六日），因皇太后（清高宗生母孝聖憲皇后）七旬萬壽。《清史・高宗本紀三》記載：

乾隆二十六年十一月甲寅（廿日）皇太后加上徽號曰崇慶慈宜康惠敦和裕壽純禧恭懿皇太后。翌日（乙卯）頒詔覃恩有差。丙辰上奉皇太后御慈寧宮，率王大臣行慶賀禮，進製聖母七旬萬壽連珠。（註七）

第三次是乾隆三十六年十一月二十日（西元一七七一年十二月二十五日），因皇太后十一月辛酉

（二十五日）八旬萬壽。《清史・高宗本紀四》記載：

乾隆三十六年三十六年十一月丙辰（廿日）上奉皇太后御慈寧宮，奉上徽號曰崇慶慈宣康惠敦和裕壽純禧恭懿安祺皇太后，頒詔覃恩有差。……辛酉皇太后萬壽聖節。（註八）

第四次是乾隆四十二年五月初二日（西元一七七七年六月六日），因皇太后崩於乾隆四十二年正月庚寅（二十三日），於五月初一日皇太后神牌升附太廟。《清史・高宗本紀五》記載：

乾隆四十二年五月乙丑（初一日），孝聖憲皇后神牌升附太廟，翌日頒詔覃恩有差。（註九）

第五次是乾隆四十五年正月初一日（西元一七八〇年二月五日），清高宗誕生於康熙五十年八月十三日子時，本年恭逢清高宗七旬萬壽。《清史・高宗本紀五》記載：

乾隆四十五年春正月庚辰（初一日），以八月七旬萬壽，頒詔覃恩有差。（註一〇）

第六次是乾隆五十年正月初一日（西元一七八五年二月九日），因乾隆朝五十年國慶而頒詔覃恩，並賜千叟宴。《清史・高宗本紀五》記載：

乾隆五十年春正月辛亥朔（初一），上以五十年國慶，頒詔覃恩有差。（註一一）

《清鑑・高宗純皇帝》有賜千叟宴的記載：

（綱）乙巳五十年，春正月賜千叟宴。（目）時帝已七十有五歲，御宇五十年矣，特御乾清宮，賜千叟宴，自親王、郡王以下，外至蒙古、回部番酋及朝鮮國等，年六十歲以上者皆入宴，凡三千人。（註一二）

五十年國慶，京城內外舉國慶祝，故頒詔覃恩。第七次是乾隆五十五年正月初一日（西元一七九〇年二月十四日），因本年恭逢清高宗八旬萬壽，故頒詔覃恩。《清史・高宗本紀六》記載：

乾隆五十五年，春正月壬午朔（初一），以八旬萬壽頒詔覃恩有差，普免各省錢糧。（註一三）

清代官員遇覃恩封贈，頒給官員誥敕，分予封及貤封兩種，皆由吏部驗封清吏司審核其題，得旨後咨題內閣誥敕房，誥敕房按刊定文式刷印草本，交中書科按品塡寫後，仍移交誥敕房校閱用寶，再分別按文武職交吏部或兵部頒發到官員。現按覃恩予封及貤封分述於後：

㈠予　封

清代覃恩予封，皇帝除封授官員本身品級階官及其妻室命婦稱號外，並按品級封贈曾祖父母、祖父母、父母有別，其規定如《欽定大淸會典》卷十二記載：

凡覃恩予封者，辨其官之任，與其級，列其應封者之名、氏、存、故而題焉。得旨，則給以誥敕。（五品以上官，授誥命。六品以下官，授敕命。）凡官九品而上，予以其身之階。（八品、九品官，給敕命一軸。）七品以上，逮其父母及其妻。（四品、五品官給誥命二宙，六品、七品官給敕命二軸。）三品而上，逮其祖父母。（二品、三品官給誥命三軸。）一品，逮其曾祖父母。（一品官給誥命四軸）（註一四）

換言之，清代覃恩予封，一品官曾祖父母、祖父母、父母和本身及其妻室均有封贈誥命。二、三品官祖父母、父母和本身及其妻室均有封贈誥命。四、五、六、七品官父母和本身及其妻室均有封贈，四、五品官給誥命，而六、七品官給敕命。八、九品官給敕命，只封贈官員本身，不封贈其妻室；但可將本身封典貤封其母。誥命敕命的裱裝軸端，因品級不同也有差別；一品用玉，二品用犀，三、四品用裹金，五品以下用角。夫妻合書一軸，父母合書一軸，祖父母合書一軸，曾祖父合書一軸。

(二)貤　封

清代官員遇覃恩封贈時，爲感念親族長輩教養恩育之情，可以呈請貤封。即以本身妻室受封之階官名號，呈請移授自己的親族尊長，當然以未得封贈的或階官名號較低的爲限，而停止本身妻室的封號，親族長輩尙存的謂之貤封，如已歿，則稱貤贈。

呈請貤封或貤贈，京官大員例由本人專摺奏請；而外任官員，大官自己專摺奏請，文職官員自布政使及按察使以下，武職官自副將、參將以下，例應詳報督撫核明彙奏。文武職分別由吏部、兵部查覈彙題，經皇帝頒旨准其貤封、貤贈，並停止其本身妻室的封典後，由吏部、兵部劄付通知，再須原呈請人造具應封姓氏名冊及同鄉同官印結，送部請給誥命或敕命。

清代貤封制度，分述如下：

1. 貤封（贈）對象，官員本身品級的高低不同的規定，官做得越大，貤封輩分越高，表明祖上陰德越加越盛，根據《大清會典》整理說明之：

(1)就直系尊親的規定，可貤封（贈）父母、祖父母、曾祖父母。八、九品官必得貤封父母。

凡貤封，不踰制。（八、九品官貤封父母，不得貤封祖父母。四、五、六、七品官貤封祖父母，不得貤封曾祖父母。二、三品官貤封曾祖父母，不得貤封高祖父母。一品官亦不得貤封高祖父母。）（註一五）

八品、九品官皆命貤封父母焉。（八、九品官，其父母未封贈者，不給本身封，皆令貤封。唯其父有官，或已受他子封贈者，乃給本人之封。（註一六）

(2)就本宗長輩的規定，可貤封伯叔祖父母、伯叔父母、兄嫂、庶母。

其本宗唯伯叔祖父母、伯叔父母、兄嫂及庶母，准其貤封。（註一七）

(3)就外姻來說，只准貤封外祖父母。

外姻唯外祖父母，准其貤封，此外皆不得貤封。（註一八）

(4)官員本身所繼嗣的祖父母、父母已得封贈，便可將本身妻室的封典貤封本生父母、本生祖父母。

為人後者，其所後祖父母，父母已封贈者，准其貤封本生父母，貤封本生祖父母。（註一九）

2.貤封官階大小的規定，子孫官階大於長輩祖先，則可貤封長輩祖先；子孫官階較小者不能貤封。同階則以子孫品級大者可貤贈（封）。

凡階大者，得加於小。（業經受封後又升調者，再遇覃恩，皆授以新階。曾祖父先有封者，子孫階大，亦准封贈。）小者不得加於大。（祖父官高於其子孫者，不受其子孫封贈，亦不准照祖父原官封贈。）（註二〇）……階同，則視其大者從之。（如子孫同仕非止一人，其祖父封

贈，則從其階之大者。）（註二一）

3.封贈母親的規定：

(1)生母則從子官封贈。

封母者，如父官高於子，生母則從其子官封贈。嫡母、繼母，不准照其父原官封贈，如願照子官受封者聽。宗室女曾賜名爵者，不受其夫與子孫封贈。（註二二）

(2)夫與子皆爲官，則以官階最高的人封贈之。

婦人，夫與子孫皆有官，亦從其品之大者封贈。（註二三）

4.父祖同在現任，分別只能接受本身的現任階官封典，不得接受子孫封贈，否則必須棄職就封。

若官方仕者，不授以子孫之階焉。（無論文武大小官，現任者皆不給與子孫之封。已受子孫之封者，亦不准出仕。其願棄職就封，及註銷封典出仕者聽。）（註二四）

5.清代給封的幾項限制，根據《欽定大清會典》卷十二整理如下：（註二五）

(1)請封以恩詔下二年爲限，踰此請封不准給。

(2)候選、候補官及議敘官生，分發部院學習之郎中以官皆不給封。

(3)應給封之官，守制終養及因省親回籍修墓改葬告假之官，仍照原官品級給封。其餘在詔前告假休致之官不給封；在詔後仍給。

(4)詔後因事至降調官，仍准給封。

(5)革職則不給封，以京察大計降者，亦不給封。若革職後還職在二年限內，仍准補給。
(6)應封贈之曾祖父母、祖父母、父母曾犯罪至十惡，妻非禮聘室女，皆不給封。
(7)官員已給封後，如因失誤軍機及貪污遭革職者，所頒誥敕立即追奪。但因公註誤及別項革職者，免其追奪。
(8)婦人因夫與子得封者，不許再嫁，違者誥敕追奪。
(9)八旗職官之妻已經受封，夫亡願歸母家者，准其父母領回，亦令繳還誥敕。

以上的敘述，是根據《大清會典》的記載，對於清代封贈制度的內容必能詳細說明。

第四節　清代乾隆朝官員奏請貤封的事例

清代宮中檔奏摺，主要是清代各朝臣工進呈君主的公文書，經君主親手御批及軍機大臣奉旨代批的奏摺，經發還大臣後，定期繳還宮中。國立故宮博物院現收藏清代列朝滿漢文宮中檔奏摺，共有十五萬餘件，其中乾隆朝宮中檔奏摺便有五萬九千餘件。民國七十七年七月，國立故宮博物院已將宮中檔乾隆朝滿漢文奏摺，影印出版了七十五冊專輯，名爲《宮中檔乾隆朝奏摺》。經檢閱乾隆四十二年五月至乾隆五十一年六月的《宮中檔乾隆朝》奏摺專輯，得到官員呈請或彙表代請貤請封贈的事例，共有一七二件（請見附錄一）。其中有五件因貤封對象沒有詳細縷列，無法分類討論。故以一六七件奏請貤封的事例中，以貤封對象來說，共有十五種之多（請見附錄二）。最多的是奏請貤封曾祖父母，含本生曾祖父母，共有六十九件，占全數的百分之四十一點三一。奏請者以遊擊從三品官達三十四件占最多。其次以貤封叔父母者有二十三件，占百分之十三點七七，此類奏請者大多以父母早故，從小受叔父母養育及教讀，以貤封圖恩報。次者是奏請貤封兄嫂，共有二十二件，占百分之十三點一七，也多以父母早故，受兄嫂養育成人。貤封以圖恩報。再其次是貤封伯父母，共有十五件，占百分之八點九八。再其次是貤封本生父母，共有十件，占百分之五點九八，請貤封人從小過繼給長伯父母爲嗣，不忘生育之恩。以下依次是貤封外祖父母共九件，貤封祖父母七件、庶祖母一件、庶母三件、父之妾一件、妻父母三件、表叔嬸一件、姑父母一件、堂兄嫂一件、堂叔嬸一件，共計十五種一六七件事例。

從上述一六七件奏請貤封事例中，得到幾項《清會典》未記載的規定分述如下：

㈠官員遇覃恩，凡有兼銜准從其品級大者請封。山西巡撫並兼提督印務的覺羅巴延三，於乾隆四十二年十一月十五日，因奉乾隆四十二年五月二日恩詔，具摺奏請依照提督兼銜一品加封曾祖父母。（註二六）同月二十五日奉到清高宗硃批「自然」。因覺羅巴延三之現任巡撫及前任河南布政使都是從二品，按規定只能封贈祖父母、父母，而一品官即可請封曾祖父母。即以其兼銜貤封。

㈡凡依規定奏請貤封俱蒙恩准。湖南巡撫顏希深於乾隆四十二年十月二十一日爲據情代奏摺（註二七），有這樣的一段話：「臣恭查本年覃恩曠典，凡奏請貤封者，俱蒙恩准。……」可見每次封贈，奏請貤封者都能獲得恩准。

㈢滿洲、蒙古、漢軍旗員陞轉在恩詔前，不分已未到任俱准封贈，但是綠營官及漢官雖在恩詔前陞轉，後到任者卻不准封贈。福建建寧鎮總兵官郝壯猷於乾隆四十三年三月十八日為懇請俯准貤贈曾祖父母摺記載云：

……查奴才前在湖南沅州副將任內，於乾隆四十二年三月二十四日奉旨陞補福建建寧鎮總兵，於七月十一日到任。是陞轉雖在恩詔以前，而到任係在恩詔以後，應照副將品級例得封贈二代。……奏懇俯准奴才同妻應得副將任內封典貤贈祖父郝升吉，曾祖母岳氏，繼曾祖母程氏、王氏。（註二八）

(四)奏請貤贈父之妾，其與《大清會典》規定不合：「妻非禮聘室女皆不給封。」「凡封妻者，嫡妻、繼妻皆封焉，妻再繼者不給封。」（註二九）總兵高臻於乾隆四十三年五月十五日為仰懇貤贈摺。

惟奴才幼失怙恃，賴父妾趙氏鞠育得以成立……仰祈皇上俯准奴才將奴才妻室應得封典，貤贈慈母趙氏……。（註三〇）

(五)其他，奏請貤封對象，與《大清會典》不合的有「堂叔嬸」、「堂兄嫂」、「姑父母」、「表叔嬸」、「妻父母」等。就其事例分述於後：

1.奏請貤封「堂叔嬸」，計有一件。山西巡撫覺羅巴延三，於乾隆四十三年七月十一日為據情代奏摺：

……又據介休縣知縣呂公滋呈稱：親母早故，賴堂嬸母常氏，撫養鞠育，恩義並深，願將本身妻室應得封典貤封堂叔呂仰曾，堂嬸母常氏……。（註三一）

」，計有一件。廣東巡撫李質穎，於乾隆四十四年三月十三日爲據情代奏摺：
政使姚成烈詳稱原任廉州府調補肇慶府知府覺羅安福……並稱堂兄壽住未娶身
一聞兄訃，匍匐奔喪午志孀守，情願將本身妻室應得封典，封贈堂兄嫂，則存
歿。……（註三二）

母」，計有一件。直隸總督周元理，於乾隆四十三年七月二十六日爲據情代奏
縣，陞署延慶州知州于時兆，情願將本身妻室應得封典，貤封姑父莊秉中姑母

」，計有一件。四川總督文綬，於乾隆四十三年九月二十五日爲據情代奏摺：
千總馬化鵬，願將本身妻室應得封典，貤封表叔浦達宏表嬸陳氏。……（註三

母」事例，計有三件：
，於乾隆四十三年三月二十五日爲據情代奏摺：
綏協副將陳大用詳稱，今大用情願將本身妻室應得一品世職封典，貤贈妻父顧
李氏。……（註三五）
勳，於乾隆四十三年十一月一日奏爲請旨事摺：

……據元江直隸州知州宋惠綏詳稱，該員籍隸江蘇，自幼定婚於天津查氏。年甫十一，父即見背，幸賴妻之父母招致教養，得以成立。名雖翁婿，實同父子。今妻之父查爲仁，妻之嫡母劉氏，現有子查善長以御史官邀請誥贈；而妻之生母張氏孀居三十餘年，僅此一女並無子嗣，恩情倍切，圖報彌殷。請將本身妻室應得封典，援照本年四月內，湖廣永綏協副將陳大用，貤贈妻之父母生母之例，貤封妻之生母張氏，俾展恩弘。……（註三六）

(3)陝西巡撫畢沅，於乾隆四十四年三月十八日爲據情奏請貤封摺：

……又據府谷縣鄭居中申稱，該員係正七品，例應請封一代及本身妻室。緣該員七歲失母，賴妻父朱慶韋，妻母汪氏撫養成立，願將本身妻室應得封典，貤贈受恩撫養之妻父母。……（註三七）

附錄一　清代朝隆朝奏請貤封（贈）封典之事例（四十二年五月到五十一年六月）

具奏日期	具奏人 職銜	具奏人 姓名	請貤封（贈）封典人 職銜	請貤封（贈）封典人 姓名	受貤封（贈）封人 稱謂	受貤封（贈）封人 姓氏	奉恩詔年月	資料來源	備考
42.5.22	翰林院侍講學士	朱珪①		同具奏人	外祖父 外祖母	徐覺民 史氏	42.5.2	乾隆宮中檔38輯七〇七頁	
42.6.25	山東登州鎮總兵官	李化龍②		同具奏人	曾祖父 曾祖嫡母	李盛時 王氏	42.5.2	乾隆宮中檔39輯	42.7.21奏謝奉准

					曾祖繼母	常氏		一九七頁	貽贈
42.7.1	江南提督	陳杰③		同具奏人	本生父 本生母	陳景祿 張氏	42.5.2	乾隆宮中檔39輯二五三頁	42.7.15奏旨准貽贈
42.7.11	湖廣提督	竇璸④		同具奏人	伯父 伯母	竇克峻 葛氏	42.5.2	乾隆宮中檔39輯三五一頁	42.8.8奏旨准其貽贈
42.7.29	廣東左翼總兵官	鄭天濬⑤		同具奏人	曾祖父 曾祖母 繼曾祖母	鄭陞 張氏 李氏	42.5.2	乾隆宮中檔39輯五三七頁	
42.8.12	河南南陽鎮總兵	傅宗孔⑥		同具奏人	本生父 本生母	傅華 鍾氏	42.5.2	乾隆宮中檔39輯六七六頁	
42.8.26	廣西巡撫	吳虎炳⑦	廣西布政使	朱椿	曾祖父 曾祖母	朱竦 諸氏	42.5.2	乾隆宮中檔39輯八二六頁	
42.9.7	江西南贛鎮總兵官	吳掄元⑧		同具奏人	曾祖父 曾祖母	吳髦 宋氏	42.5.2	乾隆宮中檔40輯三十六頁	
42.9.8	廣西巡撫	吳處炳⑨		同具奏人	曾祖父 曾祖母	吳璜 張氏	42.5.2	乾隆宮中檔40輯四十五頁	
42.9.10	提督福建陸路總兵官	李國梁⑩		同具奏人	本生曾祖父 本生曾祖母	李發忠 鄭氏	42.5.2	乾隆宮中檔40輯五十八頁	42.12.23奏謝恩准貽贈
	貴州古州鎮				伯父	烏經		乾隆宮中	

42.9.17	總兵官	烏大經⑪		同具奏人	嫡伯母 繼伯母	海氏 馬氏	42.5.2	檔40輯 一二八頁	
42.9.21	江寧布政使	陶易⑫		同具奏人	本生父 本生母		42.5.2	乾隆宮中 檔40輯 一八四頁	奏謝准予 貤贈
42.9.26	暫署漕運總督	德保	督標中軍副將 督標右營遊擊	任承恩⑬ 乾和⑭	曾祖父 曾祖母 庶祖母	任廣才 朱氏 賈氏	42.5.2	乾隆宮中 檔40輯 二三〇頁	
42.9.29	四川總督	文綬	湖北布政使 營山縣知縣	李世傑⑮ 楊禮行⑯	曾祖父 曾祖母 庶母 庶母	耿氏 朱氏	42.5.2	乾隆宮中 檔40輯 二五八頁	
42.10.19	兩廣總督	楊景素⑰		同具奏人	本生父 本生前母 本生後母	楊鑄 許氏 詹氏	42.5.2	乾隆宮中 檔40輯 四五三頁	43.1.4 奏謝奉旨 准予貤贈
42.10.20	雲南總督 雲南巡撫	李侍堯 裴宗錫	雲南布政使	孫士毅⑱	曾祖父 曾祖母	孫鼎渠 姜氏	42.5.2	乾隆宮中 檔40輯 四六七頁	
42.10.22	湖南巡撫	顏希深	湖南岳常澧道	王德⑲	外祖父	頌嘉保 詹彥氏	42.5.2	乾隆宮中 檔40輯 五一四頁	
42.11.2	福建臺灣總兵官	董果⑳		同具奏人	曾祖父 曾祖母	董純緞 王氏	42.5.2	乾隆宮中 檔40輯 六四二頁	
			原任詹事府					乾隆宮中	

42.11.10	安徽巡撫	閔鶚元	詹事丁夏在籍	曹文埴㉑	曾祖父 曾祖母	曹士璉 程氏	42.5.2	檔40輯七四三頁	
42.11.10	安徽巡撫	閔鶚元	安徽道	劉嗋㉒	叔父 嬸母	劉緒煊 丁氏	42.5.2	乾隆宮中檔40輯七四四頁	
42.11.10	廣東提督帶革職留任	章紳㉓		同具奏人	胞兄 嫂	章素 邵氏	42.5.2	乾隆宮中檔40輯七六二頁	43.2.15奏謝准貤封
42.11.15	山西巡撫兼提督	覺羅巴延三㉔		同具奏人	曾祖父 曾祖母		42.5.2	乾隆宮中檔41輯〇〇四頁	以提督兼銜奏請加封42.11.25奉「自然」硃批
42.11.25	署理工部左侍郎加三級	彭元瑞㉕		同具奏人	本生父 本生嫡母 繼母 生母	彭廷訓 熊氏 顏氏 繆氏	42.5.2	乾隆宮中檔41輯一二七頁	42.12.14奏謝准貤封
43.1.18	署理兩江總督江南總督	薩載	太湖營副將 金山營參將 督標左營遊擊 壽春鎮標中營遊擊 蘇松鎮標奇	洪元㉖ 白雲上㉗ 楊大爲㉘ 熊曦㉙ 趙天生㉚	曾祖父母 曾祖父母 曾祖父母 曾祖父母 曾祖父母		42.5.2	乾隆宮中檔41輯七〇八頁	

			營遊擊					
			劉河營遊擊	張樹穀㉛	本生父母			
			蘇松鎮標左營遊擊	童天柱㉜	兄嫂			
43.1.22	閩浙總督	鐘音	浙江紹興協副將	弓斯發㉝	兄嫂		42.5.2	乾隆宮中檔41輯七三三頁
			提標中軍參將	趙邦詔㉞	兄嫂			
			乍浦營參將	徐國貴㉟	伯父母			
			標右營參將	白璉㊱	曾祖父母			
			福建漳州鎮標中營遊擊	福蘭泰㊲	曾祖父母			
			浙江溫州鎮標中營遊擊	黃楷㊳	曾祖父母			
			左營遊擊	顧大鵬㊴	曾祖父母			
			右營遊擊	柴建業㊵	曾祖父母			
			處州鎮標左營遊擊	張治安㊶	曾祖父母			
43.2.3	大學士仍管雲貴總督昭	李侍堯	雲南龍陵協副將	羅江鱗㊷	曾祖父母		42.5.2	乾隆宮中檔42輯十九頁

	信伯		昭通鎮左營遊擊	劉之江㊸	曾祖父母			
43.2.5	兩廣總督	楊景素	廣東撫標中軍參將	米自仁㊹	曾祖父母		42.5.2	乾隆宮中檔42輯三十九頁
			雀州營參將	陳大鉞㊺	曾祖父母			
			提標前營遊擊	杜發緯㊻	曾祖父母			
			後營遊擊	李觀政㊼	曾祖父母			
			左翼鎮中軍遊擊	陳大揚㊽	曾祖父母			
			新塘營遊擊	卓其瑞㊾	曾祖父母			
			廣西平樂協副將	郭元凱㊿	兄嫂			
43.2.20	安徽巡撫	閔鶚元	安徽按察使	秦雄飛(51)	曾祖父	秦華鍾	42.5.2	乾隆宮中檔42輯一五〇頁
					曾祖母	周氏		
					繼曾祖母	龔氏		
			撫標右營遊擊	焦賢(52)	曾祖父	焦一士		
					曾祖母	丁氏		
43.2.20	署理兩江總督江南河道	薩載	江西九江營副將	朱光斗(53)	曾祖父母		42.5.2	乾隆宮中檔42輯
			南安營參將	伍大定(54)	曾祖父母			
			江南松江營	呂惠(55)	曾祖父母			

	總督		游擊						
			寧都營參將	徐伯功56	兄	徐伯侯		一五九頁	
			寧國營參將	張廷彥57	本生父母				
43.2.27	直隸總督	周元理	直隸標中軍副將	任學周58	曾祖父	任鍾英	42.5.2	乾隆宮中檔42輯二一四頁	
					曾祖母	何氏			
			提標前營遊擊	鞠御祥59	曾祖父	鞠大林			
					曾祖母	李氏			
43.3.2	湖南巡撫	顏希深	湖南按察使	梁敦書60	外祖父	殳錫鼎	42.5.2	乾隆宮中檔42輯二五一頁	43.4.19奉旨准其貤贈
					外祖母	姚氏			
43.3.4	閩浙巡撫	鍾音	福建同安營參將	倪承璐61	曾祖父母		42.5.2	乾隆宮中檔42輯二七九頁	
			海壇鎮標右營遊擊	洪紹蘭62	曾祖父母				
			臺灣水師中營遊擊	林朝紳63	曾祖父母				
43.3.18	福建建寧鎮總兵官	郝壯猷64		同具奏人	曾祖父	郝午吉	42.5.2	乾隆宮中檔42輯四〇〇頁	
					曾祖母	岳氏			
					繼曾祖母	程氏			
					繼曾祖母	王氏			
			湖南洞庭協副將	蒲敏惠65	曾祖父母				
			永州鎮標右	吳尚禮66	曾祖父母				

43.3.25	湖廣總督	三寶	營遊擊 湖南永綏協副將 源廣提標左營遊擊 湖北漢陽營遊擊	陳大用(67) 常懷義(68) 馬定鼐(69)	妻父 妻母 妻母 叔父母 兄嫂	顧弼 汪氏 李氏	42.5.2	乾隆宮中檔42輯四五五頁	
43.3.26	新授禮部尚書閩浙總督	鍾音	福建臺灣水師左營遊擊 福建澎湖水師左營遊擊	林光玉(70) 柴大紀(71)	曾祖父母 兄嫂		42.5.2	乾隆宮中檔42輯四六七頁	
43.4.3	直隸總督	周元理	天津鎮標下通州協副將 涿州營參將 拱極城遊擊	富僧額(72) 林天洛(73) 羅登貴(74)	曾祖父 曾祖母 曾祖父 曾祖母 曾祖父 曾祖母	金太 李氏 林起 毛氏 羅義 林氏	42.5.2	乾隆宮中檔42輯五一九頁	
43.4.4	暫署漕運總督	德保	督標城守營參將 督標鹽城營遊擊	馬天麒(75) 呼天培(76)	曾祖父 曾祖母 本生父 本生母	馬承虎 吳氏 呼全璜 成氏	42.5.2	乾隆宮中檔42輯五三一頁	
43.4.19	烏魯木齊提督	喬照(77)		同具奏人	伯父 伯母	喬起龍 徐氏	42.5.2	乾隆宮中檔42輯七〇二頁	43.9.5 奏謝奉旨貤贈

43.5.15	總兵	高瑹⑱		同具奏人	父妾	趙氏	42.5.2	乾隆宮中檔43輯一〇五頁	
43.5.18	陝甘總督	勒爾謹	靖遠協副將	周鼎	曾祖父母⑲		42.5.2	乾隆宮中檔43輯一四四頁	
			陝西提標中營參將	葉至剛	曾祖父母⑳				
			定邊協副將	多永㹸	生母㉑				
			循屯營遊擊	顏鳴漢	胞叔父母㉒				
43.5.24	閩浙總督	楊景素	福建臺灣水師副將	劉子楨㉓	曾祖父母		42.5.2	乾隆宮中檔43輯二〇五頁	
			臺灣北路副將	劉夢金㉔	外祖父母				
			烽火門參將	魏大斌㉕	曾祖父母				
43.6.8	閩浙總督	楊景素	福建閩安協副將	陳宗溥㉖	庶母	黃氏	42.5.2	乾隆宮中檔43輯三八九頁	
			浙江提標右營遊擊	李雲彪㉗	曾祖父母				
			定海鎮標右營遊擊	周玉駒㉘	曾祖父母				
			江南常州營遊擊	高蔚林	曾祖父母㉙				
			江陰營遊擊	鄒承緒	曾祖父母㊵				

43.6.29	兩江總督	高晉	江西南昌鎮標前營遊擊	張文奇	曾祖父母⑨①		42.5.2	乾隆宮中檔43輯六〇六頁
			提標中軍參將	蒼保⑨②	叔父、嬸母	苗國琨		
			鎮江營守備	趙鵬翼⑨③	叔父、嬸母	張晉		
			狼鎮左營守備	許連甲⑨④	胞兄、嫂	許連科		
43.7.9	河南巡撫	鄭大進	汝郏登在哨千總	鄧漢文⑨⑤	胞叔父、嬸母	鄧世華、司氏	42.5.2	乾隆宮中檔44輯一七九頁
			右營千總	楊瑄⑨⑥	胞叔、嬸母	楊天彪、張氏		
43.7.9	河南巡撫	鄭大進	開封府知府	王啓緒⑨⑦	外祖父、外祖母	李本漢、楊氏	42.5.2	乾隆宮中檔44輯一八二頁
			光州直隸州知州	朱家濂⑨⑧	叔父、嬸母	朱掄、陳氏		
			修武縣知縣	吳居澳⑨⑨	伯父、伯母	吳偉武、李氏		
43.7.10	山東巡撫	國泰	丁憂在籍原任掌浙江道監察御史加一級	吳垣⑩⓪	外祖父、外祖母	王重戩、李氏	42.5.2	乾隆宮中檔44輯一九四頁
			冀寧道	胡紹南⑩①	伯父、伯母、伯母	胡映葵、任氏、傅氏		

43.7.11	山西巡撫	覺羅巴延三	孟縣知縣 介休縣知縣 高平縣知縣	胡子翼⑩② 呂公滋⑩③ 於一方⑩④	胞叔 嬸母 堂叔 堂嬸 胞伯父 胞伯母	胡瀟 焦氏 呂仰曾 常氏 於臣韜 孟氏	42.5.2	乾隆宮中檔44輯二一九頁	
43.7.26	直隸總督	周元理	北路同知 延慶州知州 唐縣知縣 遷安縣知縣	謝清問⑩⑤ 于時兆⑩⑥ 田澍⑩⑦ 喬鍾英⑩⑧	胞叔 叔母 叔母 姑父 姑母 胞叔 叔母 外祖父 外祖母	謝天祐 趙氏 楊氏 莊秉中 于氏 田式周 吳氏 張樹信 陸氏	42.5.2	乾隆宮中檔44輯三六一頁	
43.7.26	湖南巡撫	李湖	衡州府知府 靖州直隸知州 清泉縣知縣 衡山縣知縣 衡州府教授 衡州府訓導 耒陽縣教諭 寶慶府邵陽縣 隆回司巡檢	黃樹棠 裴直方 李玳馨 范元颺 蔡璨 夏大觀 余作槐 陸鏊	封贈伯叔父母或庶母兄嫂另列清單本摺不詳⑩⑨		42.5.2	乾隆宮中檔44輯三六二頁	

43.7.26	湖南巡撫	李湖(110)		同具奏人	叔父 嬸母	李鳳誥 黃氏	42.5.2	乾隆宮中檔44輯三六五頁	44.2.2奉頒誥命
43.7.29	直隸總督	周元理	宣化鎮中營遊擊 新雄營都司 順義營都司	縱之遠(111) 王恒兆(112) 張國楹(113)	曾祖父 曾祖母 叔父 叔母 伯父 伯母	縱蕙 祖氏 王邦達 左氏 張治 高氏	42.5.2	乾隆宮中檔44輯三九八頁	
43.9.10	閩浙總督	楊景素	浙江鎮海營參將 福建水師提標後營遊擊	包定邦(114) 溫靖波(115)	曾祖父母 曾祖父母		42.5.2	乾隆宮中檔44輯七七〇頁	
43.9.25	周三總督	文綬	敘馬營遊擊 常寧營遊擊 廣元縣知縣候補同知 川北鎮右營千總	程萬年(116) 袁國璸(117) 朱鑾昌(118) 馬化鵬(119)	曾祖父 伯父 伯母 胞叔 嬸母 表叔 表嬸	程天棠 袁蕙 趙氏 朱再思 陳氏 蒲達宏 陳氏	42.5.2	乾隆宮中檔44輯八五一頁	
43.9.25	雲南巡撫	裴宗錫(120)		同具奏人	長伯伯 伯母 捐封貤贈 次母 伯母	裴衡度 范氏 裴衍度 王氏	42.5.2	乾隆宮中檔44輯八五九頁	
			古州鎮標中	陳廷珏(121)	曾祖父母				

43.10.1	雲貴總督	李侍堯	軍遊擊 左營遊擊臺拱營參將 鎮遠鎮標左營遊擊	熊必昇(122) 賈魁武(123) 賴揚直(124)	曾祖父母 外祖父母 本生父母		42.5.2	乾隆宮中檔45輯五八頁
43.10.9	陝甘總督	勒爾謹	河州協副將 蘭州城守營參將 督標中營陞任都司	西德布(125) 彭之年(126) 馮璟(127)	曾祖父母 胞兄嫂 胞伯父母		42.5.2	乾隆宮中檔45輯一四四頁
43.10.16	漕運總督	鄂寶	中軍守備	楊夢熊(128)	胞兄 嫂	楊天成 晁氏	42.5.2	乾隆宮中檔45輯一八四頁
43.10.25	浙江巡撫	王亶望	嘉興府仁甫海防同知 南塘通判 寧波府鎮海縣知縣 溫州府泰順縣知縣	高模 顧元揆 周樽 杜念曾	各員請將本身妻室封典貤封庶伯母、本生外祖父母及伯叔父母，本摺不詳。	(129)	42.5.2	乾隆宮中檔45輯二四二頁
43.11.1	雲南巡撫	裴宗錫	平彝縣知縣 雲南縣知縣 東川府教授	陸繼夔(130) 朱錦昌(131) 王敬天(132)	胞叔 嬸母 胞叔 嬸母 胞叔 嬸母	陸廣森 吳氏 朱再思 陳氏 王偉 殷氏	42.5.2	乾隆宮中檔45輯三三五頁

			委管瀘州銅店本司經歷	朱再揚133	胞兄 嫂	朱鷹揚 鄧氏			
			元江直隸州知州	宋惠綏134	妻之生母	張氏			
44.2.21	直隸總督	周元理	順德營遊擊	劉君輔135	曾祖父 曾祖母	劉起元 王氏	42.5.2	乾隆宮中檔46輯八一三頁	
44.2.22	貴州巡撫	覺羅圖思德	貴筑縣知縣	毛宜徽136	胞兄 嫂	毛宜桓 孟氏	42.5.2	乾隆宮中檔46輯八二五頁	
44.3.6	兩廣總督	桂林	廣西右江鎮標右營遊擊	晉樹德137	伯父母		42.5.2	乾隆宮中檔47輯七四頁	
44.3.9	廣西巡撫	吳虎炳	思恩府經歷	方勳138	胞叔父 叔母	方世熹 徐氏	42.5.2	乾隆宮中檔47輯九八頁	
			田州土州同	王右銘139	胞兄 嫂	王會銘 何氏			
44.3.13	廣東巡撫	李質穎	肇慶府知府	覺羅安福140	堂兄嫂	壽柱瓜 爾佳氏	42.5.2	乾隆宮中檔47輯一三五頁	
44.3.18	陝西巡撫	畢沅	西安府水利通判	宋琦141	胞兄 嫂	宋汝瑚 顧氏	42.5.2	乾隆宮中檔47輯一九二頁	
			咸陽縣知縣	郝敬修142	胞兄 嫂	郝光祚 李氏			
			興平縣儒學教諭	衛文煒143	胞兄 嫂	衛企武 高氏			

奏報日期	職銜	奏報人	受封官職銜	受封官姓名	受封親屬	親屬姓名	日期	出處
			府谷縣知縣	鄭居中⑭	妻父	朱慶章		
					妻母	汪氏		
44.3.18	護理湖南州撫印務布政使	陳用敷	龍山縣知縣	荊道乾⑮	胞兄	荊應乾	42.5.2	乾隆宮中檔47輯一九八頁
					嫂原配	王氏		
					嫂繼配	張氏		
			衡州府經歷	張應桐⑯	伯父	張漢五		
44.3.22	河南巡撫	陳輝祖	通許縣知縣	魏羽中⑰	胞叔	魏廷龍	42.5.2	乾隆宮中檔47輯二三五頁
					嬸母	賈氏		
					繼嬸母	賈氏		
					再繼嬸母	傅氏		
			汲縣知縣	姚肇修⑱	胞伯	姚興法		
					伯母	張氏		
			新鄉縣知縣	薛祥⑲	胞叔	薛君楷		
					嬸母	韋氏		
44.3.23	陝甘總督	勒爾謹	莊浪營參將	巴燕⑮⓪	曾祖父母		42.5.2	乾隆宮中檔47輯二四三頁
			戍格營遊擊	王永茂(151)	曾祖父母			
44.3.26	浙江巡撫	王亶望	布政使經歷	王學靜	自願將本身妻室應得封典貤封叔嬸及外祖父母、妻之父母等末予分別詳列	(152)	42.5.2	乾隆宮中檔47輯二六二頁
			湖州府長興縣知縣	耿學模				
			衢州府開化縣知縣	南廷瑛				
			紹興府諸暨縣儒學教諭	朱瑞				
			溫州衛前幫					

			千總	蔣良慈					
44.3.26	江蘇巡撫	楊魁	常鎮通道	袁鑒(153)	外祖父 外祖母	徐澎 陸氏 方氏 余氏	42.5.2	乾隆宮中檔47輯二八三頁	
44.4.7	兩江總督	薩載	川沙營守備	沈鵬(154)	胞兄 嫂	沈鳳	42.5.2	乾隆宮中檔47輯三九六頁	
44.4.16	署理湖廣總督印務湖北巡撫	鄭大進	沅州協後哨千總	鄭朝柱(155)	叔父 叔母	鄭懷 郭氏	42.5.2	乾隆宮中檔47輯四八一頁	
46.8.15	署雲南巡撫	劉秉恬(156)		同具奏人	胞叔 叔母 叔母	劉繩祁 王氏 石氏	45.1.1	乾隆宮中檔48輯四七一頁	46.9.21奉旨准其貤贈
46.11.10	江蘇巡撫	閭鶚元	吳江縣知縣	何世珩	曾祖父母(157)		45.1.1	南隆宮中檔49輯五五二頁	
			吳縣知縣	陳烈	胞兄嫂(158)				
			吳縣教諭	陸鴻綉	胞伯父母(159)				
			吳縣訓導	朱涵	胞叔父母(160)				
			江浦縣教諭	潘木興	祖父母(161)				
			原任沛縣丁憂教諭	馮霖	祖父母(162)				
			常州府訓導	王永年	祖父母(163)				
			寶山縣縣丞	陳率祖	祖父母(164)				
			江寧司巡檢	彭宸	祖父母(165)				
			長洲縣知縣	吳塔	祖父母(166)				
			長洲司巡檢	陳鈆	祖父母(167)				

46.11.15	湖南巡撫	劉　墉	辰州知府	單　煃	庶　母⑯⑧		45.1.1	乾隆宮中檔49輯六三八頁	
			華容縣調任知縣	馬見龍	各員情願貽封外祖父母、伯叔父母及兄嫂未予詳列⑯⑨				
			湘陰縣丞	李逢昇					
			靖州學正	蔡　衍					
			通道縣訓導	劉若璪					
46.12.7	署理陝西巡撫	畢　沅	隴潼縣知縣	蔣　勳	各員俱願將本身妻室應得封典或貽贈曾祖父母、祖父母及外祖父母胞叔父母台貽封庶母庶伯母及胞兄嫂，本摺未分別詳列。	⑰⓪	45.1.1	乾隆宮中檔50輯一三三頁	
			候補知州前任源縣知縣	王杏舒					
			蒲城縣知縣	張心鏡					
			三水縣知縣	郭履恒					
			長安縣縣丞	顧嘉綸					
			寧羌州川同	張廷杰					
			鄜州學正	劉　篤					
			郿縣教諭	羅　暲					
			耀州訓導	張璽榮					
			寶雞縣訓導	史紹狐					
			富平縣訓導	史　傳					
51.6.8	兩江總督	李世傑	福山營守備	錢邦慶	兄　嫂⑰①		45.1.1	乾隆宮中檔60輯六七〇頁	
			寧國營把總	劉中行	兄　嫂⑰②				

註：①、②、③、……代表事例別。

附錄二一 清代朝隆朝奏請貤封（贈）封典對象事例分析表（四十二年五月到五十一年六月）

對象別＼件數	事例代表號	小計	占比例
祖父母	一六一，一六二，一六三，一六四，一六五，一六六，一六七	七	四、一九
外祖父母	一，一九，六〇，八四，九七，一〇〇，一〇八，一二三，一五三	九	五、三八
曾祖父母（含本生曾祖父母）	二，五，七，八，九，一〇，一三，一五，一八，二〇，二一，二四，二六，二七，二八，二九，三〇，三六，三七，三八，三九，四〇，四一，四二，四三，四四，四五，四六，四七，四八，四九，五一，五二，五三，五四，五五，五八，五九，六一，六二，六三，六四，六五，六六，七〇，七二，七三，七四，七五，七九，八〇，八三，八五，八七，八八，八九，九〇，九一，一一一，一一四，一一五，一一六，一二一，一二二，一二五，一三五，一五〇，一五一，一五七	六九	四一、三二
本生父母	三，六，一二，一七，二五，三一，五七，七六，八一，一二四	一〇	五、九八
伯父母	四，一一，三五，七七，九九，一〇一，一〇四，一一三，一一七，一二〇，一二七，一三七，一四六，一四八，一五九	一五	八、九八
叔父母	二二，六八，八二，九二，九三，九五，九六，九八，一〇二，一〇五，一〇七，一一〇，一一二，一一八，一三〇，一三一，一三二，一三八，一四七，一四九，一五五，一五六，一六〇	二三	一三、七七
父之妾	七八	一	〇、五九

庶母	一六，八六，一六八	三	一、七九
庶祖母	一四	一	〇、五九
兄嫂	二三，三二，三三，三四，五〇，五六，六九，七一，九四，一二六，一二八，一三三，一三六，一三九，一四一，一四二，一四三，一四五，一五四，一五八，一七一，一七二	二二	一三、一七
妻父母	六七，一三四，一四四	三	一、七九
姑父母	一〇六	一	〇、五九
表叔嬸	一一九	一	〇、五九
堂兄嬸	一四〇	一	〇、五九
堂叔嬸	一〇三	一	〇、五九
小計		一六七	一〇〇
貤封對象未詳細縷列	一〇九，一二九，一五二，一六九，一七〇	五	

註：一、二、……代表事例別。

【附註】

註一　《欽定大清會典》卷十二，頁七。（光緒十二年敕撰，光緒二十五年刻本，啓文出版社出版，民國五十二年一月。）

註二　《清史》卷一一五〈職官志〉卷一，頁一三五九。（國防研究院印行，民國五十二年八月再版。）

註　三　同註二，頁一三六四。

註　四　同註三。

註　五　依《清代科舉》附表「清代文官品級頂戴製服表」表十，（該書係劉兆璸著，東大圖書公司出版，民國六十六年二月出版。）

註　六　《清史・高宗本紀一》，頁一二九。

註　七　《清史・高宗本紀一》，頁一七三。

註　八　《清史・高宗本紀一》，頁一八五。

註　九　《清史・高宗本紀一》，頁一九三。

註一〇　同註九，頁一九五。

註一一　同註九，頁二〇〇。

註一二　《清鑑》又名《清鑑綱目》，上海書局於一九八五年十月影印世界書局一九三六年版，本書係印鸞章編。卷八，頁四六二。

註一三　《清史・高宗本紀六》，頁二〇七。

註一四　同註一。

註一五　同註一，卷一二，頁九。

註一六　同註一五。

註一七　同註一五。

註一八　同註一五。

註一九　同註一五。

註二〇　同註一五。

註二一　同註一五。

註二二　同註一五。

註二三　同註一五。

註二四　同註一五。

註二五　同註一，卷十二，頁一〇。「凡給封，限於制。」

註二六　《宮中檔乾隆朝奏摺》第四一輯，頁四。

註二七　《宮中檔乾隆朝奏摺》第四〇輯，頁五一四。

註二八　《宮中檔乾隆朝奏摺》第四二輯，頁四〇〇。

註二九　同註一，卷一二，頁八。

註三〇　《宮中檔乾隆朝奏摺》第四三輯，頁一〇五。

註三一　《宮中檔乾隆朝奏摺》第四四輯，頁二一九。

註三二　《宮中檔乾隆朝奏摺》第四七輯，頁一三五。

註三三　《宮中檔乾隆朝奏摺》第四四輯，頁三六一。
註三四　《宮中檔乾隆朝奏摺》第四四輯，頁八五一。
註三五　《宮中檔乾隆朝奏摺》第四二輯，頁四五五。
註三六　《宮中檔乾隆朝奏摺》第四五輯，頁三五五。
註三七　《宮中檔乾隆朝奏摺》第四七輯，頁一九二。

第五章　論清代乾隆朝幾則官吏侵貪舉例

前　言

嘗謂「國之興衰，繫於政治之良窳；社會之安定，端視官吏之廉潔。」足見清廉吏治的重要。吏治的良窳，不在制度法令的週全與否？而在道德的高低。孔子曰：「導之以政，齊之以刑，民免而無恥。導之以德，齊之以禮，有恥且格。」專制皇帝在政府中主宰一切，因此皇帝是否重視吏治，是吏治良窳主要的關鍵。清朝自順治皇帝親政，纔開始講求吏治，頒布詔書鼓勵彈劾官吏，樹立吏治良好風範。康熙皇帝平定三藩，與民休息，進而拔擢廉吏，國家治理日盛。雍正皇帝綜核名實，人知奉法。乾隆皇帝初政，遵循前朝遺規，吏治清明，國家豐亨豫大之休，這是數十年吏治修明的效果。但是乾隆中業以後，權相用事「政以賄成，蠹國病民，亂萌以作。」（註一）乾隆朝的吏治敗壞，固然有很多的原因，由於官吏侵貪案件的發生、株連、處理、影響，都與吏治攸關，因此官吏的侵貪案件之頻繁，應該是吏治敗壞的主要原因。爲了瞭解乾隆朝實際的吏治情況，故而必須對乾隆朝官吏侵貪案件，有個詳細探討，進而認識清代乾隆朝的吏治。就乾隆朝官吏侵貪案件而言，國立故宮博物院收藏的清代文獻檔案頗豐，而有關官吏侵貪之檔案爲數不少。茲就國立故宮博物院收藏《清代軍機處錄副奏摺》、《清代宮中檔奏摺》、《清高宗實錄》、《清史稿》、《清代國史館傳包傳稿》及其他相關資料，以撰寫〈論清代乾降朝幾則官吏侵貪案件〉，一文就教於清史專家。

第一節　乾隆朝官吏侵貪案件簡表

所謂官吏侵貪，包括不當的侵虧（虧空，侵欺，挪移）和貪污。總計乾隆一朝六十年間，發生官吏侵貪案件約計：其涉及侵虧者一五六宗（虧空一三三，侵欺一八，挪移五），涉及貪污者四三三宗。（註二）侵虧者是對於倉庫錢糧之盜蝕；而貪污者是對於人民財務之婪取。乾隆朝會有這麼多的官吏侵貪案件，其原因值得探討，而官吏侵貪案件之內容及侵貪主角背景更值得加以分析。因受資料限制，僅列舉重要的官吏侵貪案件，先列簡表說明，再就特殊個案分析，最後就清乾隆朝官吏侵貪案件發生原因加以探討。

清代乾隆朝官吏侵貪案件略表

年月	侵貪官吏	侵貪事實	當時處分	資料來源
(1) 5年4月	川陝總督鄂彌達	縱容家人婪贓累民包庇屬吏袁安煜放病民	革職賠贓召謁京師尋授兵部侍郎	《清高宗實錄》卷一一四頁一七三三，《清史稿》〈列傳〉卷一一〇等

(2) 5年5月	署福建巡撫王士任	納賄婪贓	革職軍台效力	《清高宗實錄》卷一一頁一七六六，卷一七七頁二六三六等
(3) 5年11月	江西巡撫岳濬（岳鍾琪之子）	納賄徇情骫法	革職	《清高宗實錄》卷一三〇頁九六八，《清史列傳》卷一七頁二〇一二一等
(4) 6年3月	山西學政喀爾欽	賄賣生員	籍沒家產處斬	《清高宗實錄》卷一三八頁二〇五七—二〇五八，卷一四三頁二一二七，《清史稿》〈高宗本紀一〉，〈列傳〉卷九六喀爾吉善傳等
(5) 6年3月	步兵統領鄂善	收受賄賂	賜令自盡	《清代全史》卷四頁一九三等
(6) 6年6月	浙江巡撫盧焯	營私縱賄	革職絞監候秋後處斬	《清高宗實錄》卷一六五頁二四三四，《清史稿》，〈列傳〉卷一二四等
(7) 6年7月	山西布政使薩哈諒	收受錢糧加平入己縱容家人婪贓不法	籍沒家產監候秋後處決	《清高宗實錄》卷一三八頁二〇五七—二〇五八，卷一四三頁二一二七—二一二八，卷一四六頁二一八四，《清史稿》〈高宗本紀一〉，〈列傳〉卷九六，喀爾吉善傳，《清代全史》卷四頁一九三等
(8) 11年	江南河道總督白鐘山	貪污河工銀數萬兩	籍其貲逾十萬以償	《清史稿》〈列傳〉卷三一〇等
(9) 12年9月	浙江巡撫常安	貪婪	革職絞監候秋後處斬	《清高宗實錄》卷二九九頁四三三八、卷三一九頁四六九四等

⑽ 13年9月	江南河道總督周學健	贓私狼籍家人不法	賜以自盡	《清高宗實錄》卷三二四頁四七九一、卷三二九頁四八九六，《清史稿》〈列傳〉卷一二五，《清史列傳》卷二三頁二八等
⑾ 15年10月	雲南巡撫圖爾炳阿	通同舞弊彌補虧空	革職斬監候	《清高宗實錄》卷三七四頁五六一七－五六一八，《清史稿》〈列傳〉卷一一四等
⑿ 16年2月	署湖北巡撫布政使嚴瑞龍	狡詐貪劣不法誣揑	革職斬監候秋後處斬	《清高宗實錄》卷三八三頁五七四二、卷三八九頁五八一八等
⒀ 16年4月	丁憂（湖廣）總督永興	收受賄賂擅自提用道庫養廉並未扣還歸補	革職枷號鞭責	《清高宗實錄》卷三八七頁五七九二、卷三八九頁五八一八等
⒁ 16年5月	湖北布政使朱一蜚	求索部民勒派屬吏縱容親戚家人庫吏婪索分肥	革職追賠籍沒家產貲財	《清高宗實錄》卷三八九頁五八一六－五八一七等
⒂ 17年1月	廣東按察使汪德馨	貪瀆敗檢不職	革職交該督嚴審定擬具奏	清代軍機處錄副奏摺第〇〇八〇〇三號等
⒃ 18年7月	江南河道總督高斌	失察虧空	革職留工效力	《清史列傳》卷六頁四三等
⒄ 19年2月	前任江南河道總督顧琮	虧空河庫	革職來京候旨	《清高宗實錄》卷四五六頁六七一四，《清史列傳》卷一六頁四九等
⒅ 20年12月	安徽巡撫調任山東巡撫鄂樂舜	勒派商銀受賄八千兩	先擬絞候後賜自盡	《清史列傳》卷二〇四頁四四，《清史稿》〈列傳〉卷一二五等
⒆ 22年	湖南布政使楊灝	以湖南倉穀濟江南當糴補發米值百取一二得金三千有奇	讞實坐斬	《清史稿》〈列傳〉卷一二六
22年6月	雲貴總督	令屬員買金短發金價縱	革職賜令自盡	《清高宗實錄》卷五四〇頁七八

(20)	恆文	容家人收受屬吏門禮		三九、卷五四六頁七九七二等
(21) 22年10月	山東巡撫（原任山西布政使）蔣洲	恣意侵虧達二萬餘金	革職即行正法	《清高宗實錄》卷五四八頁八〇〇、卷五五〇頁八〇三八等
(22) 25年10月	江西巡撫阿思哈	婪賄派累	革職絞監候	《清史列傳》卷二二頁四四等
(23) 34年8月	威寧州知州劉標 貴州按察使高積 貴州巡撫良卿	隳運銅鉛虧挪掩飾 貪瀆儲庫水銀 彌補掩覆隱匿追銀	良卿貴州省城處斬積（高）標（劉）皆坐讉	《清高宗實錄》卷八四二頁一二〇一七，《清史列傳》卷一二六，清代軍機處錄副奏摺第一〇五七五、一〇七四一、一〇八一二、一一〇八九號等
(24) 36年4月	湖廣提督馬銘勳	貪黷敗檢	革職請旨即行正法以昭炯戒	清代軍機處錄副奏摺第一三六九五、一三九六七號等
(25) 37年	雲南布政使錢度	侵呑滇銅貪婪勒索屬吏市金玉	即行正法	《清史稿》〈列傳〉卷一二六等
(26) 39年	甘肅布政使王亶望（江蘇巡撫王師之子） 陝甘總督勒爾謹 大學士軍機大臣于敏中	疏請甘肅收捐、令監糧改輸銀、歲虛報旱災、妄言以粟治賑而私其銀 王亶望冒賑婪贓全無覺察且收受屬員代辦物件、家人從中影射侵肥 于敏中力言甘肅捐監應開	命斬王亶望、令奪亶望子裘等官、發伊犁 賜自裁、伊二子均發伊犁 于敏中撤出賢良祠、孫子于德裕撤革所襲輕都尉世職	《清史稿》〈列傳〉卷一二六、卷一〇六，《清史列傳》卷二一頁三、卷二五頁四一等
(27) 39年	解任雲貴總督彰寶	勒索屬員銀四萬兩虧空兵糧	革職、刑部擬斬監候	《清史列傳》卷二三頁四四，《清史稿》〈列傳〉卷一一九

(28) 42年	雲貴總督李侍堯（戶部尚書李元度之子）	賣官求賕（收受莊肇奎銀二千兩汪新五千兩等）、舞智貪贓（修屋勒索、販賣珠子）、私呑贓款（私改金銀數目圖利）、縱奴貪贓（通過家人貪財斂富）、回護貪官（包庇李星垣等）	革職、斬監候秋後處決	周懷寧《貪官傳》河南出版社頁四三三－四四〇，《清高宗實錄》卷一一〇三頁一六一八七－一六一八八、卷一一〇六頁一六二二八、卷一一一六頁一六三四七等
(29) 43年9月	葉爾羌辦事大臣高樸（慧賢皇貴妃之姪）	買什物不發價、勒索柴草等項、多派累回衆、玉石藏匿轉賣、擅給翎頂	綁赴城外正法	清代軍機處錄副奏摺第〇二一〇六六號，《清史稿》〈列傳〉卷一二六等
(30) 46年1月	杭嘉湖道王燧	辦差侵冒商捐、貪縱不職、價買部民之女、私置房屋取租圖利等	絞監候	《清代軍機處錄副奏摺》第〇二九六二七、〇二九八八一、〇二九八三九，〇二九八八二、〇二九九六九號，《清高宗實錄》卷一一二八五頁一六四六二等
	嘉興府知府陳虞盛	辦差侵漁商捐貲財數萬	以人已故，貲財查抄	
(31) 47年4月	山東巡撫國泰	勒派通省屬員婪贓累萬	革職賜自盡	《清高宗實錄》卷一一五四頁一六九〇一卷一一六〇頁一六九八八
	山東布政使于易簡（于敏中之弟）	于易簡亦縱情攫賄	革職賜自盡	
(32) 47年9月	閩浙總督兼管浙江巡撫陳輝祖（兩廣總督陳大受之子）	查王亶望任所貲財以銀易金、隱匿玉器等事	革職斬監候後賜自盡	《清史列傳》卷一八頁三四等
(33) 49年6月	江西巡撫郝碩	勒派屬員各一千餘兩至數百兩、竟至纍萬盈萬	革職拏問	《清高宗實錄》卷一二〇七頁一七六四五至一七六四六、卷一二一二頁一七七三等

(34) 50年	兩廣總督富勒渾	縱僕殷士俊納賕	革職論斬後詔釋之	《清史稿》〈列傳〉卷一一九等
(35) 51年2月	清江省平陽縣知縣黃梅	借彌補爲名攤派肥橐不下二十餘萬錢	查封任所貲財，革職拏問	《清高宗實錄》卷一二五二頁一八三三五、卷一二五三頁一八三四四、卷一二五四頁一八三五一、卷一二五八頁一八四一二、卷一二六〇頁一八四七〇、一八四八六，《乾隆朝上諭檔》一三冊頁一七六等。【註三】
(36) 60年5月	閩浙總督伍拉納、福建巡撫浦霖	婪索諸屬吏，州縣倉庫多虧缺。伍拉納受鹽商賕十五萬。浦霖亦受二萬。	分別籍伍拉納、浦霖家產。並立斬。諸子戍伊犁	《清史稿校註》卷三四六頁九四四五－九四四六等
(37) 60年6月	福建巡撫姚棻	前在汀漳龍道府任內所屬三縣虧空官帑二萬餘兩	解任候質，以非入己仍署巡撫	《清高宗實錄》卷一四八頁二一九五六，《清史列傳》卷二七頁四一等

第二節　官吏侵貪個案分析

官吏之所以侵貪，除了與個人道德品性有關外，更與政治環境息息相關，因此從侵貪個案中可以瞭解當時政治環境，官吏個人操守，社會風氣，爲此特別選擇幾例侵貪個案加以分析：

(一)川陝總督鄂彌達，縱容家人婪贓累民，包庇屬吏袁安煜放債病民。

鄂彌達、鄂濟氏，滿洲正白旗人。初授戶部筆貼式，雍正朝歷任吏部主事、郎中，貴州布政使，廣東巡撫，署廣東總督專督廣東省、尋實授總督。雍正十三年、命兼轄廣西。乾隆四年、調任川陝總督。次年四月兩廣總督馬爾泰，參劾瓊州府知府袁安煜及川陝總督鄂彌達。乾隆五年四月乙酉（一五日）諭：「刑部議奏，兩廣總督馬爾泰奏……至前任總督鄂彌達一任家人蕭一，結交屬員，霸佔民利，婪贓盈萬，招搖不法，實屬溺職，鄂彌達著革職。袁安煜借帑營利，恣肆妄行，似此貪劣之員，鄂彌達曾在朕前獎以好語，以致袁安煜肆無忌憚，更屬徇庇。袁安煜應賠贓銀，著鄂彌達照數另賠一倍，以示罰懲。」（註四）鄂彌達雖然本人並無侵貪事實；但是縱容家人結交屬員婪贓累民，亦屬侵欺有愧職守。何況包庇貪劣屬員，借公款而營利，其心更劣，實在不可原諒。乾隆皇帝處以革職賠贓，實失於寬縱，對後來侵貪案件的層出不窮，確有鼓勵作用。

(二)署福建巡撫王士任，納賄婪贓。

王士任、山東文登縣人。雍正元年進士，由主事累官至福建鹽驛道。乾隆元年正月，命署福建布政使，旋實授。三年九月，暑福建巡撫。五年閩浙總督德沛，整頓閩省餽送惡習，發現王士任納賄貪贓情事，列款糾參。（註五）乾隆五年五月庚申（二一日）「閩浙總督德沛奏，署福建巡撫王士任，納賄婪贓，訊證明確，相應引款糾參。得旨，這所參王士任著革職。諭曰王士任由福建道員，朕屢加擢用，至巡撫重任。伊稍有人心自當潔己奉公，感激圖報。乃蕩檢踰閑，婪贓作弊，朕初不意其負恩一至於此。昨據德沛列款參奏，已降旨革職交德沛等嚴審定擬。」（註六）乾隆七年十月甲寅（二九日），「命革職福建巡撫王士任，往軍臺效力。」（註七）十一年病故。王士任納賄貪贓，實簠簋不飭之整懲也。

㈢江西巡撫岳濬（岳鍾琪之子），納賄徇情骫法。

岳濬，四川成都人。祖父岳昇龍官四川提督。其父岳鍾琪，雍正二年正月，授奮威將軍進征青海。三年二月，兼甘肅巡撫，四月署川陝總督，七月實授。十年二月，因調度乖方，貽誤軍機，著革職交兵部拘禁。乾隆二年論命釋放。十三年三月清軍勦金川，調岳鍾琪至軍營以總兵委用，尋授四川提督，平金川有功。岳濬初由廕生授西安同知，因迴避父任川陝總督以科道用。雍正五年擢山東布政使，六年調山西未幾命署山東巡撫。乾隆元年十二月，調江西巡撫。五年十一月，署兩江總督楊超曾，劾濬與知府董文焯、劉永錫朋比作奸，徇情納賄。「命侍郎阿里袞同江南河道總督高斌往鞫得實，得旨革濬職，從寬免罪餘論如律。」（註八）八年六月，補福建按察使。十一年九月，遷湖南布政使。十二月，調山東。十二年，擢廣東巡撫。十五年正月，調雲南巡撫，七月兩廣總督陳大受疏參廣東糧道明福婪贓，前任巡撫岳濬並未糾參，且列入計典卓薦。又購辦楠木、修築海陽隄工二案，一任屬員弊混。「諭曰：岳濬受朕深恩，屢由廢員擢用，伊父現蒙格外殊恩，岳濬理應感激圖報；乃一味優柔姑息以取悅屬員，且於明福之婪取多贓，曲意瞻徇，楠木隄工，二案並不留心查辦，深負朕恩，來京候旨。」（註九）十八年四月授鴻臚寺少卿，五月轉通政使參議，十月卒。岳濬任江西巡撫五年（元年十月至五年十一月）、任廣東巡撫二年（十二年正月至十四年十二月），都有納賄徇情骫法情事，屢任屢廢，個人操守不潔，未能盡職，因功臣之子特予寬容，免遭重懲。

(四)山西學政喀爾欽，賄賣生員。

喀爾欽任山西學政，因有賄賣生員及買有夫之婦爲妾事，經山西巡撫喀爾吉善疏參，清高宗於乾隆六年三月壬申（七日），命侍郎楊嗣璟往山西，會同山西巡撫喀爾吉善，嚴審山西學政喀爾欽賄賣文武生員等罪，並定擬具奏。（註一〇）清高宗見官員竟有蕩檢踰閑、不知凜遵國法之事，遂於同日下諭各省大小臣工，「諭曰：……不意竟有山西布政使薩哈諒、學政喀爾欽穢蹟昭彰，贓私累累。實朕夢想之所不到，是朕以至誠待天下，而若輩敢於狼籍至此，豈竟視朕爲無能而欺之主乎？……今不數年間，而即有蕩檢喻閑之事，既不知感激朕恩，並不知凜遵國法。將使我皇考旋乾轉坤之苦衷，由此而廢弛。言念及此，朕實爲之寒心。昔日俞鴻圖賄賣文武生童，我皇考將伊立時正法。（清世宗雍正十二年三月戊戌（二二日），河南學政俞鴻圖以婪贓處斬，其父俞兆晟遞職（註一一））自此人知畏懼，而不敢再犯。今喀爾欽賄賣生童之案，即當照俞鴻圖之例而行。若稍爲寬宥，是不能仰承皇考整飭澄清之意矣，朕必不出此也。……且妄意朕心崇尚寬大，遂爾苟且姑容，……且國法具在，朕豈不能效法皇考乎？」（註一二）乾隆六年五月庚辰（一七日），因喀爾欽賄賣文武生員等情，亦已審實，清高宗遂下旨將喀爾欽家產入官，諭曰：「喀爾欽於山西學政任內，賄賣文武生員等情，今俱審實。現在審出者如此；則從前不無舞弊營私賄賣生員等情。……若不將伊等從重治罪，抄沒家產；則國法不伸，將來人亦罔知懲戒。喀爾欽家產，著汪札勒……會同該旗大臣等詳細嚴查入官。」（註一三）七月甲子（二日），喀爾欽處斬（註一四）。嚴懲山西學政喀爾欽一事，可以表示清高宗的統治政策，從此遂由寬而轉嚴。

(五)浙江巡撫盧焯，營私縱賄。

盧焯、漢軍鑲黃旗人。入值授直隸武邑縣知縣。雍正六年，遷江南亳州知州，再遷山東東昌知府。九年，遷督糧道，移河南南汝道。十年，授按察使。十一年，遷布政使。十二年擢福建巡撫。乾隆三年，調浙江巡撫兼鹽政。六年六月，左都御史劉吳龍劾焯營私受賄。十六日，清高宗解焯任，命總督德沛、副都統汪扎爾按治。（註一五）七年四月丁巳（二八日）刑部會題：「參革浙江巡撫盧焯等，營私受賄各款一案。據調任閩浙總督宗室德沛、欽差副都統汪扎爾疏奏，臣等逐一訊明分別按擬：除盧焯事後授財，求索借貸等輕罪不議外，應如所題。盧焯、楊景震俱依不枉法贓律，擬絞監候，秋後處決。得旨，盧焯、楊景震俱依應絞，著監候秋後處決。」（註一六）八年，盧焯以完贓減等遠戍軍臺，十六年，召還，後屢任要職（陝西西安巡撫、署湖北巡撫等職）。盧焯以巡撫兼鹽政而營私縱賄，但因建海塘有功，遂得以復用。

(六)山西布政使薩哈諒，收受錢糧，加平入己，縱容家人，婪贓不法。

乾隆六年三月壬申（七日）、山西巡撫喀爾吉善，疏參山西布政使（清代布政使每省設一人，在總督、巡撫統轄下掌一省之財政、民政）薩哈諒，「收兌錢糧加平入己，擅作威福嚇詐司書，縱容家人宣淫部民，婪贓不法、給領飯食銀兩恣意剋扣，請旨革職。得旨，這所參薩哈諒著革職，其貪婪不職各款及本內有名人證，該撫一併嚴審究擬具奏。」（註一七）薩哈諒於山西布政使任內，濫行酷虐貪婪之處，亦經審實。乾隆六年五月庚辰（一七日），清高宗遂諭令新柱，會同該旗大臣等將薩哈諒家產詳細嚴查入官。（註一八）對於山西省吏治廢弛情形，清高宗於乾隆六年五月二十八日，就頒布一道諭旨要天下嚴行禁革，「內閣奉上諭：山西地方自石麟（覺羅石麟、滿洲正紅旗人，乾隆五年六月，遷山西巡撫，同年閏六月，丁憂回籍，同月由喀爾吉善任山西巡撫）爲巡撫以來，因循舊習吏治廢弛，繼以薩哈諒、喀爾欽貪縱無忌，而各屬浮收濫取之弊更相習爲固然。如徵收地丁錢糧，每兩例加耗羨一錢三分，今加至一錢七八分不等，更加至二錢者。如此徵收民何以堪？至鄉村編氓有以錢納糧者，每兩收大制錢一千三十文，就時價合算計一兩加重二錢有餘，是耗外加耗矣。……朕所聞如此。……然積習已成，效尤成風。故貪黷者常多；廉潔者常少，民生吏治關係匪輕。朕特施寬大之恩，既往不究。自今以後，著嚴行禁革，務使痛改前非，潔己恤民，奉公守法。」（註一九）七月，欽差吏部侍郎楊嗣璟等，將山西布政使薩哈諒擬絞監候一案咨會刑部。丙子（一四日），用刑部議薩哈諒論斬，並將前任山西巡撫石麟革任，「刑部等衙門議，參革山西布政使薩哈諒婪收加平、勒索屬員、縱容家人不法一案，准欽差吏部侍郎楊嗣璟等，將薩哈諒擬絞監候。查多收稅銀入己，以監守自盜論，又例內：侵盜錢糧一千兩以上，擬斬監候。應將薩哈諒，從重改擬斬監候。原任巡撫石麟，不行訪察題參，降三級調用，係革職留任之員，無級可降應革任。……得旨，薩哈諒依議應斬，著解部監候秋後處決。石麟著革任。」（註二〇）乾隆六年三月間，山西巡撫喀爾吉善，同時參劾山西省的布政使及學政兩大員婪貪劣跡，足見他倆的惡蹟彰顯無法掩飾，地方吏治敗壞嚴重。也不怪清高宗要下旨嚴加切責地方官吏，吏治廢弛一事，應行禁革，痛改前非。清高宗為整頓吏治，侵貪案件的處理也就格外嚴厲了，兩人均經處決。

㈦江南河道總督周學健，贓私狼籍、家人不法。

周學健、江西新建人。雍正元年、進士改選庶吉士。三年，授編修。七年，丁父憂。十三年五月，充四川鄉試副考官。九月提督福建學政。乾隆元年遷侍講。二年，遷右庶子。四年正月，充三禮館纂修，三月，遷侍講學士，六月，轉侍讀學士。五年二月，充日講起居注官，六月，遷少詹寺，十二月，遷內閣大學士充三禮館副總裁。六年二月，署刑部侍郎，三月，補刑部右侍郎仍兼署刑部侍郎事，十月調刑部右侍郎。七年三月，命往上下江會同督撫查辦災賑水利事務。八年四月，署福建巡撫。九年，署閩浙總督。十一年，加太子少保銜。十二年九月，授江南河道總督。十三年閏七月、孝賢皇后崩，周學健因違制薙髮奪官，命往直隸城工效力贖罪，並令江西巡撫開泰籍其家。八月，開泰發其往來私書中，有丁憂兗沂曹道吳同仁，賄囑周學健薦舉書扎。（註二一）乾隆十三年九月癸丑（二日），「諭軍機大臣等；周學健在總河任內，贓私狼籍款蹟甚多，已據藴著參奏。……前據高斌（文淵閣大學士兼江南河道總督）查奏周學健任所貲財摺內稱，查出現銀九千四百兩；而藴著則稱，周學健宦貲併銀器首飾熔化，共銀九千四百餘兩，亦屬不符，再藴著遵旨密查。」（註二二）同年十一月戊辰（一八日），因周學健納賄徇私及賣官鬻爵諸款劣跡，清高宗處以自盡。「諭曰周學健婪贓徇私一案，軍機大臣等

審擬援引塞嫩楞額、鄂善二人之例，擬以斬立決。……姑免令赴市曹，即照鄂善之例……，賜以自盡。」（註二三）

(八) 雲南巡撫圖爾炳阿通同舞弊彌補虧空。

圖爾炳阿，佟佳氏，滿洲正白旗人。初授吏部筆帖式，累遷郎中。乾隆三年，授陝西甘肅道。累遷雲南布政使。十二年，擢巡撫。十五年，永嘉縣「（案《清高宗實錄》（註二四）乾隆十五年十月十五日甲申條，作「永善縣」）知縣楊茂虧空銀米，圖爾炳阿令後政彌補結案。總督（雲貴）碩色論劾。乾隆十五年十月甲申（十五日），諭：「據雲貴總督碩色參奏：巡撫圖爾炳阿，於永善縣知縣楊茂虧空一案，與布政使宮爾勸，知府（昭通府）金文宗通同舞弊，代為彌補等語。楊茂虧空銀米至七千餘兩之多，而以欽差曠日遲久，需用甚多為辭。在舒赫德等奉差閱兵，路經數省，所過不止一縣，俱不聞另有供應，何獨永善縣用至七千餘兩。此理之所難信，亦事之所必無。即如從前奉天臧根嵩等，侵盜錢糧，盈千累萬，俱云辦差需費。及朕特差大臣前往查審，則實係侵欺，毫無冤抑，即本犯亦俯首無辭。可知侵貪之官，借名推卸，乃其常技。楊茂之託言欽差需費亦復如是。該上司既不能覺察於平時，及其敗露，自應即行嚴參究追。乃知府則代請彌補，藩司即擅動官項，上下扶同徇私舞弊，實出意外，非重懲不足以示儆。圖爾炳阿身為巡撫，竟行批結，其欺隱徇庇罪實難逭。圖爾炳阿著革職，拏交刑部治罪。宮爾勸、金文宗俱著革職，交該督撫嚴審擬具奏。」（註二五）圖爾炳阿遂被奪官，逮京師，下刑部治罪。以監守自盜罪名，擬斬監候。乾隆十七年，清高宗認為圖爾炳阿贓款並未入己，獲釋出獄且蒙授吏部員外郎。由於永善縣知縣楊茂侵貪，而巡撫圖爾炳阿非但不予舉發且用官費彌補，足見當時吏治敗壞，官官相護等劣跡，而當政者卻爲罪官找脫罪的理由，乾隆朝吏治無法重振的原因固然很多，清高宗未能嚴厲整治侵貪實是最主要原因。

㈨署湖北巡撫布政使嚴瑞龍，狡詐貪劣不法誣揑。

唐綏祖、江蘇江都人。於乾隆十四年四月調湖北巡撫，暫署湖廣總督。同年十二月，永興被任命爲湖廣總督，次年十一月，永興丁憂，阿里袞擢湖廣總督。十二月癸巳（二四日），唐綏祖被永興劾免湖北巡撫（註二六）。湖北巡撫則由布政使嚴瑞龍護理。「乾隆十六年正月，因永興及嚴瑞龍先後以唐綏祖巧詐營私，累商肥橐，列款糾參。得旨，革職交新任總督阿里袞審擬。」（註二七）二月辛卯（二三日），阿里袞卻以嚴瑞龍本身的貪贓營私參奏。「湖廣總督阿里袞參奏，署巡撫布政使嚴瑞龍，狡詐貪劣各款。著鈔寄河南巡撫鄂容安，即行馳驛前赴楚省，將所參各款及摺內所有犯證，會同該督逐一稾公確實研審，定擬具奏。」（註二八）有關革職唐綏祖及署湖北巡撫布政使嚴瑞龍等被參案，經總督阿里袞、巡撫鄂容安共同會鞫，尋奏。「綏祖並無得贓分贓，惟縱容鑪頭私買銅鉛，添鑄屬實。」（註二九）經刑部議將唐綏祖革職。經奉高宗上諭曰：「永興嚴瑞龍等奏參唐綏祖摺內，有婪索邱鑑，贓銀數至鉅萬一款，情罪最爲重大，乃係此案關鍵。今既審無實據，則嚴瑞龍之慫恿永興駕詞誣揑。永興之輕信嚴瑞龍，率入彈章之處，按律自應分別反坐。……嚴瑞龍私意，恐爲其所制，而適值永興之易被其愚。是以多方聳動，成此大案。著該撫將旨內情節，分別定擬永興嚴瑞龍罪狀奏聞。」（註三〇）在永興進京，途次聞訃（丁憂）時（乾隆十五年十一月乙丑），嚴瑞龍還私派各府州縣，幫助盤費，代雇騾頭，又公湊銀兩送京交永興收受（註三一）。經查出一併治罪。乾隆十六年五月己未（二六日）嚴瑞龍以誣告唐綏祖論斬。「刑部議覆，湖廣總督阿里衮等奏，嚴瑞龍身任藩司種種不法，誣揑唐綏祖婪贓鉅萬，愚弄永興慫恿參奏。應將瑞龍比照誣告人死罪已決律，擬斬監候，秋後處決。其應追銀兩，均照追入官。」嚴瑞龍慫恿永興駕詞誣揑，奏參唐綏祖婪索贓銀數至鉅萬，其心惡毒已極。且因永興丁憂進京，私派各屬幫助盤纏，公湊銀兩賄賂。可見嚴瑞龍之狡詐貪劣，終遭斬首。

(十)湖北布政使朱一蜚，求索部民、勒派屬吏、縱容親戚家人庫吏婪索分肥。

朱一蜚，乾隆十二年原任直隸清河道，四月升任山西布政使。乾隆十五年九月阿思哈調山西巡撫，於十一月到任，這段期間由朱一蜚護理。阿思哈抵任後，發現朱一蜚在護理山西巡撫期間，有受賄貪弊情事。阿思哈於乾隆十六年，先行參奏朱一蜚在護理山西巡撫期間，求索部民、勒派屬吏、縱容親戚家人庫官吏役婪索分肥等劣跡。此時朱一蜚已調任湖北布政使，清高宗下旨將朱一蜚革職審擬。同年五月已未（二六日）續參朱一蜚同時亦收受山西省護太原府事之太谷縣知縣馮浩，人葠三觔，將馮浩保陞保德州知州等語。清高宗下旨：「……劣蹟累累，深負擢用之意。已降旨革職審擬，其應賠庫項甚多。著傳諭浙江巡撫永貴，將伊原籍家產貲財，迅速查明具奏。無令稍有隱匿寄頓，以備賠項。」（註三二）據署理浙江巡撫永貴，乾隆十六年五月十六日，奏報，朱一蜚任所攜回貲財「……共查出現銀三千九百餘兩。……伊家內亦有銀八百兩。……查其攜回箱內有人蔘十一兩。」（註三三）六月初十日，山西巡撫阿思哈，遵旨查出朱一蜚銀物，並列清單摺附。「查出隨帶銀一百零四兩五錢，紬緞紗料等一十三件雨纓四頭，借給原任大名道張體中銀二千兩，借給原任邠州知州張成得銀二百兩，借給淮徐道德倫銀五百兩，分給伊子朱錦昌銀二千兩，朱一蜚之妾黃氏帶回存積銀通共約五千兩。」（註三四）至十二月二十日，山西巡撫阿思哈，奏聞審結朱一蜚摺。「……竊照山西調任布政使朱一蜚及藩庫大使華圻等營私舞弊，經臣奏。奉旨將華圻錢長發革職，朱一蜚解晉質審。嗣又查出朱一蜚收受太谷縣知縣馮浩人參三斤，亦經臣據實題參。奉旨革審，各在案。茲據布政使多綸、按察使唐綏祖分案會審，報解前來。臣復當堂逐款研審。」（註三五）據該摺內容，依原參各款按招供部份及審擬處分部份，分別敘述於下：

1.原參朱一蜚，凡遇收兌錢糧，一任親戚家人庫官匠役婪索分肥，以致元寶青短款。

(1)招供部份：

據朱一蜚家人親戚及庫官吏役銀匠人等，俱各供認勒索多贓，按股分受屬實。計各該犯共婪得贓銀九千二百四十二兩零。內庫大使華圻、錢長發各分得入己銀九百二十四兩零。朱一蜚家人王正元、親戚錢懷古各分得贓銀九百二十四兩零。劉麒得贓一千六百五十九兩零。其餘銀匠庫丁各犯得贓多寡不等。朱一蜚堅供並無知情事。

(2)審擬處分部份：

內庫大使華圻、錢長發均應杖一百流二千里。朱一蜚家人王正元、親戚錢懷古均應照雜犯斬罪准徒五年。劉麒應照侵盜錢糧一千兩以上例，擬斬監候。其餘銀匠庫丁各犯各照律分別按擬。朱一蜚身任藩司，于錢糧出入並不親自收放漫無察查，以致庫貯元寶青潮短缺，甚屬溺職。

2.原參朱一蜚勒屬代變貨物知府稟首款。

⑴招供部份：

據朱一蜚供認，原持狐皮等物，面諭平陽府知府徐玉田，代變價銀一千兩。該府徐玉田迫于上官致有賠墊。

⑵審擬處分部份：

朱一蜚，應照監臨官吏持貨物，散與部民，取利計餘利，准不枉法贓論律，應杖一百流三千里。知府徐玉田，已據稟首應予免議。

3.原參朱一蜚假名舊欠，向介休縣鄉紳范毓（馥？）索借銀三千兩款。

⑴招供部份：

據朱一蜚堅供，實係索還舊欠並非勒借。

⑵審擬處分部份：

但朱一蜚身爲上官，托名放債取利亦屬不合。

4.原參朱一蜚，收受太谷縣知縣馮浩人參三斤，隨奏陞保德州款。

(1)招供部份：

據馮浩供，先回朱一蜚面託買參，隨即購參三斤，代墊價銀一千一百五十二兩，迨朱一蜚起身赴楚並未發價，因他做了上官又保陞了知州，也不向他索價了等語。質之朱一蜚，雖堅供並無勒送保奏陞官情弊。

(2)審擬處分部份：

但朱一蜚，先則囑買人參，且至三斤之多後，即保陞知州，又不給價市恩，巧取已屬顯然。朱一蜚合依事後受財，准不枉法贓律，杖一百流三千里，係貪官永不敘用。朱一蜚所犯二罪（「2.」「4.」）相等應于此案從一歸結。馮浩身爲縣令，先則墊價買參少開價值，已屬逢迎媚悅。及至保陞之後，感恩願送不復請價，饋謝何辭。馮浩比照與受同罪例，亦應杖一百流三千里。兩案各犯所得贓銀，照追入官。朱一蜚名下應追應賠之贓，將已追貯庫各項查明扣抵外，除俟部覆到日，按數咨明原籍于查出家產內變抵。

朱一蜚，雖然縱容親戚家人庫官匠役婪索分肥，以致元寶青短一款，未能審實。但諭屬代變貨物，取得價銀。及勒屬墊買人參，且不發價銀，顯然有受賄之實。

(十一)湖廣提督馬銘勳，貪黷敗檢。

乾隆三十六年，湖廣總督吳達善，參奏湖廣提督（全稱爲提督軍務總兵官，爲一省綠營的最高長官，管理綠營軍隊政令，並節制全省各鎮總兵。）馬銘勳，貪黷敗檢一摺。於乾隆三十六年三月初四，湖廣總督吳達善，查閱營伍在辰州府途中，接獲字寄（廷寄上諭）內開「乾隆三十六年二月二十六日奉上諭，吳達善參奏馬銘勳貪黷敗檢各款一摺已交降旨革職等因。」（註三六）吳達善於初七日早，馳至湖廣提督駐箚之常德府，傳旨將馬銘勳革職，摘取提督印信。隨傳集提督所屬將備弁目人等，將摺參各款逐一訊問。「據各營將備，將該提督重價賣馬騾，并派辦酒席及收受禮物海菜等款，一一供明，各呈親供畫押。臣當將所供情節訊問馬銘勳，伊自知衆證確鑿，亦供認不諱。……馬銘勳……惟有俯首認罪并具畫押親供一紙另錄恭呈御覽。」（註三七）吳達善惟恐馬銘勳除參款外，尚有其他營私希圖肥橐之事。遂經將備又據供出：「馬銘勳於上年三月初間進京時，有跟隨進京之千把弁兵需用盤費，署中軍文壇攤派五營弁兵公幫銀二百兩呈交該提督收用一事。又各營將備公送提督盤費銀四百兩一事。」（註三八）吳達善初九日起程，十二日回抵長沙，而馬銘勳及案內緊要證佐數人，經委員管押亦於十三日抵長沙省城。吳達善將初步審訊經過先行奏報，再繼續嚴加質審，務得徹底澄清纖毫畢露，即速按律定擬再分別題奏。並查封馬銘勳任所資財。三月十五日，吳達善准兵部咨開內閣奉上諭：「據吳達善參奏，提督馬銘勳……等語。馬銘勳著革審，交與該督嚴審定擬具奏。」（註三九）隨率同湖南按察使王太岳并湖南布政使吳虎炳、驛鹽道農起、因公在省之岳常、澧道梁敦書等，按參奏各款逐加研訊。其研訊結果，按原參條款，分別據吳達善報軍機處摺（註四〇）簡略敘述於後：

1. 原參馬銘勳備辦酒席按營攤派一款。緣馬銘勳於乾隆三十三年到任後，專以宴會爲事。各營將備公同計議出資捐辦宴會，每季辦送酒席兩三次。總計馬銘勳任內，各將備賠過治辦酒席費，約五六百兩，是其饕餮性成，勒索屬員供應，咎已難辭。

2.原參馬銘勳勒買都司楊有鳳馬匹，并賣與遊擊文壇、薛隆紹等騾馬，勒索重價二款。乾隆三十四年十一月，楊有鳳畜有銀合馬一匹可值重價，馬銘勳向楊有鳳勒買，楊有鳳將馬拉送，僅開馬價十二兩；馬銘勳並未給發。乾隆三十五年三月，馬銘勳將所畜馬二匹，給遊擊文壇勒要價四百兩；將騾一頭給遊擊薛隆紹索取貴價。文壇呈繳銀二百兩，薛隆紹呈繳銀一百兩，馬銘勳俱收受入己，之後將賣給薛隆紹騾頭要回，亦未發還原價，并據參將福海等供出馬銘勳，將馬三匹分派餵養並未發給草料。是其藉賣騾馬為名婪贓肥槖並令屬員餵養馬匹圖省己資。

3.原參馬銘勳於備弁等員，出差回營，送給禮物海菜等，俱行收受一款。緣馬銘勳頗不自檢、專以屬員之有無餽送為喜怒。其收受人名禮物如下：

(1)右營遊擊守備薰雲龍，送給燕窩一斤海參二斤。令買煤八十石價七兩三錢馬銘勳僅發銀一兩八錢。

(2)委中營千總劉建武，往京齎摺，諭令帶買黃綾摺白摺，劉建武出銀六兩二錢，送署收用不發價值。

(3)勒命中營守備常懷義買碗豆十石不發值，仍令抑寫十兩五錢領狀紙，勒要燕窩一斤獾皮三十張。

(4)諭令前營千總劉克敏，帶買貂帽一頂，緞靴一雙。

(5)右營守備李中漢，購買燕窩一斤、銅爐二個、帽緯二匣呈送。

4.原參馬銘勳於進京時，向署中軍文壇勒索攤派銀兩，幫給隨行弁兵盤費一款。緣乾隆三十五年，馬銘勳進京陛見，派出弁兵跟隨，即應自給盤費；乃馬銘勳吝惜己資，面諭文壇分派各營弁兵公幫盤費。文壇先墊辦銀二百兩，眼同各營將備呈送馬銘勳收受，交隨行千總周承緒經手支給弁兵食用。因在途支用不敷，周承緒借用馬銘勳銀三十八兩。回任後借用銀兩仍由各營弁兵名下派令攤還。

5.原參馬銘勳於進京時，自向各營勒借盤費銀兩一款。馬銘勳於上年進京時，向各營索借盤費銀數百兩。時署理中軍參將文壇、城守營遊擊薛隆紹等商議，在將備中公攤，先湊辦銀四百兩交送馬銘勳。當收銀二百兩，所餘二百兩作家眷起身之費。後聞吳達善由黔旋楚，馬銘勳將先收二百兩亦即退出。

以上先後奏參各款，經吳達善分別質訊，馬銘勳均親自書名畫押，供認不諱。

6.除原參各款外，馬銘勳另供認收受不當利益及物件等款。吳達善猶恐其蕩檢營私劣蹟，不止於前參各款，又將曾經充當馬銘勳轅門傳宣之千總周承緒、把總張明石、穆喬齡及馬銘勳管門人洪得陞、跟班人何寧等提齊隔別再加研訊，復據供出馬銘勳的侵貪事實。分別簡列於後：

(1)馬銘勳將一匹馬勒賣與前營守備陳文裕受銀四十兩。

(2)收受靖州協副將馬之駙錫器等物。

(3)收過永綏協副將周成謨馬二匹。

(4)發給中軍參將那明阿馬一匹，那明阿繳過銀約四五十兩。

(5)那明阿常辦酒席相待甚好，並於自京引見回任送過馬銘勳孔雀翎二個，緞袍套料四件。陞任永順協副將後又送過馬銘勳苗錦被面十六件、苗錦毯八床、苗錦手巾一百條、羊八隻等。那明阿並查送該營生息當舖期滿出號首飾等物呈送馬銘勳，馬銘勳也未發價銀。

以上原參各款質訊及參後相關人員招認，有關馬銘勳的部份，馬銘勳均親自書名畫押供認不諱。吳達善奏稱「馬銘勳與屬員關通，恣行婪索，業已和盤託出。恐尚有不實不盡之處，嚴加究詰矢口不移，似無遁情。將馬銘勳依律擬絞，請旨即行正法。」(註四一)

乾隆三十六年四月二十一日，軍機處奉旨將吳達善，參奏湖廣提督馬銘勳貪黷敗檢一摺交刑部。「奉硃批該部核擬速奏。」(註四二)刑部根據吳達善審擬的奏摺，遵旨於四月二十四日，會同都察院、大理寺具奏核擬情形。有關馬銘勳的部份節錄於後：

查律載，風憲官受財及於所治去處，求索借貸人財物，若買賣多取價利及受餽送之類，各加罪二等。……今馬銘勳身爲提督，係通省各營之統率，即與風憲官無異，乃敢用強抑勒，肆無忌憚，贓蹟纍纍，自應以枉法贓一例科斷。應如該督所奏……合依枉法贓八十兩絞律，應擬絞監候；但身任專閫大員，不思潔己奉公，正身率屬，卑污苟賤，姿(恣？)意婪贓，款跡多端，實屬罪無可逭。應請旨即行正法。……馬銘勳所有資財產業，一體查封。……」(註四三)

馬銘勳的婪索無厭，是乾隆朝軍人侵貪案中的極致，而屬員辦送酒席、受物繳價並致送緞料等物，種種逢迎結納，有污官箴，更顯現出，當時軍政敗壞的一面。

(十二)解任雲貴總督彰寶，勒索屬員銀四萬兩虧空兵糧。（註四四）

彰寶、滿洲鑲黃旗人、姓鄂謨托氏。乾隆十三年、由繙譯舉人授內閣中書。十八年、授江蘇淮安海防同知。二十一年、遷徐州府知府。二十二年署直隸口北道。二十四、年遷貴州按察使。二十五年七月、遷湖南布政使，十月、調江蘇。二十六年、調江寧兼管織造關稅。三十年正月、擢山西巡撫。三十三年正月、調山東巡撫。二月、調江蘇。三十四年三月、丁母憂。六月、命馳驛往雲南署理巡撫。九月、因彰寶督運軍糧增數倍，詔議敘加一級。十月、即著署理雲貴總督。三十五年正月、加太子太保。三十八年十一月、實授雲貴總督。三十九年三月、彰寶患病，溫旨慰問並遣侍衛隆安，帶太醫馳往診視。五月請解任，清高宗允之。（註四五）派令貴州巡撫圖思德就近馳往永昌署理雲貴總督。六月初九日，圖思德正式接任，然後在清查軍需錢糧倉儲等緊要事項時，發現移交公文內，有六月二十六日、軍需局呈轉經前督臣彰寶所批准，永昌府保山縣等處添買穀四萬石，於糧道庫米折銀兩內，動支請撥給穀價銀三萬六千兩一案。圖思德考慮雲南省五、六月間，係穀稻青黃不接之時，其他各屬尚多平糶出穀；唯獨永昌一帶違背常規反令採買穀石，何況經查保山等四廳州縣，存有米穀達三十萬石之多，必有蹊蹺。（註四六）經圖思德參奏，奉旨調查後，知保山永平兩縣虧空米穀甚多。九月二十四日、圖思德與雲南巡撫李湖，特參署保山縣知縣王錫及署永平縣知縣沈文亨，虧空米穀共七萬八千三百餘石，請旨革審。

（註四七）圖思德正在密訪嚴查間，署保山縣知縣太和縣縣丞王錫，便自動呈出賬目，稱虧空米穀皆因供應前督臣彰寶行署中，一切用度及隨帶弁役轎夫戲子、各項工匠工錢飯食等用。詳如圖思德參奏摺：「……據王錫供稱，上年（三八）八月十二日彰前院帶病來永，性情急躁異常，一切差使供應稍有遲延，則差役人等，即口出不遜，打罵辦差家人，不得已隱忍應付。雖院中每月發銀七十餘兩；僅敷一日之用，竭蹷支持苦於借貸無門，所以連穀價都挪墊花銷，實出無奈。至於所供應一切，現有賬目可據，並有辦差家人王槐等可訊。不敢絲毫誣揑等語。……」（註四八）圖思德並具摺奏請將王錫、沈文亨及祝忻革職嚴審。清高宗於乾隆三十九年十月十四日（甲午）分別降旨均予革職交雲南巡撫李湖嚴審定擬具奏。（註四九）清高宗得知王錫呈出供應彰寶行署一切用度等費賬目，二十日（庚子）在下旨除痛斥彰寶外，並嚴責李湖不能及早據實查勘，並諭令他明白回奏。二十三日諭令刑部侍郎袁守侗隨帶司員姜晟、奇豐額一體馳驛前往雲南，查審這一虧空穀石案。雲南巡撫李湖再三嚴究王錫等虧空根由，結果與初供相同，且證據確鑿，指供歷歷，李湖據實覆奏。清高宗於乾隆三十九年十一月十八日下旨，將彰寶革職拏問，並交刑部議奏。「丁卯（一八日）、又諭前據圖思德奏，署保山縣知縣王錫虧空兵糧米口一案。……因彰寶業已回京，傳諭詢問。伊堅稱實無其事，並將伊在永昌，交中軍動用清摺呈出。……今據（李湖）覆奏稱，嚴究王錫虧空根由。據呈出供應賬目：自三十八年八月起至本年五月止，彰寶署中取用食物等項計四萬餘兩，係伊家人楊三、李二等收進，供指鑿鑿等語，是此事已有實據，不必更俟袁守侗奏到矣。除李湖已批交該部嚴察議奏，並將朕硃批原摺發抄宣示外，彰寶即著革職拏問交刑部，俟袁守侗審案奏到，嚴審定擬具奏。」（註五〇）彰寶因此案奪職拏交刑部，刑部擬斬監候。四十二年卒於獄。李湖也因此案革任，帶布政使銜自備資斧，前往四川軍營，辦理軍需事務以觀後效。雲南一省，前有布政使錢度侵呑滇銅、貪婪勒索屬吏市金玉；後有彰寶勒索屬員供應銀四萬兩，不顧邊儲軍需。足見清代乾隆朝中期後，地方官吏侵貪成風，眼中只有自己沒有國家，吏治敗壞可見一般。

㈢甘肅布政使王亶望疏請甘肅收捐，令監糧改輸銀，歲虛報旱災妄言以粟治賑而私其銀案。

王亶望，山西臨汾人，江蘇巡撫師子。自舉人捐納知縣，發甘肅，知山丹、皋蘭諸縣。選授雲南武定知府，引見，命仍往甘肅待闕，除寧夏知府。累遷浙江布政使，暫署巡撫。三十九年（西元一七七四），移甘肅布政使。甘肅舊例，令民輸豆麥，予國子監生，得應試入官，謂之「監糧」，上令罷之。（註五一）王亶望至甘肅任布政使，向陝甘總督勒爾謹申詳，甘肅內地倉儲未實為由，進而疏請諸州縣皆得收捐。後又請於勒爾謹令民改輸銀兩。乾隆四十二年，擢浙江巡撫。甘肅布政使任由王廷贊擔任。乾隆四十六年，循化回蘇繼河州黃國其、王伏林之後為亂，因勒爾謹措施失利。遂遭奪官，並奉旨下刑部論斬，後改監候。命李侍堯為陝甘總督，並以阿桂等欽差勦亂。王廷贊卻以四萬兩以資兵餉引起清高宗懷疑。乾隆四十六年本月（丙申）十四日「諭軍機大臣，前王廷贊有奏，繳積存廉俸四萬兩以資兵餉。因思王廷贊僅任甘肅藩司，何以家計充裕，甘省地方本為瘠薄，而藩司何以僉美缺。若云有營私貪黷之事，何以王廷贊在任多年，並無聲名不好之處。即從前王亶望在甘肅藩司任內，亦未必竟敢勒索屬員以肥己橐。但王亶望於捐辦浙省海塘工程案內，竟捐銀至五十萬兩之多，伊在浙未久，其坐擁厚貲。當即在甘省任內所得，因思甘省收捐銀監糧，其中必有私收折色，多得平餘情弊。……其中情節總未能深悉。著傳諭阿桂李侍堯，即將王廷贊因何家道充裕，是否即於捐監一事有染指情弊或另有巧取之處，嚴密訪查，據實覆奏。」（註五二）有關王亶望部分，據勒爾謹供稱，甘省復准捐收監糧並公然以折色包捐等，既係王亶望任藩司時，慫恿辦理，因此清高宗於乾隆四十六年閏五月（丁巳）十五日下諭「著傳諭楊魁會同陳輝祖，即向王亶望嚴行訊問，令其據實供出，不得稍存徇隱。如果有通同舞弊情事，即將其伊拏交刑部治罪。」（註五三）奈因王亶望未將結報之道府何人逐一供明。遂諭陳輝祖將王亶望拏交刑部嚴審。至乾隆四十六年七月（乙巳）四日諭「……今據阿桂等，將折收銀兩、在省包辦、冒銷賑糧種種弊端，已全行查出。……但此事總在藩司爲政，其次則首道首府首縣，勾通侵蝕爲弊較多。……王廷贊著革職拏問，解交行在。俟王亶望解到時交軍機處大臣一併會同行在大學士九卿資訊。」（註五四）七月（庚午）三十日，行在大學士九卿會審勒爾謹王亶望王廷贊等，揑災冒賑侵蝕監糧，通同舞弊營私各款，按律定擬，請旨即行正法一摺。清高宗認爲酌覈三人情罪，予以駢除也是罪有應得，但是其中稍有區別，清高宗當日下諭宣示明白：「……從前恒文、方世儁、良卿、高積、錢度等，俱以婪贓枉法，先後伏法，然尚未至侵蝕災糧冒銷國帑，至數十萬金，如王亶望之明目張膽肆行無忌者。……王亶望著即處斬。……勒爾謹著加恩賜令自盡。至王廷贊……乃竟始終匿飾不吐實情，……但究念蘭州守城微勞，免其立決。王廷贊著加恩改爲應絞監候秋後處決。交刑部按例趕入秋審。」（註五五）經阿桂查出此案有涉案之首道首府首縣，分別革職定擬。其侵冒銀兩二萬以上者擬斬決；二萬以下者問擬斬候；一萬以下者亦問擬斬候請旨定奪。立坐死者程棟等二十二人，「是案犯之者至七十人之多，而因以被殺者亦不下三十人，弘曆尚云：『不為已甚去已甚。』則諭旨所謂：從來未有之奇貪異事。」（註五六）

㈣葉爾羌辦事大臣高樸（慧賢皇貴妃，高佳氏、大學士高斌之女。事高宗潛邸、為側室福晉。乾隆初、封貴妃（註五七）之姪）、買什物不發價、勒索柴草等項、多派累回衆、玉石藏匿轉賣、擅給翎頂等。

高樸為高斌之孫、高恆之子，滿洲鑲黃旗人。乾隆三十二年、由武備院員外郎調吏部。三十五年、調顏料庫兼吏部行走。三十六年五月、遷廣西道御史，十月轉給事中，十一月命巡視山東漕務。三十七年四月擢都察院左都御史。三十八年正月、署工部侍郎，九月、署兵部侍郎。三十九年四月、授兵部右侍郎，十二月、兼公中佐領。四十一年三月、鑲藍旗滿洲副都統，八月、調補正白旗滿洲副都統，尋兼署禮部侍郎，十一月、命往葉爾羌辦事，距葉爾羌城四百餘里，有密爾岱山產玉，久經封閉。四十三年二月、高樸奏言：「回民往往私採，防範不易，莫若以官為開採，年開一次，可杜懷竊營私之弊。清高宗下詔如所請行。」（註五八）八月、烏什總理參贊大臣永貴於巡查地方路上，葉爾羌阿奇木伯克色提巴爾第，遣人投遞呈稱：「高樸、購買什物並不發價，柴草等項俱係勒索，採取玉石於定數之外多派回衆，所得之玉串通商人藏匿轉賣，無勞績回子以及卑微匠役擅給翎頂，引水渠內無水而妄報有水之伊什罕伯克，奏請加等賞給頂帶各款。」（註五九）永貴具摺奏聞，準備前往葉爾羌，將高樸解任，查封其所有物件。並將案內商人、親信家人及葉爾羌伯克頭目等，分別看守拘拏。依照阿奇木伯克色提巴爾第所控各款向高樸詢問，「如果承認即嚴行定擬，奏請皇上睿鑒候旨遵行；倘情事屬實而狡展不認，即摘其翎頂，定擬具奏與案內干連之人嚴行質訊。」（註六〇）永貴於二十八日抵葉爾羌，摘取高樸印信嚴行看守，封伊財物並將阿布都舒庫爾和卓（此人係伊什罕伯克承辦密爾岱玉石事務）郭普爾之家一併派人看守。並將色提巴爾第所控各款給高樸閱畢，高樸語無倫次茫然失措。永貴一面要高樸寫供，一面即率同章京海成、主事蘇瀋、泰三、侍衛中杜，共同檢閱高樸所有物件計「共金條五百餘兩、銀一萬六千餘兩。又寶石頂、寶石小珠珠手串、珊瑚串、玉石、玉碗、玉碟無算，而山料玉塊亦復不少。復派筆貼式海亮等，前往城外刨出藏埋山料玉大小一百餘塊。」高樸所串通購買玉石的商人，也經永貴拏獲。永貴即照前奏，將高樸摘去翎頂，再將其所犯之事逐件取供，並與其家人及阿布都舒庫爾和卓等一併對質審訊，再嚴行定擬。葉爾羌協辦大臣淑寶係一同辦事之人，對於高樸的侵貪卑污之事完全不聞不問，既不行勸且不參奏，永貴請將淑寶革職嚴加議處。多派回子採取玉石一項，即委員確查應用人數，酌量留用其餘人衆俱於天氣未涼之前遣回。永貴於九月初三日將此查明高樸貪婪情形具奏。（註六一）乾隆四十三年十月初六日，永貴在葉爾羌接奉上諭「據永貴奏稱，葉爾羌阿奇木伯克色提巴爾第，控告高樸派令回衆，買金珠寶石不發價值，并私採玉石，與商人串通偷賣等情。……永貴聞信即馳赴葉爾羌，摘去高樸翎頂對質審訊，所辦甚是，即照所奏辦理。……此案著永貴秉公辦理。審係屬實，即一面奏明，一面將高樸在彼正法。至淑寶係葉爾羌協辦之員，見高樸如此妄行，安得諉爲不知，且色提巴爾第尚能在永貴前呈控，伊即不行具奏豈亦不可告知永貴乎？乃竟隱匿不言殊不可解，淑寶獲戾甚重。此案審明後，即將淑寶拏解來京，交刑部治罪。……」（註六二）同日又接奉上諭「昨日據永貴奏接據色提巴爾第控告高樸苦累回衆一案。……至伊什罕伯克阿布都舒庫爾和卓，係阿奇木伯克其次辦事之人，見高樸如此妄行，伊自當勸阻；乃轉慫恿高樸以濟其惡，必有從中牟利之事，情殊可惡。若不從重辦理，設回衆皆欲效尤，尚復成何事體？著將高樸都舒庫爾和卓嚴審究擬，務得實情。亦即一面奏聞，一面傳集回衆同高樸一併正法。至伊弟阿布賴澤斯及什呼爾果普爾，皆隨同濟惡之人，亦應分別治罪。……永貴辦理此案，必須獎諭色提巴爾第，令其盡心幫辦，自得事之原委，庶此案以速完。……」（註六三）永貴奉旨後，即將案內人員遵旨辦理如下：

1. **淑寶方面：即將諭旨宣示淑寶。**

(1)招供部份：據稱淑寶受恩深重，於高樸此等事，不能及早覺察據實參奏，實屬昏憒糊塗，惟求從重治罪。

(2)處理部份：即將淑寶革職鎖拏，委護軍參領降強、筆帖式齊凌阿於十月初六日，解送進京。

2. **高樸及阿布都舒庫爾和卓方面：**

(1)招供部份：高樸收受民人徐茂如金銀，給與玉石一節，高樸供認不諱。伊什罕伯克阿布都舒庫爾和卓，曾將金銀玉器交高樸家人沈泰呈送高樸，求將伊子保陞五品伯克，并有謝沈泰銀兩。又高樸賖取値五千餘普爾錢之物件並未發價，皆係回衆湊還，詢之沈泰亦供認不諱。以上情節復嚴詢高樸「據供，高樸蒙皇上天恩垂念高樸之祖高斌，將高樸擢至侍郎，委以重任；乃竟無福承受，利令智昏，實爲貪鄙無恥，只求及早正法，尙有何辯。」（註六四）

至阿布都舒庫爾和卓擅派回衆至三千餘人，採取官玉。先將私採玉石運出售賣。凡派往回衆有給與騰格普爾錢者，即行釋放；其無貲者盡受其累等情。詢之阿布都舒庫爾和卓亦皆供認不諱。

(2)處理部份：即遵旨將高樸、阿布都舒庫爾和卓綁赴城外，正法示衆。

色提巴爾第控告高樸、阿布都舒庫爾和卓等侵貪事實，因而蒙清高宗獎諭，深感歡忻「但恐不知者，尙謂色提巴爾第爲搆釁之人，實深慚懼。」（註六五）永貴於乾隆四十三年十月二十八日，將奉旨辦理此案情形具摺奏聞。同日清高宗頒下諭旨：「又諭，永貴奏稱，遵旨將高樸及阿布都舒庫爾和卓等，即在葉爾羌城外正法，回衆俱皆悅服。惟色提巴爾第，以此案因伊控告，恐不知者謂其搆釁，實深愧懼等語。高樸平素擾害回人，衆皆痛恨。今見其明正典刑，無不歡悅，自屬情理。至此事由色提巴爾第發覺，頗爲奮勉。朕尙當施恩嘉勉，有何愧懼之有？即著永貴傳諭，令其實心辦理以承恩眷。」（註六六）清高宗因高樸、阿布都舒庫爾和卓等迫害回衆及侵貪事件，惟恐引起回衆叛亂，且伊等私賣官玉更屬可惡。未等永貴咨報刑部議奏，立即要永貴將他們就地正法，既可收攬回民之心，亦可收整肅官吏貪婪之風。

㈤浙江省平陽縣知縣黃梅，借彌補為名，攤派肥橐不下二十餘萬錢。（註六七）

乾隆五十一年，因浙江省州縣倉庫多有虧缺米穀，無法依限全補，浙江巡撫福崧奏請分別展限。清高宗遂於五十一年二月十七日下旨「尚書曹文埴、侍郎姜晟、伊齡阿等，前往浙省，將各州縣倉庫徹底盤查，究竟虧缺若干？彌補若干？或銀或米俱歸有著。務使水落石出，並將因何遲延不即補足之處，查明具奏。」（註六八）三月二十七日因曹文埴等具奏，浙江省倉庫虧缺米穀一案，仍須分投盤查。四月浙江學政竇光鼐具奏，據十二日高宗上諭云：「據竇光鼐奏，浙省州縣倉庫虧缺，未補者多，蓋因從前王亶望、陳輝祖貪墨繼踵。敗露時，督臣富勒渾僅以倉庫虧缺具奏，並未徹底查辦，祇據司道結報之數，渾同立限。各州縣遇有陞調事故，輒令接任之員代爲出結，辦理殊屬顢頇。聞得嘉興府屬之嘉興、海鹽二縣，溫州府屬之平陽縣虧數皆逾十萬，應查明何員虧缺若干，分別定擬，指名嚴參。……去歲杭嘉湖三府歉收，倉內有穀可糶者無幾，浙東八府歲行採買惟折收銀兩以便挪移。……」（註六九）清高宗據報後，將竇光鼐原摺鈔寄曹文埴、姜晟、伊齡阿等閱看，務將該省數年積玩虧缺實數及原虧續缺裝點各情弊，並虧空數逾十萬之嘉興、海鹽、平陽等縣及平糶無穀折銀挪移之浙東八府，逐一查明嚴參。四月十六日，清高宗添派竇光鼐會同曹文埴等據實查辦。十九日（壬辰）高宗又降旨催促「……將現在情形先行覆奏，豈必待彙齊始行入奏耶？著曹文埴等，即將現已查清之府屬倉庫虧缺若干之處，迅速先行覆奏。」（註七十）後竇光鼐另奏「仙居、黃巖等七縣，前任知縣虧空數目多至累萬，全未彌補，以至後任不敢接收交代。永嘉縣知縣席世維，借生監穀輸倉備查。平陽縣知縣黃梅，借虧空名色，科斂累民，丁憂演戲，殊非人類。仙居縣知縣徐廷翰，監斃臨海縣生員馬寘，殊干法紀。……」（註七一）清高宗在接獲曹文埴等，續查浙江省倉儲摺及竇光鼐續參摺，於五月初四日，頒下諭旨，要曹文埴等徹查仙居、黃巖等七縣虧空倉庫數目原委，並照竇光鼐續參各款嚴訊據實覆奏，另派大學士阿桂馳赴浙江省督辦，「……現在已派阿桂馳赴浙省督辦。……」（註七二）大學士阿桂到浙省後，查詢浙省各屬倉庫情形及竇光鼐續參各款結果，向清高宗報告，並言竇光鼐於相關重要證據都無法指實。竇光鼐乃於五月二十二日（甲子）受到清高宗嚴厲的指責：「據阿桂奏，查詢浙省各屬倉庫情形，……如竇光鼐原委，永嘉、平陽二縣借穀勒派之事，阿桂面詢該學政，係何人告之？該學政不能記憶姓名，是竇光鼐既欲於朕前見長，又恐得罪衆人，實屬進退無據。……此案若非朕特派阿桂前往查辦，則竇光鼐與曹文埴等爭執扳引，即經年之久，亦不能完結，更復成何事體。今阿桂與曹文埴等公同面詢，逐層駁詰，俱確有可據。竇光鼐竟不能復置一詞。……」（註七三）浙省虧空一案，六月二十三日經阿桂等查明上奏，浙江省倉庫彌補未完銀兩計有二十五萬三千七百餘兩，與前任浙江巡撫福崧初報二十七萬餘兩之數，有少無多足見其尚無隱飾，而浙江永嘉、平陽二縣挪移勒派各款，經阿桂等嚴密訪查並無其事。至竇光鼐所參，平陽縣知縣黃梅丁母憂演戲一節也與事實不符。七月初三日，清高宗對竇光鼐下旨切責，「……該學政不虧污人名節，以無根之談冒昧陳奏，實屬荒唐。竇光鼐著飭行仍令據實回奏。」（註七四）竇光鼐於七月二十一日覆奏，徐廷翰監斃臨海縣生員馬寘，並倒塡月日揑飾情形及各上司輾轉情庇而未審出實情。且對平陽縣知縣黃梅勒派彌補一案未能指實，因而決定親自前往平陽縣訪查。清高宗於閏七月初一日（壬申）卻批斥竇光鼐道：「……是其袒護劣衿，偏執己見，不自知其言之狂妄若此。」（註七五）對於竇光鼐親自前往平陽縣訪查一事，亦極端不滿，甚至將其交部議處：「……據竇光鼐覆奏……及平陽縣虧空自黃梅始，該縣以虧空之多挾制上官，久據美缺，縱令伊子借名派索，濫用而不彌補，且指阿桂等於議處虧空各員，未將黃梅從重辦理等語。……據稱派往之司員海成爲地方官所矇。今伊竟親自赴平陽縣訪查，如果能查明自當另辦，若是生事陵夷地方官，是伊自取咎耳。……該學政必欲親往訪查而置分內之事於不辦，殊屬失當。……竇光鼐著交部議處。」（註七六）因與阿桂、曹文埴、伊齡阿等意見相左，遂遭同儕排斥，甚至受到陷害。同月初十日，浙江巡撫伊齡阿便參奏竇光鼐，未到平陽之先，潛差人招集生監，呈控地方事件。並於明倫堂發怒咆哮，言詞恐嚇並勒寫親供，用刑具逼喝……等事。清高宗閱後大怒，即於閏七月十八日下諭嚴責竇光鼐，並照部議革職：「……而竇光鼐執意妄行，竟欲以生監等筆據爲驗，是其舉動乖張瞀亂。……如此若再姑容則何以爲曠職生事者戒。竇光鼐著照部議革職。……」（註七七）閏七月十五日，竇光鼐已自平陽縣訪查歸來，帶了典史李大璋及生監等十七人以爲佐證。正當平陽縣虧空彌補勒派侵呑一案，顯有突破性發展。但浙江巡撫伊齡阿，非但不參加會審；十六日竟奏參竇光鼐的罪狀，說竇光鼐以不欲作官不要性命，也要查清此案等瘋狂言語上報。清高宗爲此於同月二十四日下旨嚴懲竇光鼐，予以拏交刑部治罪。（註七八）竇光鼐自平陽回到省城杭州後，也立刻以五百里馳奏，報告他親赴平陽，「查出知縣黃梅以彌補虧空爲名，計畝派捐：每田一畝捐大錢五十文，每戶各給官印田單一張，與徵收錢糧無異。黃梅既已勒捐仍不彌補，以小民之脂膏肥其欲壑，又採買倉穀，並不給價，勒捐錢文。蒞任八年，所侵吞部定穀價與勒捐之錢，計贓不下二十餘萬。並據各生監繳出田單、印票、收帖，各檢一紙呈覽。……」（註七九）清高宗接摺後，知道竇光鼐舉發黃梅勒捐彌補虧空一案，不是無敵放矢。同月二十七日（戊戌）下旨要阿桂、閔鶚元（江蘇巡撫）等重新秉公審理，並將在挐解進京途中的竇光鼐帶回浙省，以便質對。「……阿桂現已起程在途，接奉此旨仍著回浙江秉公審理。此時竇光鼐業由浙起解，阿桂於途次遇見即將伊帶回浙省以便質對。……著添派閔鶚元會同審辦，務須將竇光鼐摺內所奏黃梅勒派貪贓各款逐一根究。」（註八〇）阿桂、閔鶚元奉旨即分別自山東平原及江蘇常州回程前往浙江秉公審辦黃梅勒派貪贓各款。經過一個月，八月二十七日（丁卯）清高宗接獲阿桂等奏，審訊平陽縣知縣黃梅，向部民勒借錢文並按田科派二款已供認不諱，遂下旨：「……黃梅以彌補虧空爲名，向部民勒借派捐業有確據，其貪婪不職殊出情理之外，黃梅著革職挐問。溫州府知府范思敬著解任，一併質審定擬具奏。」（註八一）黃梅以彌補虧空爲名勒派貪贓一案，經阿桂等審訊明確奏報，清高宗於九月十七日（丁亥）頒旨，除說明案情並相關官員的疏忽職責外，下旨懲處前任浙江巡撫福崧、前任浙江藩司現任杭州織造盛住及現任浙江巡撫伊齡阿等，而竇光鼐予以恩命署理光祿寺卿。阿桂等查辦浙省倉穀虧空一案，最初遺漏平陽縣知縣黃梅，向部民勒捐彌補虧空的事實，清高宗於次日（十八日）亦切責阿桂等：「……阿桂、曹文埴、姜晟、伊齡阿俱著交部嚴加議處。」

（註八二）浙江省平陽縣知縣黃梅，調任平陽縣在任八年，婪索贓款二十餘萬，其歷任本管道府，瞻徇袒庇並不揭參，而浙江省巡撫藩司亦置若罔聞。竇光鼐參奏黃梅婪索贓款二十餘萬，地方道府官吏卻官官相護，甚至欽差大臣也受蒙蔽，若非竇光鼐在四面楚歌中，仍然堅持到底，否則黃梅的罪行無法公開。足見清代乾隆朝後期，官吏侵貪實在非常普遍。

(七) **閩浙總督伍拉納、福建巡撫浦霖侵虧帑項案**。

覺羅伍拉納，滿洲正黃旗人。（案清史館覺羅伍拉納傳稿作「滿洲正紅旗人」）初授戶部筆帖式，外除張家口理事同知，累遷福建布政使。林爽文之亂，伍拉納主餽軍、往來蚶江、廈門，事定，賜花翎，遷河南巡撫。（乾隆）五十四年，授閩浙總督。（註八三）浦霖，浙江嘉善人。乾隆三十一年進士，授戶部主事再遷郎中。外授湖北安襄鄖道。累遷福建巡撫，移湖南，復遷（乾隆五十五年任）福建。（註八四）因伍拉納故貪，常有逼屬吏賄賂情事。乾隆六十年，漳州及泉州被水患，飢民遍野，伍拉納未能妥善賑災且不奏聞，而洋盜猖獗。福州將軍魁倫遂予以參奏。五月六日，清高宗諭示：「據魁倫查奏，閩省近日洋盜增多。由於漳泉被水後，糧價昂貴，浦霖等辦理不善，以致貧民流爲匪黨。伍拉納現住泉州，飢民圍繞乞食。又伍拉納素性躁急，加以錢受椿、德泰迎合慫恿，辦理各案亦多未協等語。……乃浦霖等並不董率所屬，實心經理，甚至總督駐劄泉州，飢民圍繞乞食，尚不認真籌辦，又無一字奏聞。伍拉納之罪，此節尤爲重大，殊出情理之外。該督現赴臺灣辦事，著先行摘去翎頂，俟回內地，即行革職交與魁倫等質審。其總督印務，著長麟就近馳驛速往接署。長麟未到之前，著交魁倫兼署。浦霖、伊轍布，前已有旨解任來京，亦著革職。如伊等業已自閩起程，此時想尙在浙江一帶，著交吉慶派員截留解閩，以備質訊。錢受椿，著軍機大臣行文押帶之員，即由途次革職拏問，迅速小心解往福建，勿致疏虞。其德泰，亦著革職，交廣東督撫將伊拏問，派委妥員小心迅速管解前往，交魁倫等一併歸案審辦。」（註八五）五月（丁巳）七日清高宗又諭：「昨已降旨，將伍拉納革職，交魁倫等審辦。閩省吏治廢弛已極，……伍拉納回至內地，聽候魁倫等質訊明確後，即著派員解送來京，交軍機大臣嚴行究訊。」（註八六）魁倫等，發現閩省倉庫有虧缺情事，經具摺奏聞。清高宗非常生氣，遂於同月（己卯）二十九日降諭：「魁倫等奏聞，閩省倉庫虧缺。從前奏過穀六十四萬餘石，銀三十六萬餘兩，本非實數，又有續虧。前後約共虧空倉穀五萬三千餘石，庫項七萬八千餘兩，……等語。此事大奇，各省倉庫帑項攸關，豈容絲毫虧短。乃閩省各廳州縣，任意侵那，省城兩廳兩縣，已虧空倉穀五萬三千餘石，庫項七萬八千餘兩之多，其餘各處更可不問而知。歷任督撫藩司以及該管道府，並不隨時揭報查參，所司何事，且恐其中有通同染指情弊。」（註八七）清高宗也詢問浙江巡撫覺羅吉慶，有關閩省倉庫虧缺一事。六月（己酉）三十日實錄記載：「浙江巡撫覺羅吉慶覆奏，奉旨詢問閩省倉庫事，伍拉納節次來浙，從未提及地方虧空。伏思此等事件，惟賴督撫等潔己奉公認眞妥辦。……今閩省自清查後又閱數年之久，仍無補益，總由伍拉納重聽凡事委之臬司錢受椿，因循所至。浦霖尙能辦事，但霑染外官習氣，不能實心整頓，以致吏治廢弛，倉庫虛懸。得旨皆公言，知道了。」（註八八）足見閩省吏治廢弛，已是公論。六月，魁倫又參奏閩省知府張大本、同知秦爲幹等聲名狼藉。七月（庚戌）初一日，清高宗下旨：「伍拉納、浦霖俱在閩年久，聽憑各州縣任意侵那，以致倉庫空虛。且前據魁倫參奏，臬司錢受椿等爲其任用。昨又奏知府張大本、同知秦爲幹等聲名狼藉，衆怨沸騰。伍拉納等，豈無見聞何以並不參奏。看來伍拉納、浦霖俱有任用私人爲之營私舞弊，甚至借彌補爲名通同派累俱所必有此事。現交長麟、魁倫會同查辦，伊二人務當秉公嚴查，一經查出即據實參奏。」（註八九）同月長麟等奏，前庫吏周經在外開張銀店，在交代時，以辦賑餘存銀兩代墊未交銀，數目達四萬兩之多。七月（壬子）三日，清高宗下諭：「長麟等奏，訊問浦霖、伊轍布供情一摺。內稱周經係伍拉納藩司時充當庫吏，伊轍布任內已經報滿，在外開張銀店，常有領出傾銷之項。因交代時查出，尚有未交銀八萬五千百兩之數，恐新任不肯接收，當即勒追。除已現交銀四萬五千二百兩外，尚有四萬兩無從措繳，恐庫中正項有缺，即將辦賑餘存項下銀四萬兩，代爲措墊等語。看此情形，伍拉納之罪更重於浦霖，周經以藩司庫吏竟敢在外開張銀店，短缺庫銀至八萬五千餘兩之多。伍拉納先係福建藩司，旋擢閩浙總督，每年具奏銀號並無舞弊及接收盤查時，何以俱未查出任其虧缺，必係周經爲伍拉納私人，有通同侵用情弊。著長麟魁倫，即嚴訊周經，所短庫銀四萬兩在何處用去。……伍拉納有從中侵用，立即據實具奏。」（註九〇）茲後清高宗未見長麟魁倫有實供具奏，屢次下嚴諭，要長麟魁倫嚴究，伍拉納等是否有通同侵用及婪索屬員舞弊之處，並屢申飭他們顢頇了事。直到同年九月（乙卯）七日，在高宗上諭裏見到伍拉納、浦霖收受屬下銀兩弊端。諭：「軍機大臣曰，長麟等奏，福建鹽務有湊送經費一款，……伍拉納共收過十五萬兩，巡撫浦霖於五十七年索銀二萬兩，均係按引攤派等語。……又據另摺奏，訪聞漳州府屬民人薛林二姓械鬥，傷斃林茁等一案。五十九年五月間解省，臬司發首府審訊，尚非正兇。錢受椿並不親提審究，輒向督撫商同換卷，並將人犯放回，以致前後監斃十命等語。……可見錢受椿爲伍拉納等私人，隨同弊混情節顯然。此案必有聽受賄囑等事。」（註九一）至同年十月查得伍拉納、浦霖、錢受椿等收受鹽規及抽詳換卷等款，並查出伍拉納、浦霖京中家產豐盛。十月（甲申）七日，清高宗下旨：「……伊二人貪黷營私殊出情理之外。經朕親加廷鞫，伊二人俱供認婪索不諱。……現交軍機大臣會同刑部從重定擬具奏。……錢受椿鎖拏，交部從重治罪。伊轍布因病身故實爲倖免刑誅。」（註九二）次日（乙酉）八日，清高宗，依軍機大臣同刑部審擬將伍拉納、浦霖問擬斬候，請旨即行正法一摺，發佈諭旨：「……伍拉納、浦霖在督撫任內婪索鹽規或尚可恕，其收受屬員餽送贓纍鉅萬。甚至人命重案，竟敢藐法徇情，拖斃無辜十命。……伍拉納、浦霖俱著照擬即行處斬。……以爲封疆大臣貪黷營私，廢弛侵虧，負恩昧良者戒。」（註九三）閩浙總督伍拉納、福建巡撫浦霖侵虧帑項案。清高宗認爲是因爲：「此皆因數年來率從寬典以致竟有如此婪贓害民之督撫。」（註九四）這也是清高宗貪肅失敗的原因之一。

第三節　乾隆朝官吏侵貪案發生原因分析

官吏侵貪案，中國歷代都有，唯有清一代，至乾隆朝，官吏侵貪之風最盛。其時不僅案件衆多，且婪贓巨大。侵貪的官吏上至部院督撫大臣，下至胥吏衙役，幾乎無官不貪。儘管清高宗，屢頒旨嚴懲侵貪，科以嚴刑峻法，卻無法阻止貪風之日下。特別是大吏的侵貪行為，至乾隆朝中後期更行嚴重，其勢態之可怕猶如清人薛福成在《庸盦筆記》中所言：「乾隆中業和珅……性貪黷無厭，徵求財貨，皇皇如不及，督撫司道畏其傾陷，不得不輦貨權門，結為奧援。高宗英明，執法未嘗不嚴，當時督撫如國泰、王亶望、陳輝祖、福崧、伍拉納、浦霖之倫，贓款纍纍，屢興大獄，侵虧公帑，鈔沒貲產，動至數十百萬，為他代所罕見。……然誅殛愈衆，而貪風愈甚，或且惴惴焉懼罹法網。惟益圖攘奪刻剝，多行賄賂，隱為自全之地，非其時人性獨貪也。蓋有在內隱為驅迫，使不得不貪者也。」（註九五）為什麼乾隆朝官吏非侵貪不可呢？而且侵貪也特別嚴重呢？筆者歸納出一些原因並分析如下：

㈠歷史原因：

清代自世祖、聖祖、世宗三帝以來，國家歷經百年的建設，政局已經穩定。清高宗接收了一個經濟繁榮、國庫充裕、社會安定、戶口大增、邊疆漸趨統一的天下。但在這樣一個安定而繁榮的社會裏，官紳士子為了獲得晉升高官及豪華的生活，遂有了貪墨的需求。而封建帝王的官僚體，經過百年的整飭，業已漸次腐敗鬆弛，相對的也提供了一個絕佳的侵貪機會。

㈡清高宗的不當作為

1.統治政策，寬嚴前後不一（註九六）

清高宗從他祖父（聖祖）、父親（世宗）手裏接過天下，吸取兩朝的統治經驗。他即位初年，標榜「執兩用中」的原則，並解說：「治天之道，貴得其中。故寬則糾之以猛，猛則濟之以寬。……朕主於寬，而諸王大臣嚴明振作，以輔朕之寬。夫然後政和事理，俾朕可以常用寬，而寬之效。」（註九七）由於清高宗的「寬則得衆」許多措施，穩定社會秩序和鞏固專制統治，收到較好的效果，爲他博取「寬仁」的聲譽。吳中謠云「乾隆寶，增壽考。乾隆錢，萬萬年」。但自乾隆七八年以後，地方災荒頻仍，社會動盪不已，搶米抗糧不斷，清高宗下令嚴加緝捕殺絕，遂將政策加嚴，以維持次序。再加上清高宗的皇儲永璉去世於乾隆三年、七子永琮於乾隆十二年出痘死亡、及相愛的皇后富察氏病逝於乾隆十三年三月東巡。接二連三的痛失家人使他身心疲竭，皇后喪葬事件引起大批官員遭到貶責黜革。同年，金川失利亦處斬了張廣泗、訥親，並嚴厲處分其他相關官員。次年秋審、朝審的案件，清高宗亦大批勾決罪犯。清高宗懲處侵貪巨案，自乾隆六年至二十二年，共有七件（註九八），貪黷大臣均處斬或賜自盡。乾隆晚期，清高宗寵幸和珅，貪污賄賂公行，和珅包庇貪黷大臣，因高宗年老力衰，不克振興。統治政治也就鬆懈下來了。清高宗的統治政策，寬嚴前後不一。使人不知何從。

2. 懲貪執法不一

中國歷代有爲的君王，都力求整飭吏治，立法嚴懲侵貪。清高宗亦明確頒旨：「凡官員犯有侵貪、虧空、科索、賄賂、侵冒、挪移、盜庫等貪污行徑，一經發覺，嚴懲不怠。」的嚴刑峻法。但是中國帝皇政治一向重人治而輕法治。清高宗亦有因人執法，懲貪標準不一的現象，使官吏無所適從。清高宗對於喜歡的侵貪大臣立意包庇；對於不甚中意的，懲處卻唯恐不重。

3. 和珅專擅失誤

清高宗寵信和珅，讓和珅秉持朝政達二十餘年，因和珅性喜貪財，婪贓納賄，在下的文武大臣，爲了獲得和珅的包庇和奧援，因此賄賂公行。地方督撫布按，爲了行賄和珅，遂作出侵貪公庫公倉，甚至要求下屬行賄。全國侵貪官吏，上下結成一個網，使得乾隆晚期，官吏侵貪案件屢懲屢發，而且重大的貪污案件，無不與和珅有關。

4.清高宗個人縱肆奢靡

清高宗在位期間，凡遇年節、個人壽辰、節慶，大量收受大臣貢品，大臣疲於供應，花費無度，因此侵貪公帑。並以製作貢品爲名，要下屬侵呑公物，以達到個人納賄侵貪的目的。另外清高宗巡幸無度：總計六次南巡、七次東巡、五次西巡、至於盛京、興京、天津，車駕時出，記不勝記。而隨扈人員之多，供需之奢侈，帶給地方之害實在罕古之有。地方官吏爲接待皇帝的到來，無論住宿或膳食之準備，其費用都是巨額銀兩，個人的廉俸收入絕對無法供應，爲了討好皇帝，只好仰賴商申報捐，甚至辦差侵貪。如王燧、陳虞盛等侵漁商捐。清高宗縱情驕奢，除了直接引起官吏侵貪，更促使社會浮華。

5.不褒獎清官廉吏

清高宗既不褒獎清官廉吏，且專以貶抑士大夫之氣節爲能事。官場中鮮有以節操相砥礪者，清官廉吏如鳳毛麟角，清高宗也承認「各省督撫中潔身自愛者，不過十之二三，而防閑不峻者，亦恐不一而足。」（註九九）甚至潔身自愛者，反而不能見容于長官與同僚。在這樣的官僚環境中，幾乎官官相護，人人必貪。無怪乎乾隆朝侵貪案件特別多。

6.官吏不得不侵貪的原因

乾隆朝官吏們，本身因案必須負擔罰扣養廉銀兩、或罰議罪銀及賠補官項。這些負擔之大，已經不是本身俸給及養廉所能支付，何況為供應臣工貢獻，清高宗無度巡幸、慶典、征伐的需求。更為了生存於奢華的官場、為求升官賄賂上司，……種種需求都是促使官吏們侵貪納賄的原因。

【附註】

註一　《清史稿》（臺北：洪氏出版社，民國七十年八月），〈列傳〉，卷二六三，循吏一，頁一二九六七—一二九六八。

註二　馬起華：《清高宗朝之彈劾案》（臺北：華岡出版部，民國六十三年四月），頁二二五—二二六。

註三　參閱唐瑞裕：《清代吏治探微(2)》（臺北：文史哲出版社，民國八十七年六月），〈清代乾隆朝竇光鼐含冤事件的始末〉，頁七七至九五。

註四　《清高宗實錄》，卷一一四，頁一七三三。

註五　《國史大臣列傳》，卷一二九，故宮傳稿，五八三二（一一四）號。

註六　《清高宗實錄》，卷一一七，頁一七六六—一七六七。

註七　《清高宗實錄》，卷一七七，頁二六三六。

註　八　《清史列傳》，卷一七，頁一二〇。

註　九　同前註。

註一〇　《清高宗實錄》，卷一三八，頁二〇五七。

註一一　《清史稿》，〈本紀〉，卷九，世宗本紀，頁三三七。

註一二　《清高宗實錄》，卷一三八，頁二〇五八。

註一三　《清高宗實錄》，卷一四三，頁二一二七。

註一四　《清史稿》，〈本紀〉，卷一〇，高宗本紀一，頁三六八。

註一五　《清史稿》，〈列傳〉，卷一二四，盧焯傳，頁一一〇四八。

註一六　《清高宗實錄》，卷一六五，頁二四三四。

註一七　《清高宗實錄》，卷一三八，頁二〇五七。

註一八　《清高宗實錄》，卷一四三，頁二一二七。

註一九　《乾隆朝上諭檔》〈中國第一歷史檔案館編，一九九一年六月〉，第一冊，第一七七九號，頁七二一。

註二〇　《清高宗實錄》，卷一四六，頁二一八四。

註二一　《清史列傳》，卷二三，周學健傳，頁一八一一二〇。

註二二　《清高宗實錄》，卷三二四，頁四七九一。

註二三　《清高宗實錄》，卷三三九，頁四八九六。

註二四　《清史稿》，〈列傳〉，卷一二四，圖爾炳阿傳，頁一一〇四九。
註二五　《清高宗實錄》，卷三七四，頁五六一七。
註二六　《清史稿》，〈本紀〉，卷一一，高宗本紀二，頁四一〇。
註二七　《清史列傳》，卷二二，唐綏祖傳，頁四三。
註二八　《清高宗實錄》，卷三八三，頁五七四二。
註二九　同註二七。
註三〇　同註二七。
註三一　《清高宗實錄》，卷三八七，頁五七九二。
註三二　《清高宗實錄》，卷三八九，頁五八一六—五八一七。
註三三　國立故宮博物院所藏《軍機處錄副奏摺》，第〇六八七四號》，永貴摺。
註三四　國立故宮博物院所藏《軍機處錄副奏摺》，第〇六九一四號》，附件。
註三五　國立故宮博物院所藏《軍機處錄副奏摺》，第〇七七二三號》，阿思哈摺。
註三六　國立故宮博物院所藏《軍機處錄副奏摺》，第〇一三六九五號》，吳達善摺。
註三七　同前註。
註三八　國立故宮博物院所藏《軍機處錄副奏摺》，第一〇三六九五號》，吳達善等摺。
註三九　國立故宮博物院所藏《軍機處錄副奏摺》，第〇一三九六七號》，劉統勳等摺。

註四〇　同註三九。

註四一　國立故宮博物院所藏《軍機處錄副奏摺，第〇一三六九五號》，劉統勳等摺。

註四二　同上。

註四三　同上。

註四四　參閱唐瑞裕：《清代吏治探微》（臺北：文史哲出版社，民國八十年十一月），〈清代雲貴總督勒屬虧空邊儲重案研究〉，頁四三—五六。

註四五　《清史列傳》，卷二三，彰寶傳，頁四一—四三。

註四六　《宮中檔》，乾隆朝，第二九五三一號，乾隆三九年八月初七日，覺羅圖思德摺。

註四七　《宮中檔》，乾隆朝，第三〇〇三一號，乾隆三九年九月二四初日，覺羅圖思德、李湖摺。

註四八　《宮中檔》，乾隆朝，第三〇〇八六號，乾隆三九年九月二八日，覺羅圖思德摺。

註四九　《清高宗實錄》，卷九六八，頁一四二〇四。

註五〇　《清高宗實錄》，卷九七一，頁一四二五—一四二六。

註五一　《清史稿校註》（臺北，國史館印行，民國七十八年五月），卷三四六，頁九四三九。

註五一　《清高宗實錄》，卷九七一，頁一四二五—一四二六。

註五二　《清高宗實錄》，卷一一三一，頁一六五四五—一六五四六。

註五三　《清高宗實錄》，卷一一三二，頁一六五六二。

註五四　《清高宗實錄》，卷一一三六，頁一六六〇四—一六六〇五。

註五五　《清高宗實錄》，卷一一三七，頁一六六四四—一六六四五。

註五六　蕭一山著《清代通史》，（臺北：商務印書館發行，民國六十一年一月）卷中，頁二二〇。

註五七　《清史稿》，〈列傳〉，卷一，后妃傳，頁八九一八。

註五八　《清史列傳》，卷一六，高斌子恆孫樸傳，頁四五—四六。

註五九　國立故宮博物院所藏《軍機處錄副奏摺，第〇二一〇六六號》，乾隆四三年九月三日，永貴摺。

註六〇　《清高宗實錄》，卷一一三，頁一六五六二。

註六一　同前註。

註六二　國立故宮博物院所藏《軍機處錄副奏摺，第〇二一三〇三號》，乾隆四三年一〇月二八日，永貴摺。

註六三　蕭一山著《清代通史》，卷中，頁二二〇。

註六四　同前註。

註六五　同前註。

註六六　《清高宗實錄》，卷一六九，頁一五七三三。

註六七　參閱唐瑞裕：《清代吏治探微㈡》（臺北：文史哲出版，民國八十七年六月），〈清代乾隆朝竇光鼐含冤事件的始末〉，頁七七—九五。

註六八　《乾隆朝上諭檔》〈中國第一歷史檔案館編，一九九一年六月〉，第十三冊，第一一四號，頁四一一—四二。

註六九　《清高宗實錄》，卷一二五二，頁一八三三五。

註七〇　《清高宗實錄》，卷一二五三，頁一八三四四。

註七一　《清史列傳》，卷二四，竇光鼐傳，頁二八一二九。

註七二　《清高宗實錄》，卷一二五四，頁一八三五二—一八三五三。

註七三　《清高宗實錄》，卷一二五五，頁一八三五五—一八三五六。

註七四　《清高宗實錄》，卷一二五八，頁一八四一二。

註七五　《清高宗實錄》，卷一二六〇，頁一八四四七。

註七六　《清高宗實錄》，卷一二六〇，頁一八四四七—一八四四八。

註七七　《清高宗實錄》，卷一二六一，頁一八四七〇—一八四七一。

註七八　《清高宗實錄》，卷一二六一，頁一八四八一—一八四八二。

註七九　《清高宗實錄》，卷一二六一，頁一八四八六。

註八〇　《清高宗實錄》，卷一二六一，頁一八四八七。

註八一　《清高宗實錄》，卷一二六三，頁一八五三〇。

註八二　《清高宗實錄》，卷一二六五，頁一八五六〇。

註八三　《清史稿校註》，（臺北：國史館印行，民國七十八年五月），卷三四六，頁九四四五。

註八四　同註八三，頁九四四六。

註八五　《清高宗實錄》，卷一四七八，頁二一九一三—二一九一四。

註八六　同註八五，頁二一九一六。

註八七　《清高宗實錄》，卷一四七九，頁二一九三二—二一九三三。

註八八　《清高宗實錄》，卷一四八一，頁二一九六二。

註八九　《清高宗實錄》，卷一四八二，頁二一九六八。

註九〇　同註八九，頁二一九七〇—二一九七一。

註九一　同註八九，卷一四八六，頁二二〇四一—二二〇四二。

註九二　同註八九，卷一四八八，頁二二〇七八—二二〇七九。

註九三　同註八九，卷一四八八，頁二二〇八三—二二〇八四。

註九四　同前註。

註九五　薛福成：《庸盦筆記》（臺灣商務印書館，民國五十七年九月），（入相奇緣），頁五七—五八。

註九六　《清代吏治探微》㈡（清高宗統治政策由寬轉嚴的探討），頁三九—六二。

註九七　《清高宗實錄》，卷四，頁二二七。

註九八　同註九六，頁五八。

註九九　《清高宗實錄》，卷一四八四，頁二二〇〇三。

第六章　乾隆朝地方書吏弊害

前　言

中國自秦漢起，始有官制，官吏分際漸次明確，南朝梁書即有吏的記載。（註一）自隋唐以降，科學發達，士人藉考試遍於宦海；以不學無術之刀筆吏，自難與之爭鋒，冉以唐重詩賦；明法科（漢武帝時，令郡國舉士，限以四科，其一日明習法令科。唐宋時制舉，皆有明法科，爲六科之一）雖然亦舉行，但時尚所及，參加科試者多不習吏事。因爲吏者既發身困難，何須再講究經術，從此士吏殊途。就因爲此種風氣使然，官率不習律例；而學法令之吏又不通經術，則官與吏之分化，由是愈益顯著。到了明朝特重進士一途，並加重吏員以種種限制（既吏員不准考進士，出身爲官時：內不得任御史，外不准歷知府），通顯之階梯既斷，吏胥僅能沉淪佐雜末僚，無由發身。從此官是官；吏是吏。吏即令出身爲官，人仍以吏流視之。由於官吏分化，終致「儒」官與「法」吏判爲兩途。士子一旦釋褐出膺民社，雖號稱以經術治吏事，實則不知如何措手，如不以吏爲師，豈可得乎？（註二）進一步說，地方官吏又如何依靠吏員呢？由於地方之吏，挾法術見重於地方衙門，依據明朝制度，吏雖然規定三考滿日，出身爲官；或冠帶回籍，外吏至多兩考必須赴京辦事。理論上，於一衙門至多執役六年或九年，然頂首（頂替）盛行（初年索數十兩，中葉索數百兩，季世索數千兩），吏員之事業盤踞已成定局，此輩既得長子孫於一衙門，所掌之成案貫例無不精熟，抱牘居奇，視爲傳家之寶；反之地方官既不假以辟舉之權，又有迴避本籍之規定，一旦初臨斯土，又可能因語言不通，風土難暗，雖爲衙署主管，實乃異鄉之孤客。及至諸事稍有頭緒而任期已屆。似此新官固然一一從頭做起，而舊官又因轉換環境，必須重新適應。是故以席不暇煖之官馭世業盤踞之吏，自然相形見拙。況爲吏者既爲土生土長，送往迎來，以逸待勞；而官千里奔走，甚至於勞而無功。在衙門之中，常常主屬異勢，制人者往往受制於人。故諺語云：「清官難逃滑吏之手。」此之謂也。（註三）「清代之吏，通稱各衙無官職之具體辦事人員，一般分京吏，外吏兩類。京吏有三：一、供事，二、經承，三、儒士。外吏有四：一、書吏，總督、巡撫、學政、各倉、各關監督之吏，稱書吏。二、承差，總督、巡撫除書吏之外還設承差。三、典吏，司、道、府、廳、州、縣之吏，稱典吏。四、攢典，首領官、佐貳官、雜職官之吏稱攢典。」（註四）爲避免吏員已經考滿或易姓名、盤踞交結司官，上下交通賄賂……等弊，清代歷朝都降諭嚴禁。在吏方面：如雍正元年，諭「從來各衙門募設書辦，不過令其繕寫文書、收貯檔案，但書辦五年方滿，爲日既久熟於作弊。甚至已經考滿，復改換名姓，竄入別部，潛蹤掩跡，無所不爲。……自今以後，書辦五年考滿，各部院司官查明，勒令回籍候選；逗留不歸者，著都察院飭五城坊官稽查遣逐。」（註五）雍正四年（西元一七二六），覆准：「……凡書役投充之初，務查該役本籍本姓，取具印甘結方准著役，其年滿書吏考職之時，務於移咨內塡註並無假姓冒籍字樣，方准收考。若有冒籍冒名等弊事發者，除本員革去職銜，照律治罪外；其不能稽察之該管等官，照例議處。」（註六）對外吏方面：於雍正七年，更明確下旨，各地方官嚴加稽查書吏：「外省各衙門書役投充，務取具並無重役冒充親供互結。該地方官加具印結。彙造役冊，申送該管稽查衙門。府州縣書史，責成本道稽查。無道員地方，責成按察使稽查。藩臬兩司及各道關差書吏，責成督撫等稽查。督撫及總河總漕學政鹽院書吏，責令自行稽查。每於年終，令該役出具並無過犯連名互結，地方官申送該管稽察衙門存查。儻有役滿不退，或舞文弄法、招搖撞騙等情，將該吏攢黜革治罪。該府州縣並專管之督撫司道等，均照例議處。」（註七）到了乾隆朝，清高宗發現地方吏役有壞法擾民，嚴飭各該府州縣不得讓吏役施其技倆，或受其蒙蔽，此則不愛百姓而愛吏役，即屬戕害百姓。並嚴禁書吏代爲擬批送籤，以防書吏與司官上下勾結，應自督撫始。乾隆元年（西元一七三六），下諭：「……又聞司院衙門，凡州縣申詳事件，每先發各房書吏擬批送籤，書吏從此作姦射利，遲速行駁之間，得以上下其手。蓋衙蠹之爲擾，自上及下，正不自州縣始也，是在督撫者整肅紀綱，立闔省之表率，而監司守令各奉厥職，互相糾正則弊絕風清，民安衽席。朕惠養元元之恩意，得以周浹閭閻矣。」（註八）書吏著役要求各衙門於限期內、將書吏實在籍貫住址地方，三代姓氏等資料咨部。「又覆准書吏著役，務令報明實在籍貫住址地方，三代姓氏。該衙門於十日內咨部，轉行該省。嚴飭地方官出具印結：順天限四十日，直隸、奉天、山東、山西、河西限三月，江蘇、安徽、江西、浙江、湖北、湖南、陝西、甘肅、福建、四川、廣東、廣西、雲南、貴州限六月，均於限內送部，轉送各該衙門，以結到之日著役，連閏計算五年期滿。」（註九）綜合上述諭旨，所謂書吏著役，有關稽查規定已經非常嚴格，但是在清代乾隆一朝，地方書吏爲非作弊仍層出不窮。如書吏招搖撞騙，書吏冒領餉銀通同分肥，書吏支放兵米舞弊，書吏匿名告官，……等等。現僅就清代文獻檔案討論乾隆朝書吏弊案，以了解乾隆朝吏治眞相。

第一節　乾隆朝書吏弊案簡表

乾隆朝書吏弊案簡表

順序	時間	書吏姓名	事實摘由	資料來源
(1)	十三年五月十八日	鈕宗	革弁行賄營求書吏招搖撞騙	軍機處錄副奏摺第〇〇二三六五號
(2)	十七年三月廿六日	張子文董談九厲方千等	賄買兵部書辦冒領車價銀兩	軍機處錄副奏摺第〇〇八一二四號
(3)	十七年十月廿五日	許爲儀、黃尚端等	藩司書吏積年浮開兵額冒領餉銀通同分肥	軍機處錄副奏摺第〇〇九五六七號
(4)	三十三年九月初七日	督書夏聲、司書虞九洲	吏部咨送軍機處原任御史唐准請除各省擬稿擬批積習一案抄單　浙省濫請製造鳥槍書吏弊案	軍機處錄副奏摺第〇二八一〇三號第〇二八三八九號崔應階宮中檔三件

(5)	三十五年五月廿六日	李三元、李宏道	盤踞倉場發放兵米有灰土穭穀	軍機處錄副奏摺第〇一四二五一號
(6)	三十六年五月二十日	盧裕榮	書吏匿名告官	軍機處錄副奏摺第〇一四三七八號
(7)	三十七年三月廿六日	錢淪、范景濤、吳靜喦	浙省米倉上下書吏糾結侵欺正署廳員分肥故縱	軍機處錄副奏摺第〇一五七一七號 第〇一六四三二號
(8)	四十五年十一月十九日	張翹堯、金光顯	書吏詐贓逼命	軍機處錄副奏摺第〇二九〇二九號
(9)	四十五年三月廿四日	吏部司員	司員漏書丁憂馬聯臻匿喪吏部投供	軍機處錄副奏摺第〇三〇四四二號
(10)	四十六年七月十四日	前嘉善縣書吏曹永康	恐嚇索詐並逼娶新孀婦爲妾	軍機處錄副奏摺第〇三一三九九號 第〇三一四四九號
(11)	四十六年七月廿五日	書吏趙文煥、仵作陳璉	隱匿傷痕避重就輕	軍機處錄副奏摺第〇三一五〇六號
(12)	四十八年五月初三日	吳朝玉、曹國相	署縣主使書吏索賄借端凌辱	軍機處錄副奏摺第〇三三七三〇號 第〇三三一七〇號

(13)	五十四年九月初七日	羅運太、苗詳瑞、徐允定	藉查山界婪索錢文	軍機處錄副奏摺第〇四一八一九號
(14)	(1)五十五年四月七日 (2)五十五年五月廿四日	兩江(1)高郵州糧書夏琯(2)句容縣書吏江嵩年等	(1)糧書僞造印串盜收錢糧 (2)江蘇句容縣侵虧錢兩	(1)清史稿校註卷三六七頁九六五四等(2)清史列傳卷二七頁四七等
(15)	五十五年八月廿八日	嘉興秀水兩縣書吏	書吏浮收錢糧舞弊	軍機處錄副奏摺第〇四五二五八號
(16)	五十五年九月十九日	書役吳清桂等	書吏勒折重徵漁利	《清高宗實錄》，卷一三六三頁二〇二五八—二〇二五九等
(17)	(1)五十五年九月廿七日 (2)五十五年十月十七日	(1)陳開雨等 (2)何良弼等	科派買穀浮收錢米等 包攬堤工偷減土方	《清高宗實錄》，卷一三六三、一六三四等，軍機處錄副奏摺第〇四五八三八號

以上簡表所列書吏與地方官違法弊害，係根據國立故宮博物院圖書文獻處，所藏軍機處錄副奏摺及宮中檔奏摺及其他史料，選擇相關資料編列的。其實整個乾隆朝，書吏違法弊害必定甚多，只因文獻資料收藏單位分散，或因當時已經毀失，必定還有很多遺漏。所幸本文旨趣僅在討論地方書吏的一般弊害，選擇上述十七例作爲討論材料。

第二節　乾隆朝書吏弊案的概述

㈠乾隆十三年（西元一七四八）五月十八日，兵部左侍郎王會汾具奏，革弁行賄營求書吏招搖撞騙請旨交部嚴訊以肅法紀事一摺（註一〇）。茲將革職千總王鈖，行賄營求書吏經過情形簡單敘述如下：

鉛山（屬山西省，在上饒縣西南）所，千總王鈖因領運乾隆七年漕運回空遲誤，經前任漕運總督顧琮咨革。後經顧琮咨請開復，而兵部據理屢行駁結未予開復。乾隆十三年復據漕運總督蘊著來文兵部題請開復。兵部王會汾等正在查辦期間，卻訪得該革職千總王鈖懇求該漕運總督按察使司書吏鈕宗照應。鈕宗遂乘機撞騙向王鈖索銀二百兩，許以可得開復，王鈖應允。兵部役滿在館效力之書吏鄭重輝從中說合過付，先交銀五十兩。案經兵部左侍郎王會汾具奏，「似此目無法紀之劣弁蠹書，若不痛加懲治何以警衆。」（註一一）遂請旨將王鈖、鈕宗、鄭重輝一併交刑部嚴訊定擬。該摺同日奉旨「著交部。」

㈡乾隆十七年（西元一七五二）三月二十六日，直隸總督方觀承具奏，拏獲張子文賄買兵部火票，冒領車價銀兩由一摺。（註一二）

乾隆十七年（西元一七五二）三月二十二日，直隸清苑縣知縣周元理報稱：「三月十九日，有馬成龍一人到站，執持兵部火票支領車價」（註一三）。票開准鑲白旗滿洲都院咨，奉旨發往寧夏之壯丁巳克三等共二百三十六名，前往駐防，需用車輛仰經過地方官吏，照票每二名即撥車一輛，每車一輛坐家口四名，共撥車一百一十八輛，逐程更替裝載。若陸路無車并不能行車之處，每車一輛照例折夫四名等語。經該站人員查驗票內鈐寫字號有更改字樣，所列壯丁二百三十六名並無一人到境，祇有馬成龍及同行之李廷棟各帶家人一名。因係紹興口音，經站人員盤查詰問之下，馬成龍始自認包攬代領事宜。因事有可疑未便濫行應付，遂詳請咨查。後來直隸總督方觀承陸續接獲（順天府）良鄉、涿州、（保定府）定興、安肅等四州縣的稟報都有馬成龍到站支領車價事。方觀承即令按察使飭交保定府將馬成龍一行四人嚴加究訊。據馬成龍初供：「小的實在姓張叫張子文，係紹興人，在刑部當過貼寫，有兵部貼寫董談九，也是紹興人，素常認識。」（註一四）張子文向董談九、及驛傳科貼寫厲方千等勾結賄買兵部空白印票，任意塡寫發往地方人名撥車輛數目，經過地方驛站，以包攬代領折的車價，騙取銀兩，並分與董談九、厲方千及家人吳進孝、杜三娃子、騾夫楊筆……等。此案經直隸總督方觀承具奏，使我們瞭解乾隆朝，兵部用印火票書吏貼寫都可以隨便竊取盜用，甚至取得銀兩花用，「一年之內假冒至八案之多，驛遞往來肆行無忌實爲法所難容。……請旨交刑部查審定擬。」（註一五）該摺具奏後於三月三十日奉旨「硃批已有旨了。」（註一六）該弊案所涉罪犯均遭處分。「今年兵部書吏有用空白作弊之案，審明時即行正法。」（註一七）

㈢**乾隆十七年十月二十五日，閩浙總督喀爾吉善、福建巡撫陳弘謀等具奏，審明藩司書吏冒領餉銀一摺。**（註一八）

茲據摺將督標中營字識黃尙端與藩司書吏許爲儀等，積年串通浮開兵額冒領餉銀通同分肥一案，簡單敘述如下：

乾隆十七年八月初九，閩浙總督喀爾吉善、福建巡撫陳弘謀，接到廷寄欽奉上諭「……今年兵部書吏有用空白作弊之案，審明時即行正法。所有閩省冒餉書吏人等，即照此辦理，以爲蠹役之戒，不可稍存姑息。」（註一九）審訊辦理情形簡單敘述如下：

喀爾吉善等，於乾隆十七年十月二十四日，親自將挐到在事各犯提審。據供冒領之弊，實遠起於康熙六十一年（西元一六六二），已故司書許懋與已故中營字識全光祖交好。因當時有征臺班兵預借司庫餉銀，應於回營後扣還歸款，兩人卻密商用浮支虛抵移後掩前之法，與藩司衙門庫吏、庫書、中營都司衙門字識、講定股分，按逐月冒領之數，營識司書各半分收：司書夥伴朋分三股，又分給庫吏一股，庫書一股。營識夥伴朋分四股，又分給都司字識一股，上下交通照應掩飾。後司書許懋於雍正十三年（西元一七三五）身故，司書一職由伊子許爲儀接充。全光祖則歿於乾隆元年（西元一七三六），中營字識由黃尙端接充。承認自康熙六十一年至乾隆元年，全光祖經手冒領朋分實止四千二百六十餘兩。到黃尙端許爲儀二人接手後，與上下書識勾通更密且冒領之數日漸增加。自乾隆二年（西元一七三七）起，至乾隆十六年（西元一七五一）四月，已冒領分肥達一萬四千二百餘兩。總計前後侵冒庫銀達一萬八千四百七十餘兩之多。經喀爾吉善等審晰通案情節，司書及中營字識「冒領分肥跟由已故司書許懋與中營字識全光祖，而許爲儀黃尙端二犯，勾結交通恣行侵帑，實爲積蠹巨憝，二犯名下入

己贓，獨多至二千八百餘兩。臣等業經欽遵諭旨，將許爲儀黃尙端二犯，照依兵部書吏作弊之例，審明即行正法，於十月二十五日正法訖。……」（註二〇）其餘聽從許爲儀黃尙端等冒領分肥入己者，均按贓款多少依律定斬監候或徒五年等罪。且將歷任失察各官名單會題三法司核擬定罪，歷任藩司及副將督撫按比例分賠部份帑銀。同年十一月十八日奉硃批「知道了。」（註二一）

(四)吏部咨送軍機處，原任御史唐淮請除各省擬稿擬批積習一案抄單。揭錄浙江省製造鳥槍書吏等通同作弊一案。（註二二）

乾隆四十五年（西元一七八〇）八月「吏部准軍機處片，稱交吏部將原任御史唐淮于三十三年（西元一七六八）十二月內條奏，請除各省督撫藩臬書吏，擬稿擬批積習一摺。又……應將議覆請除各省擬稿擬批積習一案，抄單移送軍機處可也。……計粘單一紙右移會軍機處。」（註二三）根據該吏部移會粘單一紙（註二四）記載：「臣等議得內閣抄出，掌廣西道監察御史唐淮奏稱，竊照內外各衙門，設有書吏，凡題奏、咨呈、批詳等件，俱令擬稿呈閱，改定方行。舊例相沿已非一日。……至直省督撫藩臬等，管理通省刑名錢穀，責任甚重事務繁多。所用書吏皆屬本省之人，上下聯爲一氣，設或有心朦混一人之耳目，斷不能周；雖承辦書吏例皆封鎖署內，而分班更替仍不免透漏消息，以致彼此串通營私舞弊。即如現在閩浙督臣崔應階所奏，浙省製造鳥槍一案，有督書夏聲、司書虞九洲等通同作弊之事可類推也。……」（註二五）御史唐淮這件奏摺，於同月初十日奉旨該部議奏。吏部議覆云：「……但該御史既有此奏，應請通飭各省督撫藩臬等，加意整飭，如有失察徇庇，照例議處於公事自屬有益。」（註二六）從原任御史唐淮于三十二年十二月內條奏，請除各省督撫藩臬書吏，擬稿擬批積習一摺及吏部奉旨議覆內容裏，除透露出各直省屬司書吏一般通同作弊情眞外，更揭露浙江省製造鳥槍書吏等通同作弊一案。有關浙江省製造鳥槍書吏等通同作弊一案內容，根據國立故宮博物院所藏宮中檔奏摺有較詳細的記錄，茲敘述如下：

閩浙督臣崔應階於三十三年十月初八日上奏：「三十三年九月初七日，接到字寄內開……奉上諭，據兵部查奏浙省濫請製造鳥槍一案……細核此案，前閩浙總督蘇昌（乾隆二十九年六月任至三十三年正月卒）於三十一年（西元一七六六）具奏，浙江省請製造鳥槍時，稱應照馬兵十分之二額數，製造京槍四百四桿，并稱步兵一萬二千餘名爲數甚多，若按兵統製殊糜經費，並未聲明續製。何以三十二年（西元一七六七）題銷工料疏內，輒有其餘未製鳥槍陸續製造之語。」（註二七）清高宗認爲工部並未移咨兵部會議遽爾覆准，固屬不當。蘇昌核銷題疏僅帶敘一語，其中顯有情弊。「此事必係承辦之不宵員弁，串通總督藩司衙門書吏希圖浮冒支銷。故爲閃爍其詞。……似此舞文作弊，不可不徹底根究。」（註二八）因而清高宗要崔應階會同永德詳細查察，據實覆奏。永德當時在藩司任內承辦此事，何以含混若此，也要他即行明白回奏。崔應階奉諭後，隨即將上諭抄錄札寄浙江撫臣永德欽遵外，并將督署衙門辦理此案書吏，立即鎖拏押解杭州，交署布政司曾日理，會同臬司拘齊藩司原辦書吏及承辦員弁，先行研訊。俟崔應階到杭州時，會同撫臣永德再行提訊串通舞弊巧爲矇混緣由。由於案情重大，清高宗在該摺後，硃批云「此事必有大弊不可顢頇了事，愼之！若不能審出實情，將來另差人察出，置汝顏面於何地。」（註二九）足見清高宗要崔應階認眞審查，以除書吏作弊而清吏治。

乾隆三十三年十月二十八日，閩浙督臣崔應階具摺（註三〇）參奏稱，奉諭旨遵即會同浙江撫臣永德，將督撫兩衙門承辦吏書，飭發浙江布政司會同按察司審究，茲據署布政司曾日理、署按察司蘇凌阿稟稱此案原委：「已故杭州府理事同知廣福、現任杭州府總捕同知張鐸先後承辦。有理事同知書辦潘正音向托藩司書辦虞九洲。又同藩司已滿典吏虞廷榮，向臣衙門書辦夏聲、已退書辦婁啓愚、巡撫衙門書辦王明齋、姜文藻等囑託照應。每桿許給使費三分。因查明浙省參將以上營汛，共鳥槍步兵一萬二千六百餘名，司書虞九洲冀全行製造多分銀兩，即於議詳稿內敘請統行製造。經陸司永德刪去，只議請先造四百四桿，及造後。理事同知書辦濬川敘稿報銷並無續造之語；詎廣福輒於稿內添入請陸續製造一語，而臣衙門書辦夏聲利其分肥，故不駁正矇混敘稿具題，至杭州府總捕同知張鐸奉委續辦鳥槍步兵一萬二千六百餘桿。先後領過銀一萬五千六百八十餘兩。」（註）杭州府理事同知廣福認爲其中豈無染指，隨訊匠頭姚萬山，據供稱：「向張鐸領過工價銀六千一百兩，每千兩扣銀二十兩等語。質之張鐸堅不承認，稟請參究前來。」（註三二）因此崔應階請旨將杭州府總捕同知張鐸革職，以便與案內有名人犯一并嚴審究追。三十三年十一月己亥（十五日）奉諭「據崔應階參奏……一摺，張鐸著革職，交與該督與案內有名人犯，一併嚴行究審定擬具奏。」（註三三）同月次日（庚子）又諭「……業據工部書辦供出，浙江布政使承差陳德順打點許銀各情節，已諭崔應階悉心研鞫矣。」（註三四）同月（已酉）廿五日諭：「……昨永德來京陛見，據奏伊在浙時，已經訊出書辦得贓及承辦之員短價浮銷各情節。……初辦四百四桿之理事同知書辦費濬川則稱，原詳稿內本無餘請續製之語，係廣福自行添入。調驗原稿，果有旁添筆跡。又訊據續辦三千餘桿之杭捕廳書辦居大川供出，此案有已滿藩司書辦虞廷榮，料理院司衙門。撫房王明齋、督房韓如山、余景賢、夏聲等，俱經供認得過廣福銀十二兩，應允照詳題請。……」（註三五）同年十二月初九日閩浙督臣崔應階具摺：「……至十二月初七日據布政使劉純煒、按察使曾日理、溫處道蘇凌阿稟稱：鳥槍案內，今撫臣永德於藩司任內，該家人王六、何姓亦有扣剋銀兩情弊。」（註三六）濫請製造鳥槍案人犯經解京質訊，直到乾隆三十四年二月定案。清高宗於乾隆三十四（西元一七六九）年二月（戊辰）十五日上諭：「浙江濫製鳥槍一案，蘇昌矇混具題，工部亦率行覆准。靡帑至一萬七千餘兩之多，因究出承辦之員與各衙門書吏串通舞弊，現在審擬定案。……。」（註三七）這件浙江省濫題製造鳥槍一案，暴露出各直省屬司書吏一般通同作弊情眞外，更揭露浙江省製造鳥槍書吏等通同作弊的情形，甚至連高爲閩浙總督均遭矇混。因爲蘇昌已卒，清高宗仍然將蘇昌應賠銀兩，著伊家屬名下十倍罰出，以爲「封疆大吏不盡者之戒。」（註三八）

(五)乾隆三十五（西元一七七〇）年五月，浙江乍浦經放滿洲甲兵月糧，內有灰土穞穀，挐究倉書等情。

乾隆三十五年五月二十六日，浙江巡撫富勒渾，奏報根查嚴究書吏支放兵米舞弊一案情形（註三九）。富勒渾於五月十三日抵乍浦，查看廳倉內存有篩出泥粞穀頭五十石。詢之經手倉書斗級人等，稱係放給六月分兵米一千六百餘石內篩出之項。又空倉內另存糖秕穀頭八九十石，詢係同知雙福納任內節次收存。其他收兌耗米剩餘亦相符。但富勒渾查訪乍浦廳倉書吏恐有叔姪盤踞情事，其奏摺內云「……乍浦廳倉向係李三元充倉書，乾隆三十一年退役，捐納監生。伊姪李宏道接充李三元仍在倉料理。臣查李三元既係退役倉書後，同伊倉書盤踞倉場，難免無串通官吏，漁利舞弊情事。臣面見副都統常福詢問情形，倉書稱李三元在倉場年久，支放兵米皆由該書主持舞弊，現已奏請欽差大臣來浙查審等語。」（註四〇）富勒渾認爲書吏舞弊應嚴格追究並加痛懲，除飭道府將李三元李宏道及應行審究人犯與一切案卷提集省城，隔別絷守，逐層根查著究併令護同知飽鳴汛先行離任。從本案內容中得知，浙江乍浦廳支放兵米中有灰土穡穀，渾水摸魚現象，足見倉書盤踞倉場，難免無串通官吏漁利舞弊情事。

(六)書吏匿名告官

乾隆三十六（西元一七七一）年五月二十日，廣西巡撫陳輝祖奏爲書吏匿名告官，查獲審明定擬參奏摺。（註四一）具奏整個案件非常詳實，茲節略敘述如下：

三十五年十二月十九日，陳輝祖接到懷集縣由堤塘遞到印封，拆閱內裝匿名稟揭，係告該署縣杜士能，重戥徵餉浮收糧米，派買倉穀，每石發銀五錢二分八厘，外封印號五錢五分包封傳送，短價病民蟻等。陳輝祖令原該縣侯筠適回本任，進行緝究。一面密飭司道將所告杜士能事跡嚴查。經查署縣杜士能在任期間並無重戥徵餉浮收糧米情事，雖有派買倉穀，亦無每石發銀五錢二分八厘，外封印號五錢五分包封傳送，短價病民蟻等事。據巡檢單棟稟稱在各處村鎮確訪無投遞匿揭人形跡。惟查曾經署縣杜士能責革，而挾忿回家的倉書盧裕榮最有可疑。陳輝祖隨令單棟於三十六年三月十五日密拘盧裕榮到案，經驗對筆跡與匿揭相符，盧裕榮自認挾恨造寫竊封裝遞。而「詰問揭內所稟款蹟，僅稱所開署縣杜士能，重戥徵餉浮收糧米，原無指據。至於派買倉穀，每石發銀五錢二分八厘，外寫五錢五分并銀封現存之語，實未經手承領銀兩，亦無賣戶銀封留存」（註四二）。至於盧裕榮為什麼要寫匿名稟揭呢？經陳輝祖飭令將應訊人等提齊，并各賣倉穀賣戶銀封押解來省，督同署布政司事左江道宋淇源按察使朱椿親加研鞫。「緣盧裕榮向充懷集縣倉書。上年七月內，該署縣杜士能差令赴籓司，較領斗斛并交銀兩。令於省舖順買金戒箍三枚，羊皮統五件攜回。盧裕榮因自將金箍遺失，回至梧州府城盤費匱乏，將皮統當錢四千文使用。回署稟知，杜士能即將該犯鎖押以追。至（應該是十一月）十八日，因繕文乏人暫釋。二十四日，盧裕榮贖繳皮統，餘乞寬限，杜士能怒責二十板并諭勒賠戒箍後，再行革退。」（註四三）盧裕榮因此懷恨在心，且看到杜士能派買倉穀，為了加重稟揭份量，遂擬加上了重戥徵銀浮收糧米，短價買穀等款。先寫好了匿揭留存著，待機再發。二十六日適值發申各上司晴雨報告。盧裕榮向管門徐元領取印封，匿留印封二個。十二月初一日，盧裕榮取出印封正在塡寫月日時，遇懷集營字識孔元華到房，便倩令於兩印封上分別寫上督撫兩銜。初二日早，將裝入匿名揭稟的印封混同別項公文，交走遞夫梁昇持送，沿塘分遞。盧裕榮匿名揭稟所寫各款，陳輝祖經逐一訊明；唯派買倉穀是實而運腳並未告發，其餘所揭各款皆虛，盧裕榮俱自認混寫。陳輝祖認，其為捏砌實無疑義。「查盧裕榮挾恨造款、私竊印封、匿名揭告本官，情殊不法，合依隱匿自己姓名告言人罪者絞律，應擬絞監候。……至買穀運費，該署縣杜士能因有派買穀石未便實造，遂捏開地名飾混，但雖嚴究用數並無浮侵；但冊既捏造不實，應俱不准開銷。……再查該署縣杜士能，雖無重戥浮徵短價冒銷；但違例按戶派買倉穀，捏冊飾報運腳，并以空白印封混給書吏，封發公文致被竊用作奸，尚憒憒不能覺察殊屬不職。該員係交卸本任平樂府通判委署懷集縣印務今已卸事未回本任，相應請旨將該通判杜士能革職以肅吏治。……」（註四四）經由本案的敘述使我們瞭解，懷集縣倉書盧裕榮，因奉署懷集縣杜士能命公差，令於省舖順買金戒箍三枚，羊皮統五件攜回。盧裕榮因自將金箍遺失，回至梧州府城盤費匱乏，任意將皮統當錢四千花用。回縣被杜士能鎖押，逼繳金箍皮統。雖後皮統已經贖繳，但金箍無力賠繳。歷經怒責二十板，並被責革回家。盧裕榮因而懷恨在心，遂擅寫匿名揭稟誣告杜士能，重戥徵銀浮收糧米，價買穀等款，並竊取印封直遞督撫二衙。如此倉書任意挪用長官代買之金箍皮統，變賣花用，且不自責悔過，反而匿名告官，足見乾隆朝書吏道德品行敗壞之極，甚至可能以此威脅上官。

(七)浙省米倉，上下書吏糾結侵欺，正署廳員分肥故縱。

乾隆三十六（西元一七七一）年十一月十一日，浙江布政使王亶望具奏摺（註四五），查出南米侵虧積弊。王亶望在摺內，有詳細報告。首先說明杭州省城設立南米倉，放給本城滿洲綠營兵糧情形：杭州省城設立南米倉，收貯杭州等府屬南米，放給本城滿洲綠營兵糧，歷係布政司管轄。從乾隆十九年（西元一七五四）起改由理事同知專管，處理收放杭州等府屬各縣解米交倉事宜。先將解數具報藩司備案。該同知收米之後，每月將收數塡冊報司查核。由於款項繁雜數目前後參差，最易混淆。王亶望於乾隆三十六年接任布政使，五月奏銷該同知收米冊，經查理事同知滿泰之報冊，發現三十三年以前各年收數內有與各縣報解之數不符者。王亶望即奏稱：「臣隨稟明撫臣富勒渾，督率杭州府知府李允升、衢州府知府噶爾弼善，將自十九年起三十六年文批冊檔，逐年搜檢徹底根查。茲查得十九年至二十七年、又三十四五六等年收數，俱屬相符並無虧短外；惟查二十八年至三十三年，該同知衙門已收之米，竟未入冊報者，約計米二萬六千餘石。查現經該同知於本年十月後，陸續報收各縣解米一萬七千餘石，尚有無著米九千一百餘石。」（註四六）王亶望隨即訊問，同知滿泰并經營之司書倉書等，但他們彼此推諉支吾。這無著米九千一百餘石顯有侵虧情形，即使後來陸續報收各縣解米一萬七千餘石部份，是否先吞後吐也應該追查，因此王亶望稟商浙江巡撫富勒渾，奏請將現任同知滿泰革職拏問并將經管南米之司書倉書逐名拏獲，嚴加隔別收禁并查封他們所有家產，委員提取廳州各年南米文卷挨年查對，務使通前徹後水落石出。閩浙總督鍾音浙撫富勒渾奉旨一并嚴審定擬具奏。直到乾隆三十六年三月二十六日奉到硃批的軍機處錄副奏摺，由閩浙總督鍾音浙撫富勒渾會同具奏摺（註四七）。浙省侵欺倉米一案緣由才清查明白，并將涉案人員審明定擬。首先於三十七年正月，查明上年十月陸續報收各縣解米一萬七千餘石部份（詳乾隆三十六年十一月十一日，浙江布政使王亶望具奏摺），內實有各縣找解零尾及補解到米八千六百餘石，其餘續之九千四十餘口，實係署同知張玉任內採買捏報之米。又將查出侵虧實情參奏，請將前屬同知張玉、嚴源革職咨提到案，歸案質審。并將另案問流山東之廳書費濬川咨提赴浙收審。三十七年三月據浙江按察使郝碩、會同布政使王亶望、糧儲道徐恕、杭嘉湖道張珽、寧紹台道孫含中，再轉據杭州府知府李允升、衢州府知府噶爾弼善、處州府知府張紹元審明該案係官吏侵虧那掩情由，律擬招解前來。閩浙總督鐘音暫駐杭州，便會同浙撫富勒渾奉旨提取官犯人等率同司道提犯研訊。其結果如後：「……祇緣乾隆二十五年（西元一七六〇），前任已故同知廣福到任後，將兵借役借扣價買補米石，改歸理事廳衙門領價採買，因而弊竇叢生。查廣福任內，奉發採買二十四年營借役借米二千三百八十九石，共領價銀四千九十餘兩。仍發錢𤥭、范景濤（二人分別是廳書、倉書）一同領買。錢𤥭等各將價銀挪用。延至三十一年仍未買補。奉催嚴迫并飭提解原價。錢𤥭等復商同廣福虛報買回報銷，又送司書吳靜嵒銀一百三十八兩，通計前後共揑報，採買米九千二百九十七石零，陸續將各縣解收南米漏塡月報抵作買回之米，掩蓋矇混。迨至八九月，廣福患病又於米價內索用銀七百兩，十月內病故。錢𤥭、范景濤因官已物故錢又花銷，恐被查出，遂商同將漏塡月報南米九千二百餘石，於交代冊內截出，止將實貯米石造冊移交署任張玉。復恐藩司書吏駁查敗露，錢𤥭、范景濤復托金有言（司書）轉送吳靜嵒錢一百二十千，金有言給吳靜嵒錢七十千，餘錢五十千自行侵用，吳靜嵒應允照應。錢𤥭等又送吳靜嵒交代使費二十四兩，轉送各散書分用以免搜求，此廣福任內領買米價，官吏分肥，虛報收倉無著之九千二百餘石之原委也。」（註四八）在理事同知病故後，委任寧波通判張玉接署，錢𤥭等造冊移交。張玉便照冊盤查無虧，遂沿向例詳明以放作收出結詳報。及後新任同知滿泰、滿泰出差解餉時由知府嚴源署期間，錢𤥭等虛報採買，而交待代冊前後參差塡報矇混情形，直到三十六年六月徹底清查事情才敗露，錢﹝王侖﹞等才設法趕買補還虛報之項。其實際侵虧情形如摺所稱：「三十一年十一月內，張玉奉文採買兵役借米及廣福任內未買兵借米，共九千四十石。共領銀一萬五千四百八十一兩零，張玉扣留銀一千兩，餘銀交錢﹝王侖﹞、范景濤、費濬川三人分領承買，此時因米價昂貴未能採買。三十二年，新任同知滿泰到任，張玉將現存倉項造冊交代，採買一項詳明自行辦理。嗣因張玉已回寧波，催買緊迫，錢﹝王侖﹞商同范景濤、費濬川先後三次虛報採買米七千石，並將銷冊托司書核妥，于七月內送張玉用印報司核銷。張玉復乘滿泰出差解餉，知府嚴源接署之際，將各解收南米漏塡月報七千石挪作買補之項，將月報交代各冊前後參差塡報矇混。迨張玉委解協餉回任，又向錢﹝王侖﹞等催交未買米二千餘石。錢﹝王侖﹞仍循故智虛報採買，又乘滿泰解餉回任時，將收倉未入月報南米漏塡二千餘石，抵作買回米石造冊送張玉用印報銷。並前後送司書吳靜嵒，每石銀二分共銀一百八十兩，以爲核冊之費俾免駁查。至三十六年六月以後，因廳倉月報漏塡各（縣）解米甚多，徹底清查。錢﹝王侖﹞等知事已敗露，將餘剩價銀并變產趕買，於十月內買足九千餘石，補還虛報之項。此張玉任內前後侵虧米價買補之情形。」（註四九）案經鍾音等抽絲剝繭，訊問張玉、嚴源、滿泰等先後正署同知及涉案書吏等，其實張玉、嚴源、滿泰都知道司書廳書上下串通，虛報採買彌補及領銀分肥等事。最後經鍾音等審明定擬，分別簡略引用奏摺內容敘述如下：除前同知廣福久經病故，毋庸議外。而有關張玉滿泰部份：「張玉通同廳書侵用米價，致令錢﹝王侖﹞等侵虧無忌。又聽從錢﹝王侖﹞等揑詳採買冒銷價腳，實係侵盜錢糧；其接受廣福交代不查明，匿報米石混行出結，以監守自盜論。二罪相等應從一科斷，張玉應照監守盜倉庫錢糧一千兩以上例擬斬。滿泰初雖不知錢掄等侵盜挪掩情事，迨因行查錢掄等據實告知，輒因到任時挪借銀兩，即係侵虧米價代爲隱瞞，復縱容彌補，應照監臨主守詐欺同監守之人，取所監守之物以監守自盜論，監守盜倉庫錢糧一千兩以上例擬斬；但身爲廳員與書吏通同侵蝕帑項，以致書吏上下勾聯侵虧至盈千累萬，非尋常侵盜可比。張玉滿泰應旨即行正法以昭炯戒。」（註五〇）有關以知府暫署同知之嚴源部分：「嚴源雖實無染指情事；但身爲知府大員現兼攝同知印務，乃於奉文行查，揑報採買米石並不據實查明揭報；反聽書辦移查了事，匿不舉發，實屬知情放縱。應比照受財故縱與同罪至死者絞律擬絞監候秋後處決。」（註五一）倉書書辦（皆書吏）錢掄、范景濤及廳書費濬川侵盜錢糧罪惡重大，定擬部分：「錢掄、范景濤於廣福張玉任內，侵虧米價至數萬兩。費濬川雖止於張玉任內分領米價侵用，但錢掄、范景濤、費濬川夥同侵盜錢糧且又商同挪借南米揑報採買種種骫法舞弊厥罪，惟均應照監守盜倉庫錢糧一千兩以上例擬斬，書吏串通舞弊贓逾數萬，情罪較重應請即行正法。」（註五二）至於司書吳靜嵒與廳書勾聯婪贓，至五百五十兩通同舞弊，經鐘音等審明定擬應照枉法贓一百二十兩擬絞，係風憲衙門書吏應請即行正法。至於代爲說合侵用銀五十兩之司書除金有言已經監斃毋庸議外，廳書孟武功等十名，因每年受飯食銀五兩；但同在倉辦事既係知情並不覺舉，仗一百流三千里至配所折責四十板。至於值年司書及謄寫磨對司書，亦分別定擬仗徒各罪。其廣福任內將收倉南米截抵之九千二百九十七石，原領價銀一萬五千八百五十一兩，應著落歷任失察之撫藩與富勒渾各名下計日分賠報撥充餉。涉及該案之官吏查封家產，變價入官。得過贓銀之司書廳書亦應照追入官。這是浙江省侵欺倉米一的定擬經過情形，並於乾隆三十七年三月二十六日奉硃批「三法司核擬奏」（註五三）。從這個浙江省倉收南米、上下書吏糾結侵欺、正署廳員分肥故縱一案，由浙江省布政使王亶望查出廳倉尙有無著米。遂由閩浙總督鐘音暫駐杭州，便會同浙撫富勒渾徹底查出浙江省倉之弊竇叢生。使我們瞭解乾隆朝地方官吏及廳倉書吏司員等勾結貪婪舞弊，虛報採買米石，領取銀兩彼此分肥，甚至知府大員亦不敢查庫，反聽書辦移查了事，匿不舉發，實屬知情故縱。

(八)書吏詐贓逼命一案。

乾隆四十五（西元一七八〇）年五月十四日，湖北省安陸縣斜雞嶺窯岔柳樹自縊，地主鄧遂冀另報驗，在夜間將屍移置嶺東蔣聯奎地界。經署縣驗屍，有移動形跡未明，飭將蔣聯奎（輝）等帶縣覆審。該縣刑書等嚇稱，移屍罪重非錢不免，因而向蔣聯奎詐財。以致蔣聯奎被嚇情急取剃刀自抹隕命。署縣秦澐卻以該縣刑書揑爲久革糧書以逃避處分。此案詳情見於乾隆四十五年十一月十九日，湖北巡撫鄭大進具奏，特參書吏詐贓逼命，揑詳革役冀逃處分之署縣以肅吏治事摺。（註五四）茲將書吏詐贓逼命部分簡略敘述如後：「……該署縣秦澐於十七日赴驗屍，係生前自縊因有移動形跡未明，飭將蔣聯輝等帶縣覆審。該縣刑書張翹楚見鄉愚易欺，乘隙與招書金光顯相商，詐贓分用。隨邀蔣聯輝等落寓伊家，張翹楚嚇稱移屍罪重非錢不免。蔣聯輝等遂邀伊伯蔣佐龍至寓，張翹楚令出一百四十千文。蔣佐龍徐許給一百二十千，張翹楚欲先四十千。蔣佐龍借錢十四千交張翹楚收受，餘約稍緩不允。蔣聯奎又向張超南借錢五千交湊給，張翹楚嫌未足數嗔斥不收。維時蔣聯輝在門外剃頭，張翹楚即向招稱，伊係首名剃頭後好坐牢受罪。蔣聯輝被嚇情急，即乘間取剃刀自抹咽喉隕命。」（註五五）而署縣秦澐經驗訊知刑書張翹楚索錢斃命後，因畏擔處分便將張翹楚捏報爲久革糧書，並敘供上報。該案經湖北巡撫鄭大進認爲該案革書何能向蔣聯輝等索詐致令畏迫自殺，遂令委永慶等確審究出實情。鄭大進具奏：「……除本案飭令按擬解勘核題外，……相應請旨將署安陸縣知縣荊門州州同秦澐革職，以爲詐欺不職者戒。」（註五六）一名刑書欺騙鄉愚詐錢，以致無辜百姓自戕身亡。可見乾隆書吏目無法紀之嚴重性。而署知縣將現任刑書卻捏報爲久經革職之糧書，以免處分，亦見地方吏治之腐敗。

(九)司員漏書丁憂，馬聯臻匿喪吏部投供。

清代有一項候選、候補官員到吏部投供驗到的制度，所謂吏部投供驗到：「清制，凡赴部候選、候補官員，均須取具本旗都統、本籍或原住省分督撫咨文。漢京官郎中以下，外官道以下還需取具同鄉六品以上京官印結，到部投供驗到。到部之員，均令書寫履歷單呈交查校，謂之投供。……候選、候補官員到京後，即赴吏部報到，并呈交咨文、印結和履歷單，吏治主管官員驗其文結、年貌等，稱爲驗到。」（註五七）本案發生於乾隆四十五年（西元一七八〇）三月十四日，有大學士管理吏部事務臣程景伊等，具摺參奏馬聯臻匿喪吏部投供摺（註五八）。各省因差委需人奏請揀發，按吏部例於在吏部投供之候選、候補人員內揀選；但規定各官如有丁憂事故即不應在部投供，或投供後適遇丁憂事故應即隨時報明回籍守制，不得仍行守部候選。由於乾隆四十年（西元一七七五）九月，廣西拔貢之馬聯臻由福建海澄縣知縣，因於遵川運軍糧，例得捐陞同知，單月即用，同時離任候陞。馬聯臻卻延宕到四十四年（西元一七七九）十月赴部投供，吏部預定於四十五年三月揀選湖南同知帶領引見準備發往。但吏部檢查檔案卻發他匿喪，因此上摺參奏。茲簡略節錄奏摺於後：「今檢查冊檔，該員先於四十三年六月丁憂，據原籍廣西巡撫咨報到部。彼時該員並未在部投供，承辦司員惟於知縣冊內註明丁憂日期，其捐納同知冊內遺漏丁憂字樣。迨該員於四十四年十月到部投供，因捐冊內並無丁憂字樣以致揀選時一併列單揀發。今既查出理合檢舉等情。」（註五九）因馬聯臻顯然匿喪吏部投供，故吏部根據匿喪例擬革職處分。吏部的所擬處分內容如後：「今馬聯臻既係丁憂未經服滿之員，且時逾一年之久，竟不呈明復行在部投供候選、殊屬矇混。查該員揀發湖南尚未補缺，相應參奏請旨，將揀發湖南試用同知馬聯臻照例革職。」（註六〇）至於吏部司員從前未經將馬聯臻丁憂登入捐納冊內，雖自行查出檢舉其疏漏之責亦一并請交都察院查議。該吏部呈上後，於乾隆四十五年四月初一日奉到諭旨，明白指出馬聯臻顯然得知捐納冊內遺漏丁憂字樣，有勾通作弊情事。詳細諭旨如後：「乾隆四十五年四年初一日奉旨此案吏部司員疏漏之咎，自應照例交都察院議處。至馬聯臻於四十年內捐陞同知離任，何以不敢在部投供，直至上年十月內始行到部，必係得知吏部捐納同知冊內遺漏丁憂字樣，故敢矇混投供，顯有勾通作弊情事。馬聯臻著革職，仍即行交湖南巡撫將該員迅速派員解交。刑部同吏部承辦此案司員書吏一併嚴行訊究，務得實情，毋致稍有遁飾欽此。」（註六一）經此案的探討，丁憂知縣捐納候選同知，即敢矇混投供。實因得知吏部捐納同知冊內遺漏丁憂字樣，可知承辦司員書吏與候選同知勾通作弊情事。

(十)革書曹永康恐嚇索詐並逼娶新孀婦為妾。

浙江省嘉善縣監生曹永康先充嘉善縣禮科書吏，因爲於乾隆四十一年間與革生周培五爭訟，經擬杖遭革。該革書曹永康遂開店放債盤剝貧民爲業。雇用夥計王大榮經理其事，並改名曹永年捐納監生。因他曾充嘉善縣禮科書吏，仍假借衙門名色探知民間訟案，便設法索詐其兇惡聲勢人皆不敢張揚。經閩浙總督兼浙江巡撫陳輝祖訪問飭拏，於乾隆四十六年三月內獲解到省，委溫州知府鄭澐等會審。經審究出曹永康之罪狀，根據陳輝祖乾隆四十六年七月十四日奉旨的奏摺（註六二），簡單縷述於後：

1. 曹永康塡佔官河，築砌屋墈，強買陳禮耕房屋建造書廳。
2. 曹永康勒令黃星遠賣給田六畝爲父墳風水。
3. 乾隆四十年（西元一七七五）鄰人周雲瑞病故，遺妻張氏少艾曹永康貪氏姿色，欲娶爲妾，令沈玉田向氏姑蔣氏媒合不允。曹永康淫惡無忌，脅令氏母錢氏主嫁，夫喪僅逾兩月即已逼娶成婚。氏姑蔣氏未收財禮不敢控訴。
4. 沈振林之母錢氏守節題准旌表，因擇地未及建坊，被母舅錢庭於乾隆四十五年二月內控縣。曹永康即借端圖詐，向沈振林危辭恐嚇，指爲具領庫項不即建坊，係侵盜錢糧必問重罪，令出銀料理。沈振林畏懼，交給曹永康錢一百六十千。曹永康分給經承張大申錢二千四百文、差役吳吉錢一千四百零，只令其探聽訟案信息，餘錢全數入己。嗣本案兩造和息完結，曹永康並未代爲料理。

5.四十六年正月十五日，有郁邦籓控告浦容載主使阻葬，曹永康又圖索詐，令王大榮向浦容載用言語恐嚇，浦容載被其愚弄出錢一百四十千。曹永康分給王大榮一十二千，又給經承陳日昇、原差吳吉錢三四千不等，亦令探聽訟案信息，餘皆入己。其本案經縣審明原與浦容載無干，係陳詳等阻葬，究懲完結。曹永康實係藉端詐取。

6.捐職州同倪光遠即倪景煸，被其叔倪應粟控爭祖遺義田。倪光遠自托曹永康料理，曹永康誆稱須七折銀六百兩，倪光遠口許未給。曹永康輒將其花舡一隻撐去，倪光遠以花舡價值二百兩，心懷不甘假托曹永康買米扣回舡價銀八十兩，其不敷銀數仍屢向催討。其義田本案經縣審明，斷令族中公正之人，分別正副經理通詳歸結。曹永康原無照應，因此兩人挾嫌未釋。因革書曹永康恐嚇索詐，並逼娶新孀婦爲妾等諸弊端一案，牽涉人犯衆多。該署嘉興府楊仁譽遂各訪款內應質之沈振林、浦容載、陳禮耕、黃星遠等，提到會同委員研訊對簿確鑿，並一面將行提倪光遠。倪光遠得知上述曹永康犯事拏究，於四月四日約同生員、武生、家人等進城看城隍廟神會，經過曹永康家門，欲將原舡撐回但尋無獲，遂起夥同看會之家人工人拆毀曹永康住房洩恨。曹永康住房一所遭拆毀並未傷人取財，不意卻由灶房引起大火，燒燬各房間并積存花米等項。該縣劉臻勘報，經該署府查拏倪光遠等到案。

該署嘉興府楊仁譽會同溫州府鄭澐、衢州府王士澣再加研鞫。曹永康荊刑堅供，實係私自藉端訛詐並無交通官吏別情，其分給書差錢數千文，不過令其抄錄詞批、通傳互訟情由。遂使曹永康借此影射文飾誆詐。並揭報嘉善縣劉臻延宕辦理曹永康生事不法之拘訊，而任倪光遠等拆屋之後潛匿圖脫等，顯有廢弛溺職，經閩浙總督兼管浙江巡撫陳輝祖恭摺參奏請旨將劉臻革職。至於本案定擬經過情形詳見陳輝祖乾隆四十六年七月十四日奉旨的奏摺內所奏：「……一面行提犯證人等，督同布政使國棟、按察使李封、杭嘉湖道盛住，詳細鞫問，各犯證所供情節悉與委員等解司審招相符。查曹永康嚇詐沈振林浦容載兩案錢文，計贓均在一百二十兩以上。該犯原係革書，應照衙門蠹役科斷，曹永康合依衙門蠹役恐嚇索詐至一百二十兩者，照枉法贓擬絞例擬絞監候。但該犯各案惡跡累累，且逼娶新孀婦人為妾，又屬淫棍情罪較重。應請旨即行正法以昭炯戒。監追銷王大榮聽從曹永康嚇詐浦容載錢文，合依為從減一等律，減曹永康絞罪上減一等，杖一百流三千里，至配所折責安置。倪光遠懷挾私嫌，起意拆毀曹永康房屋以致失火，雖未取財亦未傷人。若依敗損房屋，坐罪擬徒，未足示懲，合照挾仇放火尚未延燒，為首之犯枷號兩個月發近邊充軍例，發近邊充軍。」（註六三）其他幫同拆毀曹永康房屋者，亦按例分別定擬。其他受錢書吏定擬如後：「縣書張大申受錢二千四百文、陳日昇受錢四千八百文，差役吳吉兩案共受錢四千四百四十文共，均係曹永康分給並非枉法，合依不枉法贓，通算折半科罪一兩至一十兩杖七十律，係書役不減各杖七十，……」（註四四）至於周張氏居喪改嫁事，定擬如下：「沈玉田聽從曹永康，指使媒合服婦改嫁為妾，合依媒人減主婚罪一等律，杖七十仍酌加枷號一個月。……周張氏居喪改嫁事，由伊母錢氏主婚。錢氏女流被曹永康脅逼聽從，請均免議。」（註六五）該陳輝祖定擬具奏摺於「乾隆四十六年七月十四日奉硃批三法司核擬速奏」（註六六）並於同月十六日到刑部。經三法司（註六七）遵旨核擬具奏，大部分均照閩浙總督所奏外，有關周張氏居喪改嫁事另擬如後：「……查周張氏居喪改嫁事，由伊母錢氏被脅主婚，伊姑不允改嫁，未收財禮，應將周張氏交伊姑蔣氏領回。餘均應如該督所奏完結。」（註六八）本奏於同年同月二十日奉旨：「曹永康著即處絞餘依議欽此。」（註六九）本案到此告一段落。從本案的探討，使我們知道已經革職的浙江省禮書曹永康，非但能改名捐納監生，況且因曾充縣書仍假借衙門名色，探知民間訟案設法恐嚇索取費用以圖肥己，並仗勢欺壓愚民及逼娶新孀爲妾，惡跡累累。足見地方書吏爲非作歹欺壓百姓之頻繁。

(十一)書吏忤作隱匿傷痕，避重就輕而同官相護。

乾隆四十六年七月二十五日，左副都御史哈福納，爲敬陳管見摺（註七〇）內，所奏本城書吏衙役犯命案，應請調別城指揮相驗由。並透露一樁書吏仵作隱匿傷痕，避重就輕而同官相護案。該摺內節略指出：「命案擬罪應全以驗傷爲憑，而以本地方官吏仵作，即驗辦本地方衙役所犯之命案，難免袒庇情弊。」（註七一）並將刑部當時主稿審擬一件命案爲例，說明如後：「今刑部主稿，審擬西城吏目衙門革役吳四，毆傷韓大身死一案。內究出吳四，及伊父現充吏目衙門捕役吳成美等，囑托本城正指揮沈超帶往驗屍之書吏趙文煥，仵作陳璉等，隱匿傷痕避重就輕，分別從重治罪。」（註七二）經由本案發生及探究，因此哈福納請旨：「奴才請嗣後除尋常軍民命案，仍照例令本地方官驗辦外，如遇有本城書吏衙役所犯之命案，即概令本城官員迴避。該巡城御史作速咨，調別城正指揮帶領本管書吏仵作等，前往相驗辦理。則該犯既無同事熟識之人，必難於囑托，而委驗官員亦不肯有所袒護。

類推之，……如此庶免袒庇之弊，而罪名不致有所出入矣。」（註七三）同摺於同日奉旨「依議」。書吏仵作隱匿傷痕，避重就輕而同官相護，是為事實。足見書吏在衙門內，顯有袒庇情弊，循私納賄之處。

(十二)審訊署縣主使書吏，索賄借端凌辱。

乾隆四十八年（西元一七八三）五月初三日，盛京將軍永瑋奉天府府尹伯興奇具奏，請旨將署鐵嶺縣令張凱元解任質訊等由摺。（註七四）摺內稱，乾隆四十八年三月十四日，據原任參革工部主事戴文聲呈：「為主使索賄，借端凌辱等事。去年職捐員外郎，行文到縣。有書吏吳朝玉、曹國相至家，屢次索賄，未敢應允。今年二月，張知縣乘職不在家，差捕役拏人。職赴縣署衙門唱戲，縣令坐堂令職下跪。因問慶典賞銜並無來文。又言三十五年革職原委，將家人美德重責放出，明係需索不遂，有心作踐，為此叩恩等情。」（註七五）為此永瑋咨會伯興奇，並飭委治中張鳳鳴通判德興作速提審。據委員審訊結果稱：「審訊縣書吳朝玉、曹國相等僉供，上年十一月，戴文聲捐職部文經府尹衙門行知到縣。例應該員親具供結。屢曾查傳催取，並沒與戴文聲見面，無從索賄，且係前縣三本官任內之事。至張署縣到任後，因限期已迫，又屢次差傳。二月二十日，戴文聲親身到縣。是日署前敬科神唱戲，張本官出堂，詢問戴文聲緣事革職擬徒原案。並乾隆三十六年，恭祝慶典賞給原銜，未奉吏部行知，此次憑何報捐？甫行查詢，戴文聲即行出署。因令將伊家人美德喚回問話，而美德亦隨主人而去。張本官以美德放肆，責處十板，並無別故。」（註七六）而審訊戴文聲，則供稱：「吳朝玉等到家，實係前縣任之事，並沒說明索賄數目。張署縣到任，伊等原沒去過。呈內所稱主使索賄借端凌辱等事，因被張署縣責打家人，是以上控等語。」委員將審訊結果報告永瑋等。永瑋等也親自面訊，兩方供詞無異。永瑋等認爲此案事關控告官吏，未便率結，相應具奏請旨將奉天經歷原署鐵嶺縣令張凱元解任、戴文聲革去員外郎職銜，同案內有名被證，解交盛京刑部審訊明確再行定擬。有關戴文聲捐職之案，也由伯興等行文，請吏部查明。該摺於同月十二日，奉硃批「知道了。」（註七七）同月二十四日，盛京刑部，准盛京將軍奉天府府尹等，奏送該案交盛京刑部審訊定擬一案奉旨欽遵知照。盛京刑部寺郎榮柱，隨即提集一干犯證當堂質訊。張凱元及戴文聲，此時的供詞與在奉天將軍處供詞，除曹國相曾向友人戲言應給喜錢外，大同小異，不再贅述。榮柱以官吏索賄凌辱，例禁甚嚴，曹國相既有應給喜錢之語，保無乘機指撞情事。復將吳朝玉、曹國相逐加嚴鞫，均無指撞情事，戴文聲還供稱，自幼即在戴文聲家讀書，現在尙佃種伊家地畝，時相往來。再據戴文聲供稱，具控的原因，是因被張署縣對衆查問，責打家人。情實不甘，是以即借曹國相與友人相戲之言，誣其主使索賄不遂，借端凌辱具控。榮柱反覆究詰，認爲已無無遁飾。榮柱於乾隆四十八年六月十一日（據清文載），具奏清漢和璧摺一件。（註七八）除將審訊經過情形奏聞外按例定擬如後：「……戴文聲應照軍民人等，將曖昧不明姦贓事情，污人名節報復私讎者，發附近充軍例，擬發附近充軍。家人美德倚勢無禮、書吏曹國相戲言肇釁，均照不應重律杖八十，折責發落。署縣張凱元，既無索賄不遂借端凌辱情事，應飭回任。……戴文聲加捐員外郎職銜執照追出，咨送戶部查銷。……伏祈皇上飭部議奏。」（註七九）同月二十二日「漢文」奉清字硃批「該部議奏。」從本案的內容裏，瞭解到由於地方書吏的一句戲言，卻肇釁一椿，誣陷官員主使索賄，借端凌辱的案件。書吏遭到杖八十、折責的結果。書吏的一舉一動，是多麼受到地方士紳的重視。

㈢書辦藉查山界，婪索錢文。

乾隆五十四年（西元一七八九）九月初七日，兩江總督書麟、江西巡撫何裕城同奏，定擬永豐縣書吏羅運太等索詐一案摺。（註八〇）依據書麟、何裕城奉旨提齊犯證逐加親訊。據犯供稱，該案起源於乾隆五十二年（一七八七）一月，江西省建昌府南城縣縣丞黃衍，委署該省吉安府永豐縣事。黃衍到任後，清查舊案，民間有很多因遠年無契墳山，界址不清而互相爭奪纏訟不休。因此黃衍，諭令各業戶將所管山場呈報，作爲勘明劃定界址，造冊存案，進而防堵訟端。因而派令書吏（書辦）羅運太、苗祥瑞、徐允定三人經理這件事。想不到羅運太起意勒索，向黃衍矇稟：「以業戶呈報到縣，勘丈尚須時日，應先給印票執據以免明勘冒混。」（註八一）黃衍因羅運太所稟，尚屬近理，當即應允。羅運太即商同苗祥、徐永定等，藉以向發給印票並將來造冊爲詞，向業戶索取紙筆之費。嗣有業戶熊星敘等赴縣呈報：「……熊星敘等，各給錢二三百文至一千餘文不等，共計發過票五百四十八張，內三百八十戶，共得錢二百四十四千二百文。其餘一百六十八戶，或不肯出錢，或允俟勘丈時補送尚未得錢。黃衍管門長隨楊明，風聞羅運太等有需索錢文之事，亦欲分肥，卻稱欲行回官。羅運太等畏懼，送給錢四十千文。楊明分給管理簽押之長隨陶義錢八千文，餘俱入己，遂代爲隱瞞。羅運太、苗祥瑞、徐允定各分得錢六十八千文。」（註八二）送錢業戶中有熊星敘等八人，因聞別戶領票亦有不出錢者，向羅運太索錢不遂，曾向舉人鐘琴告之。同年十月內，鐘琴與監生聶緒，職員劉台泰，各包攬花戶糧米，赴倉代完，漕書劉廷楫不允，因而懷恨。並有職員丁廷尉運米赴倉完糧，因米色不純，被劉廷楫等，勒令風篩潔淨以致折耗，亦懷怨忿。鐘琴即起意上控，遂以漕書勒折並砌入浮收錢糧及羅運太等藉查山界婪索錢文各款，向熊星敘等取得印票八張爲憑，并將蕭林蒼礱坊內賣米賬簿一本，作爲折漕憑據。先赴吉安府控准提訊。旋又赴藩司衙門具控亦批府查究行提到縣。羅運太因給票得錢屬實情虛畏審，央求貢生黃宗器等，向鐘琴懇求。鐘琴復欲趁機，嚇詐羅運太錢文。經議定送給鐘琴七五錢一百千文，言明俟鐘琴具詞求息後付給。乾隆五十四年正月初二日，鐘琴在府投遞息訟，即將銀兩取去。後因鐘琴復欲建許眞人廟宇與聶緒、劉台泰、丁廷尉共同商議勸捐。劉台泰已向王如松等九戶，勸捐錢十二千文。餘人正在勸捐，即爲署縣黃衍訪問查拏。鐘琴所遞息訟之詞，亦經吉安知府徐湘批飭不准並行文催提解審。鐘琴自知私建廟宇有違定例且得受羅運太等銀兩難以赴審，隨將銀兩帶赴總督書麟衙門呈首。書麟、何裕城已先據委員訊明羅運太等，勒索錢文屬實并究出鐘琴所繳贓銀，實係先吞後吐，錄供稟報參奏革審在案。旋接准部咨奉旨，「這所參永豐縣知縣縣丞黃衍著革職，鐘琴亦著革去舉人，交該督等提同案內人證一併嚴審定擬具奏。」（註八三）並委據江西臬司額勒春、署藩司陳蘭森追出給發印票根據，並搜獲羅運太等所立收錢賬簿，究明得贓確數，按擬招解。有關參令黃衍是否有授意勒索分肥情事，雖經刑嚇黃衍堅不承認。羅運太也承認黃衍並無染指。鐘琴所告漕書劉廷楫勒折並砌入浮收錢糧一事鐘琴亦自承挾忿妄告，實不能指出確據。書鱗、何裕城等會同按例，將各犯定擬如後：「羅運太等，因本官欲清查山界，即乘機矇稟給票，藉以需索擾累貧民，殊屬不法。該犯等各得錢六十八千文，若僅依因公科斂，計贓仗一百流三千里。無祿人減一等，係書役仍加一等罪，立杖一百流二千里不足蔽辜。羅運太、苗祥瑞、徐允定應均照蠹役詐贓十兩以上，例發近邊充軍。羅運太係起意矇稟，請給票商同詐贓之犯情節更重，應從重發伊犁等處，給兵丁爲奴。長隨陶義分得錢八千文，應照蠹役詐贓六兩至十兩，例杖一百徒三年刺字。鐘琴除誣告浮收漕米錢糧，業已一事得實，並私建廟宇未成輕罪不議外，其索詐羅運太等銀，七十餘兩業已入己。後因斂錢建廟，被縣查拏始行抱贓出首希圖挾制，情殊狡詐。應照恐嚇取財，准竊盜贓七十兩，杖八十徒二年加一等律，仗九十徒二年半。聶緒、劉台泰、丁廷尉，雖尚未分得贓銀，但先因挾忿商同控告，後鐘琴得贓賄和，亦向該犯等告知，均應以爲從論，減鐘琴罪一等，各仗八十徒二年。該犯等所捐職銜監生，現在追照咨部斥革。黃衍訊無知情染指情事，其失察書役家人婪贓業已革職，應毋庸議。……羅運太等所得各業戶錢文追出與鐘琴呈首贓銀一併入官。……伏祈皇上睿鑒敕部議覆施行。謹奏。乾隆五十四年九月二十二日，奉硃批該部議奏欽此。」（註八四）永豐縣書吏羅運太等，藉署縣欲清查山界，矇稟先發印票，得以向業戶訛詐錢文，此乃書吏之勒索地方平民一貫技倆。除該書吏等，照例均照蠹役詐贓十兩以上，例發近邊充軍。羅運太係起意矇稟署縣請給印票商同詐贓之犯，情節更重，應從重發伊犁等處，給兵丁爲奴。這個弊案是地方書吏弊害的典型例子。

㈣⑴**高郵州糧書偽造印串盜收錢糧一案。**

乾隆五十五年四月（丁巳）七日，清高宗上諭：「本日據綿恩奏，令番役將陳倚道投遞揭帖之家人張貴，并幫同送書之江西舉人王曉。據王曉供稱，陳倚道曾向伊從學。上年王曉會試後回家，道經時堡司衙門，陳倚道留住過年。告知該州書吏假印重徵，稟過府州通詳巡撫未見審辦。……陳倚道揭報該州假印舞弊情節，既有描摹串票可據，自非無因。」（註八五）清高宗既省釋王曉及家人張貴。並隨諭兩江總督書麟查奏有關該州假印舞弊情節。清高宗接到書麟奏報後，至四月（癸亥）十三日，頒諭：「前據奏稱，陳倚道於上年冬，兩次將查獲假印票稟報該州吳瑍，竟置不辦。直至本年經陳倚道通詳，始捏稱訪獲稟報，請將吳瑍革職嚴審等語。該州假印給串之事，知州吳瑍不能察出嚴審，及巡檢陳倚道訪獲稟報，意欲袒庇書吏，沉擱不辦至數月之久。又該巡檢通詳知事難掩覆，始捏作訪聞具稟，實非尋常徇玩可比。吳瑍著革職交與慶桂（兵部尚書）等會同該督秉公嚴審定擬具奏。」（註八六）同日，因陳倚道已究出糧書夏琯，用假印給串抵還私債，令王如山描摹印篆各情節。與書麟奏報已據該犯等，供認不諱。清高宗因此下諭痛責江蘇巡撫藩司兩員互相推諉，知府劉炳有袒護屬員情弊：「閔鶚元（江蘇巡撫）職任封圻，康基田（江寧藩司）專司錢穀，於此等雕描假印冒徵錢糧之案，一經發覺即應究辦據實參奏。乃該撫於陳倚道詳稟時，僅批飭兩司嚴查。而康基田於本任應辦之事復移交臬司並不自行查辦。撫藩等互相推諉，延至三月之久，實屬大奇，恐竟有徇縱劣員，通同欺蔽之事。現已明降諭旨將吳瑍革職，著傳諭慶桂、王昶（刑部右侍郎）會同書麟，嚴審確情務須水落石出。並將閔鶚元、康基田如何徇隱之處一併查明據實具奏，毋得稍有迴護，致干咎戾。至知府劉炳，接據陳倚道詳報，不即批發。及該撫批飭審辦，稽延一月有餘並未審詳，亦必有袒護屬員情弊，並著慶桂等，一併歸案辦理。」（註八七）根據同年四月（丙寅）初六日，清高宗接獲江蘇巡撫閔鶚元覆奏，稱此案先據巡檢陳倚道稟報，即經批行江寧藩司、會同臬司嚴查速辦，仍候督院批示。嗣於二月十二日，經過揚州該府劉炳、知州吳瑍稟稱，假印僞票一案，現在拏獲糧書夏琯究出實情等語。清高宗爲此嚴責閔鶚元，隨諭：「……乃閔鶚元始終袒庇吳瑍，曲爲開脫。以此案係該州稟出，實屬有心取巧。又復稱此案仍候督院批示，試思此等案件應督辦者乎？應撫辦者乎？吳瑍曾稟總督乎？抑先稟伊巡撫乎？乃伊意欲諉過督。……閔鶚元著即解任交與慶桂等，一併歸案質審。所有江蘇巡撫員缺著福崧調補。……」（註八八）清高宗並嚴厲要求書麟不得迴護，而慶桂、王昶必須秉公鞫訊逐一研究，務得實情迅速先行具奏。同月（庚午）二十日，高宗諭：「據書麟奏，查高郵州假印串票一案，一味瞻徇支飾，爲閔鶚元等巧詞開脫。……書麟著先革去翎頂暫留總督之任，以觀後效。……康基田亦先著革去頂戴暫留藩司之任，且俟定案後再降諭旨。看來此案甚有關係，非慶桂、王昶所能審辦者，且恐伊二人不能堅定，漫無主見，必至附和書麟所奏，代人受過。慶桂等竟無庸在彼辦理，即著將閔鶚元、劉炳、吳瑍，傳旨革職拏問。同案內犯證一切卷宗，迅速押帶解赴熱河行在審辦。途間務須小心防範。若閔鶚元等，或有畏罪自戕之事，必將慶桂、王昶按律抵罪。巡檢陳倚道，有應行質證之處，亦著帶同前來。並著慶桂等諭知該員，此案係伊揭出本屬無罪之人，現在帶往質證。一經得實必邀聖恩獎擢，不必稍存疑懼。如此明白告知，不可加以恐嚇。……」（註八九）五月（己亥）十九日，清高宗對於審辦高郵州僞串冒徵一案中，江蘇按察使王士棻有與撫藩通同徇隱，及延擱不辦之罪。因此下諭：「……現在閔鶚元等，業經解到交軍機大臣會同行在法司嚴審定擬後，仍發往京城，著大學士九卿詳酌定擬。……王士棻亦著革職，交與書麟、福崧嚴審，有無迎合袒庇實情定擬具奏。所有江蘇按察使員缺著陳奉茲調補。」（註九〇）該案經軍機大臣會同行在法司嚴審定擬後，再經由大學士九卿詳酌定擬。至乾隆五十五年六月（乙卯）十八日，實錄記載：「大學士公阿桂等奏審訊高郵州書吏假印冒徵，及有意彌縫之各該管撫藩司等，定擬一案。得旨閔鶚元著從寬改爲應斬監候秋後處決。吳塽，依擬應絞，著監候秋後處決。康基田，著從寬發往軍臺效力贖罪。其起意爲首，假印誆騙之林之佩、夏琯，係書吏舞弊，著即依據處斬。」（註九一）又據《清史稿校註》記載：「以高郵糧胥僞造印串，……遞基田頂戴。復以陳奏不實，革職逮問，遣戍伊犁」（註九二）在高郵州書吏假印冒徵一案尚未結案前，五月二十四日，卻發生了江蘇省句容縣糧書侵那案。足見兩江總督轄區內，書吏侵貪之嚴重狀況。

㈣(2)**江蘇句容縣侵虧錢兩案**。

福崧調補江蘇巡撫不久，於乾隆五十五年五月（甲辰）二十四日，高宗諭旨裡又發現江蘇省句容縣，糧書侵挪花戶完納錢糧一案，前任巡撫閔鶚元又不親提嚴審。清高宗爲此特諭，閔鶚元不能再爲寬貸，應問以重辟。其諭曰：「福崧奏：前任巡撫閔鶚元任內，有句容縣知縣王光陛，詳稱該縣糧書江嵩年等，將花戶完納錢糧，拆封侵那一案。閔鶚元批飭江寧府提犯審訊，難保無瞻顧輕縱。現已飭委臬司王士棻，馳赴該縣吊覈糧串犯證，親加嚴鞫等語。……朕之於閔鶚元，特加寬宥者，原因其平日尚知愛民勤事，不忍置之重典。乃今句容縣糧書擅自拆封侵那舞弊一事，又並不親提嚴審，僅以批飭兩司及江寧府查辦了事。試思句容即係江寧所屬，該府自顧失查屬員處分，必致代爲掩蓋彌縫，力圖開脫。豈肯認眞查訊究出實情。……今高郵、句容二案，假串侵那俱係有累百姓之事，閔鶚元竟敢玩視民瘼，徇情骫法，封疆大吏皆如此居心行事，紛紛效尤。民生國計尚可問乎？是閔鶚元不能再爲寬貸。著交大學士九卿於定擬時，即當問以重辟，用以示懲儆。……署句容縣知縣王光陛即著革職，交與福崧提同案內犯證秉公嚴審，定擬具奏。」（註九三）到了五月（戊申）二十八日，因福崧奏報句容縣糧書侵用錢糧一案，派委司道嚴查，續行查出句容縣歷年侵欺銀，三千七百兩，漕米八百餘石。現在親往查辦等語。清高宗對於督撫漫無覺查，任聽地方諸事廢弛，因此於該日降諭嚴懲書麟、吳汾、閔鶚元。諭：「著傳諭福崧，即傳旨將書麟革職拏問，解交刑部治罪。所有兩江總督事務，著福崧暫行兼署，候朕另行簡放。至前任句容縣吳汾，亦著革職拏問，歸案審辦。閔鶚元因何將該員調委他處，或明知該縣官吏有此通同舞弊之事，故令王光陛前往署理，希圖代彌補隱益，亦未可定，亦著該撫一體嚴查據實覆奏。」（註九四）句容縣書吏侵欺漕米，竟達八百餘石，而該縣每年額漕才一萬一千餘石，書吏侵欺幾佔十分之一。因此清高宗非常關心漕艘受兌，運弁是否受賄？如糧艘收兌時無短絀，其弊必係該縣官吏通同浮收，要漕糧相關官員徹底清查。乾隆五十五年六月（庚戌）初一日又諭：「句容縣書吏侵用錢糧漕米。……令管幹珍、長麟、和琳等，查詢押運員弁外。董世明身任糧道，漕運是其專責，若與該縣連爲一氣，任其侵那短缺，或從中染指分肥，即當嚴參審辦。……董世明現署江寧藩篆，著福崧就近面詢，令其將指出情節逐一據實供出，毋任稍有掩飾，若一經實，即應嚴參治罪。並著親提王光陛、吳汾及該縣書役等詰以此項漕米，係歷年遞積抑係一年內之內侵用，及如何通同侵欺作弊，並交兌時與旗丁等如何說通短少，逐層根究務使一一供明，以成信讞。福崧受朕厚恩，當將江蘇歷年積弊，徹底澄清。實心報效毋負朕節次嘉予諄諄勉勵至意。」（註九五）正因爲兩江總督統轄三省，並兼理河工政務繁忙，而江蘇省兩三月內，高郵句容兩案相繼發生，清高宗於六月三日，特諭兩江總督由孫士毅調補。同日降旨解釋道：「諭軍機大臣等，兩江總督統轄三省，兼理河工，政務殷繁，最爲緊要。況江蘇一省，經書麟、閔鶚元等，因循玩誤姑息養奸，以致屬員等，無所顧忌，百弊叢生。兩三月內，即有高郵句容兩案發覺。該省爲財賦重地，錢糧繁重，官吏最易滋弊。想似此假串侵那之事正復不少，亟資整頓清釐一洗歷年積弊，非老成幹練，精神周到者不克勝此重任。朕再四思維，舍孫士毅更無其人，已明降諭旨將伊調補兩江總督。孫士毅抵任後，宜實心整頓察吏安民，俾地方河工徵課收漕諸事咸臻妥善方爲不負委任。……」（註九六）同月（癸丑）六日清高宗據福崧奏，又續查出句容書吏，侵用錢糧三千七百兩，漕米八百兩，與從前該縣所報數目多少懸殊。爲此下旨嚴責書麟，諭旨曰：「……是江蘇官吏，積年舞弊擾累閭閻，吏治尚可問乎？書麟駐箚江寧，距句容不過數十里，非如高郵稍遠。安徽江西隔省者可比。書吏如此作奸犯科，將正項錢糧漕米竟敢公然吞蝕。書麟僅擁虛位，形同木偶，朕又安用此總督爲耶？……其罪實與閔鶚元相埒，是以昨降諭旨將書麟革職拏問，解交刑部治罪。……書麟、閔鶚元皆尚能辦事爲督撫內之中上者。……伊等如此玩誤地方，於民生休戚漠不相關，負朕倚任深恩，則其餘中下督撫又安能使朕委任無疑乎？……朕不僅爲書麟、閔鶚元愧，而朕無知人之明，亦且自引以爲愧。於此益信爲君之難。」（註九七）由於書麟、閔鶚元之所作所爲，讓清高宗亦有爲君難之嘆。同年七月（戊戌）二十九日吏部議奏，失察句容縣糧書侵蝕錢糧之歷任該管上司及前任兩江總督李世傑等，照例分別降調。得旨：「江蘇句容縣糧書侵蝕錢糧一案。該省各上司漫無覺察，錮弊相沿。以致奸吏蠹書吞侵銀米，累萬盈千，重徵累民，莫此爲甚。非尋常失察可比，是以將總督書麟革職拏問，發往伊犁效力贖罪。巡撫閔鶚元知情不舉，定以重辟。李世傑係前任兩江總督，在任已歷一年，於此等重案不能先事嚴查參奏，其咎實與書麟相埒，本應嚴加治罪，姑念伊平日尚屬能事，現已年力就衰，……李世傑著加恩以原品休致，令其回籍。所有歷任失察之該管司道府等官，均照該部所議。劉墉著革去職銜，成汝舟、夏家瑜、鶴齡、張銘、金汝珪、初之朴俱著革職。索寧安、方煒著降二級調用。餘依議。」（註九八）另據《清史列傳》〈閔鶚元〉傳載：「……著大學士九卿於定擬時，問以重辟用以示懲儆，獄具以斬決請命。改爲斬監候。五十六年釋回籍。」（註九九）又據《清史列傳》（書麟）傳：「……五十五年……命革職交刑部治罪，七月發伊犁效力。」（註一〇〇）兩江總督所轄，於乾隆五十五年內，先後發生高郵州糧書僞造印串盜收錢糧及江蘇句容縣侵虧兩等兩案。都是因地方書吏的侵貪婪索的緣故，而該管上司官員，並不嚴查參奏。以致書吏假印冒徵錢糧有之，積年花戶完納錢糧書吏拆封侵那有之，足見乾隆朝地方官員玩忽職守，書吏弊端頻繁。

㈤嘉興秀水兩縣書吏浮收錢糧舞弊案。

乾隆五十一年（西元一七八六）九月，覺羅琅玕授浙江巡撫。乾隆五十五年（西元一七九〇），因有浙江省嘉善縣糧戶赴閩省控告浙江省嘉善縣及嘉秀縣書吏舞弊之案。經覺羅琅玕奏據《清史稿校註》〈覺羅琅玕〉傳載：「……嘉善縣吏浮收，按問得實。……」（註一〇一）經覺羅琅玕具奏，浙省漕務不能督辦妥協，致有嘉善及嘉秀二縣書吏舞弊，自請革任從重治罪。該摺發交內閣並於乾隆五十五年八月初二日奉上諭：「琅玕奏……等語，浙省漕務向多弊竇，琅玕身任封疆不能督率稽查，於嘉善等縣糧書浮收舞弊之案，毫無覺察，實屬有負委任。……琅玕著賞給頭等侍衛職銜，前往哈密辦事。」（註一〇二）該書吏舞弊案，經審辦後，於八月二十六日，由吏部將失察此案之各上司議處具題一本，錄送刑部。內開：「賞給頭等侍衛職銜，前往哈密辦事之原任浙江巡撫琅玕，欽奉諭旨離任交部治罪，應聽刑部辦理。」（註一〇三）乾隆五十五年八月二十八日，管理刑部事務阿桂等具奏，遵旨議奏：「……相應請旨將琅玕革去頭等侍衛職銜，發往伊犁效力贖罪。」（註一〇四）同日該摺奉旨：「琅玕前已有旨降爲頭等侍衛職銜發往哈密辦事。所有該部議請革去頭等侍衛職銜，發往伊犁效力贖罪之處。著加恩寬免仍令即往哈密辦事。欽此」（註一〇五）浙江省嘉善縣及嘉秀縣書吏舞弊一案，因糧書浮收貪弊，失察此案之各上司均加以議處。

㈥湖南湘鄉縣書吏勒折重徵漁利。

乾隆五十五年（西元一七九〇），湖南湘鄉縣民人童高門，先在湖南巡撫衙門，具控書吏折收重徵一案。雖經浦霖批飭兩司會同督糧道，拘提訊究並據實參辦。唯因原告童高門始終匿不到案，無憑質訊，遂成懸案。後童高門卻於七月在密雲縣途次叩閽，呈控該縣糧書吳青桂等碾穀代漕勒折重徵。蒙清高宗特派刑部侍郎吉慶、王昶等審辦。吉慶等於九月初二日馳抵湘鄉，調卷進行審辦。經初步審訊，於乾隆五十五年九月十二日將大概情形先行具奏（註一〇六）。據《清高宗實錄》乾隆五十五年九月（丁酉）十九日載：「諭據吉慶等奏，查審湖南湘鄉縣民童高門，呈控該縣糧書勒折重徵一摺。內稱親往常平倉抽盤應貯穀石，尚屬相符。其糶穀銀兩解長沙府庫，查對亦無短缺。五十二年間，該州因辦臺灣兵米，在倉碾穀一萬二千餘石，有案可稽並非兌漕之用。惟所控勒折多收之處，因該縣地方遼闊零星小戶挑運需時，每託附近親族及糧書等代爲完繳，以致吳青桂等計圖漁利。遂將窵遠各戶內相識者，俱先爲墊完銀米，持票向索錢文。每銀一錢加至三四文，糧一斗折收錢三四百文不等。至重徵串票並無月日可憑。供詞亦復互異。現在調取實徵底簿，按款清查並摘傳花戶詳悉根究。請將前任湘鄉縣知縣李玳謦革職歸案審訊，長沙府知府陳嘉謨一併解任候質等語。此案蠹書吳青桂等，於錢糧重務輒敢豫爲代墊從中牟利，實屬大干法紀。前任知縣李玳謦，毫無覺察或竟有通同容隱情事，自不可不從嚴究辦。李玳謦著即革職，交吉慶等提同案犯嚴切審訊。知府陳嘉謨亦著解任候質。至該縣吏書等，既有墊完銀米多索錢文之事，則假票重徵種種滋弊，自所不免。吉慶等務當提集卷證，逐一嚴以期水落石出，不可稍存徇隱。」（註一〇七）吉慶、王昶等奉旨後，連日督同兵部郎中丁雲錦、員外郎覺羅麟喜等，檢查串根核對正餉南折各實徵流水底簿，並將童高門所搶吳輝堂等下鄉賬本核算實數逐一嚴究。經嚴審清楚後定擬具奏，並於乾隆五十五年十月十七日奉硃批：「該部議奏。」該定擬奏摺（註一〇八）內容頗豐，節錄分述如下：

1. **童高門與吳清桂結怨起因**：

乾隆五十二年十月期屆收漕，該縣李玳馨派吳清桂（湘鄉縣糧書）、同户書彭重美、王聲聞等十二人在倉經理時，童高門包攬陳善、劉時雍等二十七户，漕米十石，赴倉完納。米色潮碎，吳清桂等回明李玳馨駁換，因其嚷鬧不服。當即枷示令各花户先後換米親交始行責釋。童高門因各書役回官受辱心懷忿恨。

2. **控告串票重徵緣起**：

(1) 童高門有童必捷户名餉銀八錢六厘，歷係伊兄弟五人公共完納。五十三年十月，童高門向户書王祥聲櫃上將銀完納，給有串票。伊弟童光裕分居較遠，不知已完，又于十一月間將錢一千付曾祥興代完，向索串票。曾祥興不知王祥聲業已收銀給串，即將串票塡給。及查對流水簿，始知此票已完悟給重串。曾祥興因係童光裕自己重完，可以向其退錢取串，但重截串票恐被本官懲責，遂將串根扯下焚燒滅跡。童高門因事耽誤，未送串而曾祥興亦未還錢。童高門因思重票在手，可以控告。

(2) 五十四年九月，李玳馨派吳清桂赴岳州府水次，修倉兑運漕米。吳清桂管之四十一都漕米尚未全完，因託其外甥王道若將米代墊，以便起運。王道若共代完過唐光三等漕米二十五石。吳輝堂亦各自墊過曾廷極等南折銀一百四十四兩。十二月二十一日，吳輝堂邀王道若，攜帶串票賬簿下鄉收取墊項。併令堂姪吳世輔、糧差彭忠同行。二十八日，行至與童高門居住相近之鴉崙地方，王道若、彭忠、吳世輔先行，吳輝堂押著行李在後。童高門探知，即與童光裕童獨占，前往強拉吳輝堂回家關閉空房，截搶行李布疋衣服及錢二千一百文，搜獲花户尚未還錢之串票九十五張、王道若賬簿一本、吳輝堂賬簿三本、花户名單八紙、收字五紙。因于五十五年正月初二日，將吳輝堂捆縛由童獨占押送長沙府城。其布疋錢文童光裕童獨占各行分用。童高門憶及童文祥家中，有五十一年童祥璠南折銀三分一厘舊串一張，將後面年月花押撕去，隨至童敏思家索取五十三年新完童祥璠南折串票一張一併粘連。捏稱吳輝堂等至童敏思家，重徵被其奪獲簿串等情。此童高門又以童祥璠串票誣告重徵之原委。

3. **糧書實際勒折多收錢文情形**：

前述五十五年十二月二十一日，吳輝堂等，攜帶串票賬簿下鄉收取墊項。王道若陸續收取寄回錢六十四千四百文，除扣還米價脚費五十千零三百七十文外，多得錢十四千零三十文。此內給過吳清桂家中，銀七兩五錢外，王道若實得過餘利錢六千五百三十文。吳輝堂收取銀一百六十一兩九錢三分，除抵還所墊正項外，多得銀十七兩七錢零。其餘各戶尚未收完。

4. **審訊結果**：

經訊童高門，其供稱：「我本無實據，只因懷恨書辦吳青桂等，計圖陷害，所以屢次令子弟遞呈催審，總是要他們每年受累。呈內所塡各款不過希圖告准，別無唆訟主使之人。其餘童高門所控各節，經與相關人員對質，均係其架詞聳聽，是其任情誣枉拖累多人，計圖洩忿之處，反覆推鞫失供不移，似無遁飾。

5.**定擬請旨：**

吉慶、王昶等定擬：「吳清桂、吳輝堂身充書吏，罔知畏法，膽敢藉代墊錢糧之名，需索雜費錢文，雖多少不等，而舞弊營私深干法紀。吳清桂得銀七兩五錢，計贓僅止滿徒不足蔽辜，應從重與得銀十七兩之吳輝堂，均照蠹役詐贓十兩以上，擬軍例，發近邊充軍照例面刺蠹役二字。曾祥興因花戶重完誤給重串，並不回明本官傳令領銀繳串，竟敢私毀串根希圖滅跡，實爲狡惡，應依棄毀官文書有所規避律，從重定擬。即於吳清桂軍罪上減一等，杖一百徒三年。王道若開設碓房，尙非在官人役，因聽從吳清桂之言代墊漕米、多收餘利六千五百三十文，實屬多科費用，應依律以誆騙論，計贓一兩至十兩者杖七十再加枷號一個月，滿日折責發落。糧差彭忠、貼寫吳世輔跟吳輝堂收取錢文，雖未分贓而隨同下鄉需索，究有不合。彭祥不能小心看管童高門，致令乘間脫逃亦屬不合。彭忠、吳世輔、彭祥俱應照不應重律杖八十，折責革役。童高門與各書役仇恨多年，本圖設法傾害，是以並未到案聽審，其所控常平倉穀空虛六萬石坐誣，已應滿流。而其兩告重征，一係伊弟重完，一係舊串揑飾。雖所控書役勒折事有因，而塡砌多款譸張爲幻，此風更不可長。童高門除誣告虧空重徵及包攬漕糧，各輕罪不議外，即依衝突儀仗例擬軍不足蔽辜，應從重改發黑龍江給披甲人爲奴，解部轉發。童獨占屢次誣告，係伊父主使律得勿論，其隨同搶奪吳輝堂行李，分用布疋錢文，實屬侵損於人，應依搶奪爲從律，杖九十徒二年半面刺搶奪二字。……湘鄉縣知縣李玳馨應請發往軍台效力贖罪。……前任長沙府知府陳嘉謨……應請交部嚴加議處。至巡撫暨各司道等俱經童高門等具控，亦各屢次催提，但不能令迅速審結并將該縣揭參，均有應得之咎。……請旨飭下部臣分別嚴加議處。」（註一〇九）該摺並特別附片奏請：「再此案內，戶書曾祥興重截串票，恐被本官查出受責，私將串根扯下燒燬。該縣並未查出。推原其故，總由闔茸州縣，印票時既未寓目，收徵完俊（竣）後，又不查對串根，以致書吏等種種滋弊，殊非愼重糧餉之道。請嗣後通飭各州縣，凡有串票簿冊，務將每款錢糧用若干本，每本若干頁詳悉查數，親看鈐印。至徵收時，串根按日查對完峻（竣）後，如有短少當即究追，將舞弊書吏從重治罪。倘嗣後各州縣仍不親查遵辦，一經察出立于嚴參。其各州縣徵數錢糧之時，凡窵遠地方畸零小戶，偶托親朋代完勢所必有，本非例禁。但一經糧書糧差之手，即不免從中滋擾，貽累閭閻，應令該撫飭令各屬出示嚴行查禁。嗣後毋許書役等墊交，致滋侵蝕加派之弊。……請旨此後總不得稍有假借以杜弊端。同日奉旨該部一併議奏欽此。」（註一一〇）湖南巡撫浦霖奉旨飭審所有案內所控情節。浦霖遂於乾隆五十五年十月初三日，具奏因失察童高門一案請旨交部嚴議一摺。（註一一一）該摺內記載：「……惟是書役吳青桂等，膽敢借代墊爲名，因而多收漁利實屬骫法營私。臣之昏憒糊塗清夜捫心，眞覺無以自解。惟有仰懇皇上天恩將臣交部嚴加議處。……乾隆五十五年十月十八日奉硃批，本是汝過知道了欽此。」

本案因湖南省湘鄉縣書役吳清桂等，與包攬完糧花戶童高門結怨成仇。童高門等搶奪串票帳簿，構陷屢次興訟，必定要告倒書役吳清桂等。雖重徵部分是誣告，但勒折糧價爲實。而地方管理上司，卻因循塞責，不聞不問。書役吳青桂等，於徵糧時借代墊爲名，因而多收漁利實屬骫法營私。

㈦⑴武生控告倉書陳開雨等，科派買穀浮收錢米，並折收草費等各款。

乾隆五十五年九月（甲辰）二十七日，《清高宗實錄》（卷一三六五）：「又諭，據步軍統領衙門奏，湖北省應城縣已革武生李杜，控告倉書陳開雨、蕭有成等，科派買穀浮收錢米，又派令村民斂錢買馬，折收草費各款，事關蠹書骫法殃民。如果所控屬實，恐該縣亦有通同染指情弊，不可不嚴行訊究。倘係李杜因革退武生挾嫌捏控，亦當審明治罪，以儆刁風。著傳諭吉慶、王昶於湖南審案完竣，即取道湖北，就近提集人證，將此案實在情節秉公確訊定擬具奏。」（註一一二）覺羅吉慶、王昶接到抄寄的這件諭旨，即於十月十九日馳抵湖北省德安府。隨據湖南湖北總督畢沅，將各項卷宗及案內應訊各犯證提齊，移送前來。而原告李杜亦經兵部發來，于十月二十四日解到。經吉慶、王昶半月多的詳細審訊完結，於十一月初七日將審擬緣由繕摺並另錄供單由驛具奏（註一一三）。現據該摺內容，節錄有關原告李杜與倉書陳開雨等結怨緣由部份，李杜所控多款其中問實部份，及各犯定擬情形，分述於後：

1.已革武生李杜與書吏陳開雨等結怨緣由部份：

乾隆四十九年，因吳楚雄控伊胞兄木行牙帖案內，挺身作證，與縣書蕭有成之兄蕭鳴玉爭毆互控。當經該府于五十年十二月審結，發學戒飭。

乾隆五十一年，該縣被災加賑。李杜家有田產例不應賑，承辦書吏陳開雨等未將該革生開入賑冊。李杜疑書吏作弊，遂赴總督衙門以刪減戶口等詞呈控。批發兩司親提審明，該革生亦自認不暗成例妄行混控，出具輸服甘結申詳完案。前學臣張燾于五十二年訪聞李杜干訟滋事，飭令教官查明劣跡，咨部斥革。李杜心懷忿恨，遂于五十四年四月內，進京自作呈詞控告洩恨。

2.李杜所控多款其中問實部份：

陳開雨等，違法分派鄉民買米又復婪索錢文。

緣陳開雨充當應城縣倉書，承辦五十二三年兩次採買常平倉穀，統計一萬六千三百五十餘石。該書回明知縣汪安國，令各團保甲報明有穀之家，出票傳集承買。該縣五十三團內，除旗丁十五甲外計一百零五甲。酌量甲分大小，每戶派買穀一二十石至一百餘石不等。所有未足穀數，復令各行經紀承買，亦自四五十石至一二百石不等。其穀價每石庫平紋銀五錢，各花戶經紀等，當堂全領。其運腳費，亦于運交時分別遠近找給。但在運穀交倉時，倉書陳開雨等設有收穀小票，即向各花戶索取票錢三文，並紙筆飯食錢自十餘文至二十餘文不等，統計共得十六千七百有零。此內分給幫辦之書吏祝世青、王祥瑞、任聲遠等，每人二千數百文，其餘七千七百餘文係陳開雨自己收用。

3.各犯定擬情形：

此案陳開雨身充倉書，於採買倉穀重事，並不尊照定例辦理，輒敢分派鄉民，又復婪索錢文，實屬不法。通計該犯所收紙筆錢七千七百餘文，在六兩以上，例應滿徒，但蠹書骫法累民不可不嚴加懲創，應從重照蠹役詐贓十兩以上，擬軍例發近邊充軍。祝世青、王祥瑞、任聲遠各分錢二千餘文不等，按例枷杖未免輕縱，應從重照爲從分贓例，於陳開雨軍罪上減一等，杖一百徒三年到配折責發落。各犯得受錢文照追入官。李杜因干訟滋事斥革武生，猶復不知悛改，潛行入京挾嫌越控。又不親行呈遞，輒將呈詞包封，故意掉落，已屬狡詐。雖派買穀倉一款告重得輕，而其餘各款全屬虛誣，是其架詞捏陷，刁風尤不可長。應依驀越赴京，告重事不實，擬軍例發邊遠充軍。餘係無干均予省釋。應城縣知縣汪安國，雖無多收錢糧及加價平糶派買馬匹情事。但買補倉穀應於鄰境，本境穀多之地，分遣家丁攜帶銀鈔前往，公平採買。乃輒令保正甲長等，報明有穀之家，遣差出票令其領價承買，究屬與例不符。且一任陳開雨等，於收穀時逐票需索飯食鈔文，亦殊滋累。應將應城縣知縣汪安國交部嚴加議處。至該管各上司，於該縣按團派買穀石並任書役索鈔，毫無覺察，亦有應得之咎，應請將該管之督撫司道府等交部議處。

吉慶、王昶之審擬奏摺，於乾隆五十五年十一月十四日奉硃批「該部議奏。」（註一一四）該案固然是革生李杜干訟興控，但知縣違例派買穀石，任書役婪索紙筆飯食錢鈔在先。亦反映出地方吏治之腐敗，及書吏貪弊侵害百姓之一般。

(七)(2)縣民呈控包頭串通書吏，包攬堤工偷減土方。

乾隆五十五年十月（丙辰）初九日，《清高宗實錄》（卷一三六四）：「諭軍機大臣等，都察院衙門奏，湖北江陵縣民趙學三，呈控易群占等串通書吏何良弼等，包攬堤工偷減土方一摺。湖北堤工俱令官爲經理。今趙學三所控方家淵民堤，被包頭易群占等侵蝕土方錢文，並不按照原估丈尺修築，復串通書役矇混舞弊。如果所言屬實，自當嚴行查辦以警蠹役包攬之弊。但趙學三或因伊兄趙五登係屬訟棍，現被地方官監禁審訊，將來恐有干涉逃避赴京，架詞呈控以圖拖累洩忿亦未可定。均不可不徹底根訊，以杜積弊而儆刁風。著傳諭吉慶、王昶於湖南審案完竣即取道湖北，與前日應城縣已革武生李杜控告倉書，科派浮收一案一併稟公確訊定擬具奏。」（註一一五）吉慶、王昶於乾隆五十五年十一月初七日，審完應城縣已革武生李杜控告倉書，科派浮收一案後，即於十一月十三日馳抵江陵縣荊州府，奉旨續審江陵縣民趙學三，呈控易群占等串通書吏何良弼等，包攬堤工偷減土方一案，因事前吉慶、王昶已咨會總督畢沅，飭提犯證，令將各衙門卷案先行封送。據荊州府稟稱，該府自乾隆五十三年六月被水，以前趙五登在道府廳縣歷控案卷俱經沖失無存，其九月以後至今各卷，及四十九年江陵縣歲修各處堤工丈尺，布政司衙門存有估修印冊，各行申齎前來。除原控告人趙學三一犯，由京解楚，經河南巡撫咨報，於十月二十七日病故於滎澤縣地方外。其兄趙五登現經府衙審擬羈禁江陵，當由吉慶等親自帶領赴方家淵民堤眼丈量。所有堤面堤腳上下丈量比冊，俱無短少，面詢趙五登何處偷減竟無從指實，再詢以舊堤尺寸亦全屬不知。惟混稱添修堤工兩段俱係一丈五尺；但印冊所開一係一丈二尺，一係一丈，並無一丈五尺之處，吉慶、王昶指令趙五登閱看。趙五登稱係從前悟（誤）聽無可措詞，遂將趙五登帶回府城詳加研鞫。經將近半個多月之審訊，吉慶、王昶覆奏赴審江陵縣趙學三呈控書吏一案，於乾隆五十五年十二月初六日，奉硃批「該部議奏。」（註一一六）該摺內容詳實，現據該摺內容，節錄有關原告趙五登與易群占、趙于添及書吏良弼等結怨緣由及歷次控告經過，趙五登所控多款皆虛，而審出堤圩趙于添辦理硪夫收取硪價，部份私用不當一項，及各犯定擬情形，分述於後：

1.趙五登與易群占、趙于添及書吏何良弼等結怨緣由及歷次控告經過：

緣江陵縣沿江各堤向係官估民修，按田派土。每里本有里催一名，即將各戶應出土方分數及派修何處段落先行曉諭，臨其里催督夫赴工挑土。另設弓正，丈量已起土方若干，合計土方有無偷減。其糧戶內或離家窵遠人工短少，及派土止有數寸必須與各小戶零星湊合方能成方挑挖者，各自彙總托人辦理，實出鄉民情愿。至起土堆積堤上，挑夫先行踹實始加硪工。每土高一尺二寸，硪成一尺。糧戶不諳用硪，歷係堤圩雇夫硪築，每土一方加硪價四分，亦係糧戶交與堤圩散給，吏胥無從經手。里催堤圩亦逐年更換，此該縣相沿辦理之成例也。趙五登曾于四十九年充當方家淵堤圩，報請歲修經官勘准。五十年趙于添接充堤圩，正月抄糧戶赴工挑土，所有硪價俱交趙于添收存，轉雇硪夫。趙五登無從經手，遂憶自己因請歲修往來花用盤費，今屆興工趙于添不令幫辦無由染指，心中不忿。遂於易群占取土時奪筐向阻。易群占轉煩趙于添、趙普、趙華亭前往取筐，趙五登索錢二千四百文。趙于添等與易群占商允，隨口擔承取筐給付。易群占完工回家終不給錢。該犯兩經赴討口角而散，遂捏稱趙于添、易群占等侵蝕夫工，偷減丈尺等情，并將曾經斥伊多事之李其言一併于乾隆五十年（西元一七八五）四月，在荊宜施道衙門控告，批發水利同知勘訊。該犯意在拖累多人匿不到案，且藉稱所告堤工係衆人公事，前後在鄉斂錢一千文花用。復於五十一年內將廳書何良弼、何朋來、差役彭仕等于藩司總督處節次具呈，批發荊州府提審。經原任知府俞大猶親往勘驗堤工，並無侵減，該犯又先避匿。至五十四年十二月，江陵縣將該犯拏獲解赴荊州府，該府張方理審悉前情。將該犯按律提軍申司核轉聽候部覆，而犯兄趙學三又行潛赴京師在都察院衙門具控希圖翻案。

2.只問實堤圩趙于添辦理硪夫收取硪價，部份私用不當一項，其餘所控皆虛。

趙五登所呈控趙于添、易群占等侵蝕夫工，偷減丈尺等情，經吉慶王昶等提齊犯證連日質訊。所有趙五登滋事斂費之處，現有出錢之魏質庵等十二人可證。至於所控包土蝕錢一節，不獨易群占堅稱我只做自己十四方土，從何短少丈尺。即傳各團糧戶魏奕等一一詢問，供稱堤工關係自己身家，各雇人夫挑土，豈肯受人包攬。至估計驗收經道府同知屢次查勘丈尺，所在萬目共睹，勢實不能以少作多等語。當質之趙五登，令將易群占等實係包土若干方？所包係何人之土？一共侵蝕若干？逐一指出以憑確訊，再三詰問，該犯俯首無辭。是趙五登之揑情誣告，實無疑義。

惟研訊趙于添一犯，據稱每方土硪價四分，此係舊例相沿，合縣糧夫共知我並不能增減。此處工程完竣後，我除發給夫價外實得過餘剩錢五千九百五十文自用，此外別無情弊。

其何良弼、何朋來、彭仕等，訊係同知衙門書役，趙五登在司呈控，即經批發荊州府提審，何良弼等無從矇埸。其所控縣役楊士昌、金陞、張維綱等，亦無串通管押等情。以上各犯再三研訊，各俱不移似無遁飾。

3.本案各犯定擬情形：

此案趙五登係……揑詞誣控，雖趙學三赴京翻控之處，該犯爾時業經收禁無從指使，但拖累多人，迨經拘喚又復避匿延案，殊屬刁健。趙五登除藉訟斂錢輕罪不議外，即以所告易群占包攬堤塍，如果得實例應充軍罪上，按律各坐，發附近充軍，至配所杖一百責折四十板。雖事犯到官在乾隆五十五年正月初一日，恩詔以前，但索詐不遂疊次控告，情節較重應不准其援減。

趙學三赴京妄控，罪有應得業經身故，應毋庸議。趙于添身充堤圩，辦理硪夫是其專責。硪價四分屬該縣成規，並非該犯增添，但餘剩錢文竟行私用究屬不應。應照不應重律杖八十再加枷號一個月，以示懲儆。所侵硪價照追入官。魏質庵等被詐錢文仍于趙五登名下著追領。

易群占訊無包攬夫土情事，應與訊無情弊之何良弼等，均予省釋。

本案係湖北江陵縣訟棍趙五登，因曾任乾隆四十九年方家淵堤圩，雇夫硪築，並有硪價可分。但次年由趙于添充任，未曾令其幫辦，無由染指因而氣憤向趙于添索錢。索錢不遂，進而揑詞疊次呈控，甚至拖累糧書縣役一併誣陷。後因其弟趙學三赴京呈控，清高宗特派吉慶、王昶赴審本案，終於案情大白。其中透露二項弊端措施：一、修築堤工，由官派堤圩雇夫挑土硪築每土一方，向糧戶收取硪價四分，硪價總數散給雇夫外剩餘錢文則由堤圩自肥，可見堤圩與書吏衙役必有勾結私利互惠。二、趙五登已於五十年開始控告，直到五十四年十二月，始由該府審悉全情等候部覆。又到五十五年十一月以後才經清高宗派吉慶、王昶赴江陵審結。該案辦理過程也太緩慢了吧！足見乾隆朝地方官吏辦事效率之低落。

第三節　乾隆朝書吏弊案發生原因分析

(一)從清代書吏制度面分析：

清代之書吏制度，沿用明制，自古官吏殊途，重官輕吏。科舉以經術得官；而吏員從事刑律賦稅雜役，因此書吏無由發身。而吏不屬于國家正式編制，不授政府俸餉，無權接受養廉津貼。書吏既無前途，亦無國家俸給，只有些微的辦公費以為持家計。書吏們在這種條件下從事官員們所不恥的行政業務，也只有靠山吃山，靠海吃海了。這是地方書吏弊案發生的基本原因。

(二)官靠吏以治事；吏以例案挾制官員。

明清科舉制度，選拔官員，只是皇家規定之四書五經，與實際作官之業務毫無相關。考上進士外放作知縣，必須從頭學習管理行政業務。而實際行政業務的掌理則在地方書吏，因此官員必以書吏為師。如「前言」所述，官員雖然是衙屬主管，實乃異鄉之孤客，及至諸事稍有頭緒而任期已屆。因此官員雖然掌有監督書吏之責，但遇書吏偶有貪污弊端，也只好開一隻眼閉一隻眼。直到書吏弊案爆發，也只好自認倒楣受過受責。遇到主管精明或奸官便可互相含混勾結漁利。如(4)案浙江濫請製造鳥槍書吏弊案。⑺案浙江省米倉上下書吏糾結侵欺正署廳員分肥。⒀案江西書辦藉查山界焚索錢文等。

㈢百姓愚昧，奸吏用以圖利。

鄉村百姓愚昧無知，奸詐書吏因緣索錢作弊。如⑻案書吏詐贓逼命一案，刑書張翹楚嚇稱移屍重案非錢不免，蔣聯輝情急，用剃刀自抹咽喉隕命。⑽案革書曹永康恐嚇索詐並逼娶新孀婦爲妾。

㈣書吏經管業務，代代相承，彼此圖利，甚至退役仍霸佔漁利。

書吏之事業盤踞已成定局，此輩既得利益，子孫相授傳承。所掌之成案貫例無不精熟，抱牘居奇，視爲傳家之寶。雖然朝廷對於書吏著役規定很嚴，如書吏自取具甘結著役始，限五年役滿回籍。儻有役滿不退，或舞文弄法、招搖撞騙等情，將該吏黜革，而該府州縣並專管之督撫司道等，均照例議處。（註一一七）但乾隆朝書吏以經管業務，而產生之弊端甚多，如前所撰乾隆朝書吏弊案的概述中，所舉十七例絕大多數，都是地方書吏以本身專管業務而作奸犯科。尤其第⑽案，浙江省嘉善縣已革禮科書吏曹永康最爲猖狂，雖已遭革退，該革書曹永康遂開店放債盤剝貧民爲業。雇用夥計王大榮經理其事，並改名曹永年捐納監生。因他曾充嘉善縣禮科書吏，仍假借衙門名色探知民間訟案，便設法索詐，其兇惡聲勢人皆不敢張揚，並逼娶新孀婦爲妾。

綜上所述，乾隆朝地方書吏弊案發生原因衆多，可見其來有自而影響百姓生計甚巨。因此地方官員是否確實盡到監督書吏作業責任，關係重大。

【附註】

註　一　《繆全吉：明代胥吏》〈臺北：嘉新水泥公司文化基金，民國五十八年〉（附錄：清代胥吏研究計劃，二、清代胥吏概述，㈠官吏殊途），頁二五四。
註　二　《繆全吉：清代幕府人事制度》〈臺北：中國人事行政月刊社，民國六十五年〉頁八—九。
註　三　同註二。
註　四　《中國歷史大辭典》〈上海辭書出版社，一九九二年十一月〉（清史卷上）頁一四七「吏」。
註　五　《欽定大清會典事例》，（卷一四六），（吏部，書吏），頁二。
註　六　同註五，頁四。
註　七　同註五，頁五。
註　八　同註五，頁七。
註　九　同註八。
註一〇　國立故宮博物院所藏《軍機處錄副奏摺第〇〇二三六五號》。
註一一　同註一〇。
註一二　國立故宮博物院所藏《軍機處錄副奏摺第〇〇八一二四號》。
註一三　同註一二。兵部乾隆十七年三月十三日標發申字一二〇號。
註一四　同註一二。

註一五　同註一二。

註一六　同註一二。

註一七　國立故宮博物院所藏《軍機處錄副奏摺第〇〇九五六七號》。

註一八　同註一七。

註一九　同註一七。

註二〇　同註一七。

註二一　同註一七。

註二二　國立故宮博物院所藏《軍機處錄副奏摺第〇二八一〇三號》。

註二三　同註一八。

註二四　同註一八。

註二五　同註一八。

註二六　同註一八。

註二七　《宮中檔案乾隆朝奏摺第三二輯》。（臺北：國立故宮博物院印行，民國七十三年，十二月）頁一一一，閩浙總督崔應階奏。

註二八　同註二七。

註二九　同註二七。

註三〇　《宮中檔案乾隆朝奏摺第三二輯》。（臺北：國立故宮博物院印行，民國七十三年，十二月）頁三一三—三一四，閩浙總督崔應階奏。

註三一　同註三〇。

註三二　同註三〇。

註三三　《清高宗實錄》，卷八二二，頁二七。

註三四　同註三三，卷八二三，頁二。

註三五　同註三三，卷八二三，頁一六—一七。

註三六　《宮中檔乾隆朝奏摺第三二輯》。（臺北：國立故宮博物院印行，民國七十三年，十二月）頁七七三，閩浙總督崔應階摺。

註三七　同註三三，卷八二八，頁三五。

註三八　同註三七。

註三九　國立故宮博物院所藏《軍機處錄副奏摺第〇一四二五一號》。

註四〇　同註三九。

註四一　國立故宮博物院所藏《軍機處錄副奏摺第〇一四三七八號》。

註四二　同註四一。

註四三　同註四一。

註四四　同註四一。
註四五　國立故宮博物院所藏《軍機處錄副奏摺第〇一五七一七號》。
註四六　同註四五。
註四七　國立故宮博物院所藏《軍機處錄副奏摺第〇一六四三二號》。
註四八　同註四七。
註四九　同註四七。
註五〇　同註四七。
註五一　同註四七。
註五二　同註四七。
註五三　同註四七。
註五四　國立故宮博物院所藏《軍機處錄副奏摺第〇二九〇二九號》。
註五五　同註五四。
註五六　同註五四。
註五七　同註四，頁二一六（投供驗到）。
註五八　國立故宮博物院所藏《軍機處錄副奏摺第〇三〇四四二號》。
註五九　同註五八。

註六〇　同註五八。
註六一　國立故宮博物院所藏《軍機處錄副奏摺第〇三〇四四二號》。
註六二　國立故宮博物院所藏《軍機處錄副奏摺第〇三一三九九號》。
註六三　同註六二。
註六四　同註六二。
註六五　同註六二。
註六六　同註六二。
註六七　同註四，頁一六（三法司）「清承明制，凡重大案件均由刑部、都察院、大理寺會勘、刑部定擬讞，都察院糾核，大理寺平決。」
註六八　國立故宮博物院所藏《軍機處錄副奏摺第〇三一四四九號》。
註六九　同註六八。
註七〇　國立故宮博物院所藏《軍機處錄副奏摺第〇三一五〇六號》。
註七一　同註七〇。
註七二　同註七〇。
註七三　同註七〇。
註七四　國立故宮博物院所藏《軍機處錄副奏摺第〇三二七三〇號》。

註七五　同註七四。
註七六　同註七四。
註七七　同註七四。
註七四　國立故宮博物院所藏《軍機處錄副奏摺第〇三三二一七〇號》。
註七九　同註七八。
註八〇　國立故宮博物院所藏《軍機處錄副奏摺第〇四一八一九號》。
註八一　同註八〇。
註八二　同註八〇。
註八三　同註八〇。
註八四　同註八〇。
註八五　《清高宗實錄》，卷一三五二，頁二〇〇七一—二〇〇七二。
註八六　同註八五。頁二〇〇七六。
註八七　同註八五，頁二〇〇七七。
註八八　同註八五，卷一三五三，頁二〇〇八四。
註八九　同註八八，頁二〇〇九四。
註九〇　同註八五，卷一三五五、頁二〇一一二。

註九一　同註八五，卷一三五六、頁二〇一四二一—二〇一四三。
註九二　《清史稿校註》，（康基田傳）卷三六七，頁九六五四。
註九三　同註九〇，頁二〇一二七—二〇一二八。
註九四　同註九〇，頁二〇一三二。
註九五　同註八五，卷一三五六，頁二〇一三七—二〇一三八。
註九六　同註九二，頁二〇一三八。
註九七　同註九二，頁二〇一四〇。
註九八　同註八五，卷一三五九，頁二〇一八六—二〇一八七。
註九九　《清史列傳》，卷二七，頁三八。
註一〇〇　《清史列傳》，卷二七，頁四七。
註一〇一　同註九二，卷三六五，頁九六三二。
註一〇二　國立故宮博物院所藏《軍機處錄副奏摺第〇四五二五八號》。
註一〇三　同註一〇二。
註一〇四　同註一〇二。
註一〇五　國立故宮博物院所藏《軍機處錄副奏摺第〇四五二五八號之附件》。
註一〇六　國立故宮博物院所藏《軍機處錄副奏摺第〇四五四三六號》。

註一〇七　同註八五，卷一三六三，頁二〇二五八—二〇二五九。

註一〇八　國立故宮博物院所藏《軍機處錄副奏摺第〇四五七三五號》。

註一〇九　同註一〇八。

註一一〇　同註一〇八。

註一一一　國立故宮博物院所藏《軍機處錄副奏摺第〇四五七五四號》。

註一一二　《清高宗實錄》，（卷一三六三），頁二〇二七二。

註一一三　國立故宮博物院所藏《軍機處錄副奏摺第〇四六〇二三號》。

註一一四　同註一一三。

註一一五　《清高宗實錄》，（卷一三六四），頁二〇二八四。

註一一六　國立故宮博物院所藏《軍機處錄副奏摺第〇四六三二七號》。

註一一七　同註七。

第七章　乾隆廿九年廈門商船陋規案

前　言

海港是貨物的呑吐口，也是船舶的聚散處。清廷爲了防衛海港的安全，禁止商船夾帶違禁物品，處理貨物的課稅問題，便設立關務以負稽查。但往往法立而弊生，官署遂以船戶洋行爲勒取陋規銀圓的對象。乾隆廿九年（西元一七六四）一月福建廈門暴發了一宗轟動中外的大陋規案，由於這陋規案牽涉廣泛，上自閩浙總督福建巡撫，下至道府州縣，人人收受陋規，命派商販墊買貨物常不發價。緣起於福建水師提督一等海澄公黃仕簡（註一）的密參奏摺，揭發陋規案的內幕。清高宗爲之震怒，即派刑部尚書舒赫德和署吏部侍郎裘曰修往閩調查。經過七個月的審訊質對，陋規案才告終結。經由本案的探討，使我們瞭解清代乾隆朝港口商埠文武衙門朋分陋規銀兩，罔顧國憲貪黷公行的一般。

第一節　陋規案的緣起

乾隆廿八年（西元一七六三）十一月二十五日黃仕簡將廣東提督印務移交給吳必達，然後回閩。十二月一日抵達廈門地方，再從楊瑞的手中接過福建水師提督的印信，立即任事。經其留心觀察，發現廈門地方進出各國船隻，文武衙門有勒取花邊銀兩情形嚴重，遂於乾隆廿九年一月廿四日密奏福建廈門陋規銀兩事（註二），內容大略如後：

「奏爲密奏陋規銀兩仰祈睿鑒以除弊竇事。竊照廈門地方爲閩省海口之門戶，商船雲集之奧區，四通八達，周流中外。無論內地之商賈到處往來貿易；即外國之夷民亦復出入經營，所有進出口岸在在均關緊要。惟恐匪徒出沒滋生事端，更恐夾帶禁物透漏課稅，故設立關部稽查同知察核，併令武職輪派遊擊守備千把按月巡邏，扼守防範之道已極慎重嚴密，詎料法立弊生，竟有相沿索取陋規之事。」經黃仕簡留心察訪才知道進出港口各船隻，不論走內地或外洋均須按各目的地不同以定勒取銀數的多寡。「勒取花邊銀一千五百圓至一千圓，併五百以至二百及數圓不等。統計每年約取規銀十餘萬圓，均係文武衙門朋分收受：如總督每年一萬圓、巡撫八千圓、將軍六千圓、興泉道一萬圓又另單七千圓、海防同知三萬三千圓又另單六千圓、關部一萬七千圓、泉州府二千圓、同安縣三千六百圓、南安縣一千圓。又臣標中軍參將衙門每年約有九千圓，內繳提督銀四千五百圓。又大擔汛九千五百圓，內繳提督三千八百圓。又廈港汛三千圓，內繳提督銀一千二百圓餘係中軍等衙門分用。又總督房、巡撫房、布政司房亦各有陋規銀兩多寡不等。已據臣標中軍參將溫泰陸續開明細數清單呈送到臣。……此項陋規已屬確鑿無疑。……」隨摺附繳了溫泰開的規銀總撒數目及繳銀原單八件做爲證據。黃仕簡特別懇請乾隆皇帝將他的密摺留中，並「特降諭旨簡派大員星馳赴閩徹底清查，庶相沿弊竇得以永除，而邊海吏治亦可以肅清……。」由於黃仕簡的忠心耿耿、勇於首告，乾隆皇帝在他的摺子上硃批「嘉悅覽之，汝可謂知恩，朕亦可謂知人。」（註三）乾隆帝在接到黃仕簡密摺並沒有馬上採取行動，直到乾隆廿九年三月初三日（甲寅）的實錄才記載了黃仕簡上奏廈門關勒取番銀陋規，請簡派大員赴閩清查並得旨的紀錄。（註四）而於次日（乙卯）才有了行動：「諭現命尚書舒赫德、侍郎裘曰修馳驛會同前往福建省查辦事件，所有隨帶司員並著馳驛。」自黃仕簡廿九年一月廿四日具摺上奏到同年三月初三日相去三十八日。但舉廿九年三月二十三日京城所發廷寄諭旨爲例，於廿九年四月十五日以前到福建福州。（註五）計需廿二日。而以福州上奏抵京城的時日來說：四月十五日舒赫德裘曰修奏聞奉命查辦廈門陋規大概情形。（註六）於廿九年四月廿七日（戊申）實錄上記載了舒赫德裘曰修查辦廈門船行陋規，奏請將譚尚忠、劉增等革審等話。（註七）計需十二日。經上述兩個例子可知黃仕簡的這一密摺是早已經到了宮中，乾隆皇帝遲遲不發下，其中必有原因：是斟酌這個案子值得清查嗎？漢軍鑲黃旗人楊廷璋，會被明代降臣後裔黃仕簡所控倒嗎？或是想大事化小，小事化無爲楊廷璋脫罪哩？但終因陋規案有關全國政府官員的官箴不得不發下諭旨吧！

第二節　陋規案的承審經過

刑部尚書舒赫德及遠在江西查勘水利事宜的署吏部侍郎裘曰修接到三月初四日赴閩查辦陋規案的諭旨後，分別束裝就道。初四日乾隆帝分別頒旨給前任閩浙總督楊應琚及前任福州將軍福增格，就向來閩省陋規情形要他們據實速行覆奏，並用寬慰的說詞套他們說出來實情來：「……此係向行陋規，即現任朕亦不欲深究，但欲知其詳耳……」（註八）陝甘總督楊應琚接到廷寄上諭後，於三月十二日覆奏：「……伏查福建閩海關向係將軍衙門兼管，各處要津隘口俱由將軍派委旗員駐守巡查。該關每年有無勒取各船銀錢暨別衙門有無朋分收受，臣在閩年餘並無訪問（楊應琚任閩浙總督自二十二年七月十七日至二十四年三月十二日），至臣衙門實無其事。……臣不敢稍存瞻顧據實覆奏。」（註九）至於前任福州將軍福增格的覆奏可在三月廿三日（甲戌）實錄見到：「今福增格奏到則稱進出口船隻，向有汛地兵役巡哨人等掛號紙筆飯錢各費，尚有相沿未盡之陋規，此外並無抑勒侵分之事等語……。」（註一〇）乾隆皇帝從楊應琚、福增格二人身上得不到一點信息。只待舒赫德、裘日修二人的欽差查訪了。

舒赫德、裘日修三月十八日在邵伯鎮相遇，二十三日抵浙江杭州，隨即起程赴閩。在這裡他們遇到了上京陛見的閩浙總督楊廷璋，但因皇帝曾下旨不必向楊廷璋宣露，故未加詢問。楊廷璋是乾隆廿四年四月授閩浙總督，廿八年十月加太子太保銜。廿九年正月初三日接准吏部咨開欽奉上諭楊廷璋者補授大學士（體仁閣大學士）仍留浙閩總督之任。他隨即上奏恭請陛見，得旨：「准卿來，亦便赴闕到任也。」（註一一）他是於三月初二日自閩起程，十七日已抵浙省，十八日由陸路前往海寧，三月廿五日在杭州將閩浙總督的印務移交浙江巡撫熊學鵬暫署，並即北上。

舒赫德裘日修四月初六日行抵福州，他們顧慮到有關陋規案所需查檢的底賬及經辦的人員都在廈門，同時怕底賬被銷毀滅跡及有關人員彼此串供，因此不考慮將案犯提赴省城辦理。遂先令郎中書魯連夜趕赴廈門密查並派令原係刑部司員新任福建糧驛道孫孝愉前往偕同辦理。同時，舒赫德裘日修在福州省城面詢福建巡撫定長及福州將軍明福有關陋規案的事，他們的回答是：「……據稱風聞廈門向有陋規，數目多寡不得深知，至於伊等並無借端收受亦未相沿接收。」（註一二）問及向來督撫衙門有無令廈門同知辦買用物時，他們只答以：「每年督撫兩衙門，各辦燕窩或買呢羽等物，亦俱係照發官價，每年多不過五六百金。將軍衙門係屬自辦並非廈門同知經手……」（註一三）見於黃仕簡告發清單中貼辦呢羽燕窩等名目有了端倪，舒赫德裘日修便帶同員外郎吳檀，準備到泉州就近查辦。到了興化，遇書魯孫孝愉他們，他們已起獲了廈門洋船出入貼辦各費底賬並將經手書辦洪純及洋行行戶李錦等六人押帶前來。這就開始了陋規學術首先要了解底賬的內容即陋規案的證據，節略如后：（註一四）

「……臣等查閱底賬內開二十六年十月內議定，廈門出入洋船。以往來噶喇吧馬辰者為大船，每隻出口入口俱貼銀六百兩。往網加薩等處為中船，每隻出口入口俱貼銀五百兩。往把抹老戈為小船每隻出入口俱貼銀二百兩。其餘各項洋船俱酌中作為次中船，每隻出口入口俱貼銀四百兩。每年往來洋船在四十隻內外，共銀三萬餘兩。內為督撫辦燕窩呢羽銀每年四千圓，又辦廣貨銀每年四千圓。廈門同知每月銀六百圓，同安縣每月銀三百圓，興泉道辦船廠銀每年七千圓，關部辦燕窩銀每年六千圓。水師中軍，大擔汛、廈港汛共銀四千五百圓，通共三萬六千餘圓。」

(一)詢問洪純、李錦等人，他們供詞如后：（註一五）

「……廈門洋船陋規不知始自何時，原係爲廈門同知等添買燕窩羽呢并興泉道衙門船廠桅木等項之費。向來洋廣各項貨物價值尚賤，各商販又俱係本地民人爲本地官長辦買貨物，原不敢希圖趁利，是以皆照原買成本合算價銀。其中即稍有賠墊爲數無多，俱係各商販自行墊辦並未定有成數。近年物價稍昂，而二十四、五等年廈門洋行連遭回祿，出洋船隻比前較少，各商墊賠較多且船隻大小不同一例，墊辦亦未適均。廿六年十月内洋商李錦等六家公司酌議各按船隻大小出洋地方分別酌定銀數。每年共三萬餘圓，貼辦置買各衙門貨物之費，商令廈門同知衙門書辦洪純回明前任同知陞任漳州府知府劉增，劉增答以此事我不管，聽你們辦去。洪純告知各商，遂公同照議，按數出錢，即今底賬内所開之數目也。其辦買燕窩方法：分總督巡撫兩種，總督衙門燕窩一斤發銀四兩四錢；巡撫衙門官價每斤發銀三兩三錢。呢羽等項各衙門官價全都只發十分之三，不夠的都在各商販貼出陋規内墊支。這些都是由同知衙門承辦的。據經手前任同知劉增任内墊支銀兩的洪純供稱每年交劉增家人私用銀一千二百圓，代劉增交納官租銀二千餘兩，買物添用也支了些銀兩。現任同知程霖於四個月任期内，經他家人馮姓（馮天祥）共收去銀二千六百四十圓並欠行户貨價一千五百圓。興泉道譚尚忠署印同知兩個月任期内，將應得陋規銀一千二百圓交存船廠，其經手人是書辦武烈。武員衙門的陋規銀項係各洋行自行交關防部。除爲將軍貼辦燕窩外，其餘都是由管關家人書役經手取去。同安縣每月由該縣差書辦收去三百銀圓。陋規銀兩除洋船之外尚有淡水杉板等項船隻，土人調之鄉船，由同知衙門每月兩班輪派書役經管，所收銀兩按官五役三分用，旋收旋分並未存有賬目。關部及武職各衙門亦均享有陋規，洋船行並不經管。」經質問同安縣李逢年，他證實該縣衙門每月實收洋行銀三百圓，係交書吏辦公之用，伊並未經手，並供認廈門同知每月亦收受洋行銀六百圓。」經過這樣初訊之後，認定道府廳縣各衙門分受陋規之處都確實有據，為了進一步逐細確查，便請旨將所有案內應訊的興泉道譚尚忠，前任廈門同知現任漳州府知府劉增、同安縣知縣李逢年等一面請旨革職，一面要孫孝愉署理興泉道並兼攝廈門同知，而漳州府知府一缺由汀漳道楊景素暫行署理。革員譚尚忠、程霖、李逢年等任所的貲財則密令孫孝愉嚴加防範而淡水等鄉船陋規銀兩也要他就便確查。劉增任所的貲財也要楊景素經手防範。現任廈門同知程霖，經過總督楊廷璋保舉堪勝知府，現已隨同楊廷璋進京引見，尚未出京，故舒赫德裘曰修便請旨由刑部就近審訊辦理。本來欽差大員打算在興化查辦此案，但因陋規案的物證人證都已齊全，便回省城（福州）審辦此案。

(二)福建巡撫定長之解任，並由裘曰修暫署

原來舒赫德因為陋規案在京恭請聖訓時，曾面奉諭旨：「此案若係現任督撫起意濫索入己，自應從重治罪；若有相沿陋規徑行接受等情節亦應辦理，可即將定長解任，其巡撫印務傳旨著裘曰修暫行署理。」（註一六）雖然現在所查情形並非督撫起意濫索，但這項陋規從廿六年冬季起至廿九年也有二年多，而屬員代督撫購買物件及屬員自行濫用陋規銀圓也多至數萬，督撫平日未能覺察而他們保舉的劉增程霖所收受陋規也達幾千幾萬，基於這樣的考慮，舒赫德等便認為督撫也應治罪，而此案的探

訪詳細究竟，都當自縣廳府道等官逐層根究。如仍讓定長居位巡撫，則各該員未免瞻恤，得不到實情。因案革職員缺數處，派員委署委查也怕有所掣肘。所以舒赫德於四月十五日傳旨令定長解任而由裘日修暫署巡撫印務。十八日定長即於省城將巡撫的印信移送裘日修、裘日修當晚便接印視事。舒赫德將這項安排奏知乾隆皇帝，但並似不樂意，乾隆在摺子批曰「覽，略覺欲速矣，另有旨諭。」（註一七）

㈢審訊劉增、譚尚忠、懷隆布等

四月十八日舒赫德裘日修自興化回到省城福州，便進行審訊原先飭提到的劉增（參革前任廈門同知漳州知府），及譚尚忠（參革前興泉永道兼署廈門同知），結果在舒赫德裘日修四月廿日上的奏摺內記載詳實：（註一八）

劉增供稱：「我係鑲紅旗漢軍，由舉人歷任江南福建知縣，陞任福州同知。乾隆廿三年八月內調補廈門同知。廈門係屬海口，洋船商民出入雲集，向來同知衙門爲督撫買辦燕窩呢羽等物及本衙自買各項貨物俱定有官價，燕窩一斤總督官價銀四兩四錢，巡撫官價銀三兩三錢。呢羽各按顏色上下分別每尺三、四、五錢不等，歷年俱係按照官價發給洋船行戶辦買。近年物價漸昂，該行戶原有賠累，但俱係伊等領銀自行辦買，同知衙門並不問其墊賠多寡。……記得同知衙門每月是番銀六百圓。彼時我因此項原係陋規只好聽他們自辦，地方官不便經手，隨說此事我不管聽你們自己辦去。故此我本任內並未將此項銀兩收受入署。買辦物件俱係洪純經手，他都有賬目可查。其中我自己用過的陋規止有二十七八兩年，本衙門應徵地租每年銀一千九百六十銀兩，因奏銷花戶不能依限交納，曾叫洪純在陋規內動用銀三千九百銀兩，這實是我糊塗得受陋規的罪沒有什麼說處。此外各行戶所貼銀兩，每年辦買燕窩呢羽是各衙門都有的，多寡不等，我實在不記得數目。惟楊總督於常辦燕窩等項之外曾叫我買過人參珊瑚珍珠等物。我所開價值俱有不足，領回價銀俱交給洪純。其不敷之數俱係洪純將陋規銀兩貼補的，另開清單呈閱。如今底賬俱在，我何敢絲毫隱瞞。至現任巡撫及前任各督撫只曾買過燕窩呢羽並未買過別項貨物。」再據譚尚忠供稱：「……伊曾為楊廷璋買過珍珠人並朝珠如意等物，所開亦非實價，果如底賬。書辦洪純供稱懷蔭布及程霖，在任內除照常辦買燕窩等物及按月自收陋規銀兩之外亦曾置買珍珠人自鳴鐘等物。」李逢年（同安知縣）供伊每月所得銀三百圓並未為上司辦買貨物。

到了四月廿三日，飭提懷蔭布到省，經審訊供稱：「我係正黃旗滿洲，由進士歷任直隸知縣、知州。於乾隆廿一年陞授福建泉州府知府，廿八年六月委署廈門同知，十月初一卸事，共在任四個月。未到廈門之前因公在省，楊總督當面叫我差人赴廣代辦洋錦羽縐，當下發了四百兩銀子。我遂使家人赴廣，用銀一千六百五十圓買了五十疋洋錦、廿五套羽縐。彼時總督公出浙江，我差人至浙將洋錦羽縐送交並未開價，總督又發了二百兩銀子，這是四月裏的事。及我到了廈門同知任，總督又叫人送了五百兩銀子到了廈門叫我代買珍珠背陸角等物。那時我因廣東洋錦等賬尚有尾欠未清現又需辦別物，遂令洪純在洋行陋規內取出銀二千圓，又差人赴廣辦買了珍珠背雲大珠一顆、鑲背雲小珠四顆、大珠墜角一顆、小珠墜角三顆共銀一千四百圓。珠蔴姑一個一千一百圓，洋表一對三百圓。連前買洋錦羽縐用過銀一千六百五十圓，通共用銀四千四百五十圓。除領過總督庫紋銀一千一百兩作番銀一千六百五十圓，實墊用二千八百圓。再我在同知任內因修葺文廟用過洋行銀一千圓，修誌書用過銀四百圓、修育嬰堂用過銀一百二十圓。這都是我用過的陋規不敢隱瞞。至此外交洋行買辦貨物，如今出入數我也記不清楚，只求將他們底賬查對，若有發價不足之處便是我自己用的。我身爲知府用洋行陋規代上司辦買貨物，地方公事未能自己捐廉，又將陋規應用這都是我的罪，還有何辯處。再我還爲總督代買珊瑚帽一個並未開價，値若干我記不清了。洋灰鼠是我自己用的等語。」（註二〇）

經訊得供後，舒赫德等認爲這項陋規開始的時候雖然出自行戶自願貼辦，以致陋例相沿，至今地方官公然濫受多金，而大吏們且於照發賤價辦買燕窩呢羽之外，更令得受陋規之屬員代購別項貨物，發價不過十分之二、三，誠非始料所及。因此他們奏請將懷蔭布、劉增、譚尙忠、程霖、李逢年等五人革職質審外，所有各任所貲財自應查辦，並密委道府等官分赴各該處詳細嚴查勿致陰寄，並造冊詳報，以便稽查。

由於陋規案索涉廣泛，革職閩省所屬道府計有興泉道譚尙忠，漳州府劉增，泉州府懷蔭布三員，而邵武府，福寧府丁憂出缺，新任知府皆未到任，興化府伊蘭泰又甫經丁憂，閩省知府共計十員，現已缺五。裘日修感到遴員署理已感困難，而兼署人員復各有本任之事，而興泉道、漳州、泉州、興化三府地處海濱，又正當釐剔之際所關甚感重要，因此上奏請旨敕部揀選八員速行來閩用供差委。（註一九）對應訊餘的人更要加意防範密行辦理勿涉張皇，至於各營弁微員及吏役人等人數頗衆，而相沿飯食等費數目微細者，也希望勿事探求，這正合乾隆皇帝的心意，「甚是不可張大株連」。（註二一）

陋規案經舒赫德裘日修初步處理、乾隆皇帝於廿九年四月戊申（廿七日）發下諭旨，節略如后（註二二）：

「……請將譚尚忠、劉增等革審等語，該道府等既有收受陋規之事自應如此辦理；但黃仕簡原奏俱憑參將溫泰開單送款。其所開總督一萬，巡撫八千各數，伊究何確據。溫泰果能指出何人交送？何人收受？鑿鑿可證，朕亦斷不肯為該督撫等稍存迴護。倘事涉影響而溫泰並不能逐一指出，係該弁摭拾誣揑即屬此案罪魁，自當徹底查辦方為喫緊竅要。至此外府廳各衙門相沿陋規原屬易於辦理，全未識輕重之宜矣。……至另摺所稱知府劉增等俱係該督撫保舉之人輒於查訊時節傳旨令定長解任，裘日修暫署撫篆一事未免欲速。前曾面諭舒赫德到閩查辦此案，若該督撫等果如黃仕簡所奏濫索入己則其罪自不容輕貸，應令定長解任質訊。今摺內所奏情節並無接收確據，定長等即有應得處分不過失察及保舉非人，尚不至革職，且現在案情並無必需該撫質訊之處，何必遽令解任耶。……著傳諭舒赫德等就案悉心分別妥辦，毋事張皇急遽轉致畸重畸輕。所有軍機大臣查訊同知程霖等各供並著一併寄去，可將此諭令知之。」第二天四月辛亥（三十日）對於查訊道府廳員供有與總督楊廷璋墊買物件銀四千銀兩一摺，乾隆帝降諭旨道：「……此項並非黃仕簡前奏溫泰所開總督一萬，巡撫八千之本文，係屬案外支節，但既經訊出自不應置之不問。……而現在墊買之項特係府廳以陋規為墊辦，在該督原有應得之咎，朕亦不能為之迴護。即審擬之大臣亦安得謂之吹求，況督撫等在地方買辦物件其勢即不能不需人代購，第以上司而派委屬員即已自干不合，況價值更有賠墊，情事既確安得復貸其處分；然其獲譴之重輕究以原參收受本款是實是虛爲之關鍵。舒赫德等不將此處詳明剖悉。設使屬員等轉將自行侵蝕之貲，希圖開入添辦之內於理殊未清晰。……」至於定長解任一事乾隆皇帝再降下諭旨道：「……至摺內定長並無墊買之事，於理更不應解任。此時正當交還印信令其照常任事。若此旨未到之前已訊出八千圓果有染指，自當令其去官，於事體方爲合宜。」（註二三）並叮嚀舒赫德他們：「……朕所慮者閩省濱海之區，民俗刁悍，現在劣員奸吏已因關務釀出督撫重案，欽差大員正宜靜鎮妥辦不得稍涉張皇別滋株累……。」五月一日再下諭旨對於喫緊要件有所指示……「兩奏到查訊廈門陋規一事並不將黃仕簡原奏所開總督一萬巡撫八千及各衙門實在有無收受本分質訊具奏，所辦未識領要。疊經傳旨訓諭舒赫德等奉差赴粵閩，如係朕特欲體訪楊廷璋平日事跡，伊等不拘何款自當隨訪隨奏。今此案特差舒赫德等前往者乃緣黃仕簡據溫泰送款摺參，其喫緊關鍵乃在督撫等收受陋規虛實爲讞案本文。如一萬八千之項，實係染指則舒赫德之令定長解任固當，而朕亦必明降旨將伊等從重治罪；如此項收受原屬子虛但查出道府廳員等以所得陋規爲該督墊買物料情事，則楊廷璋亦自有難辭之咎然其獲罪自與公然收受陋規橐累萬不同，而定長則不過失察之小咎，蓋爲無罪之人矣。……況閩省沿海地方風俗自來刁健，黃仕簡以原籍之人爲本省提督。又聞與馬龍圖爲兒女姻親。今奏牘事實尚未審明而一二欽差立將封疆大臣一時令其解任。無知之人將必以該督劾奏馬龍圖而黃仕簡即搆釁爲之報復，其於政治人心所關既重，況督撫之進退不務得其實款，國體又安在乎？……」而對黃仕簡的首告，乾隆的看法是：「雖黃仕簡所奏得之溫泰，設一萬八千之數審屬無憑，溫泰固其罪魁而黃仕簡以不察端委，樂爲藉詞入告亦有應得之愆，然朕斷不肯加罪先發之人以折天下敢言之氣。」又再重申追究一萬八千之數云：「恐舒赫德等舍本逐末如從之奏覆，朕仍難降諭旨。此當問其一萬八千之數爲虛爲實；若虛矣則黃仕簡所奏爲不實，然道府同知得受陋規其中又爲該督賠累者即當據實參奏，俟朕降旨可也。若此旨未到之前仍然以別生枝節入告，則惟封俟遵此旨所辦摺到然後降旨不瑣瑣更降旨矣，此旨仍速回奏。」

至於武職陋規一項，舒赫德裘曰修於廿九年五月十二日上奏曰（註二四）：「……其武職陋規一項查閱洋行底賬所開各衙門陋規三萬六千餘圓數，內有武職汎口四千五百圓一條。又查得各項鄉船亦俱有武職營汎陋規多寡不等。訊其交受原委，則係積久相沿，按照船隻大小出入數目各營汎分別接收……廿六年十月後始有成規，第核其沿收情節則惟中軍參將衙門係本任之員自行經手而大擔及廈港等汎口則係鬮標將弁按月輪流更換，年歲即久人數衆多，其中病故者不能悉數，每人所得又無冊簿細數可稽，且查廿六年以前以提督馬龍圖、馬大用、李有用、林君陞、倪鴻範、張天俊以及溫泰以前之參將姚應曼等均經身故，是以臣等查辦武員陋規只以中軍參將溫泰一任爲斷。其大擔等汎口各武弁按月輪換並非專員難以查考概不探及。惟中軍衙門收存陋規帳內載有繳過前任丁憂提督甘國寶賞兵公費並動用陋規置買貨物銀數千圓。查賞兵等費尙屬事出因公，而買置貨物竟用此項銀兩則非貼墊著可比。……臣等就近傳訊，俟質對明白有確情另行具奏或別有影射亦須逐一研究……。」

清高宗屢降諭旨垂詢總督一萬巡撫八千圓之數，舒赫德等欽差遂嚴詢溫泰，才知道是奉黃仕簡之命查訪，伊再轉令營書吳有文訪問。而吳有文也是隨便向素識之雜項及各衙門書役打聽得知，隨聞隨

開，原單內總督一萬，巡撫八千之數係屬混開。問題癥結初步獲得解開，其奏報審訊經過如後：（註二五）

「……及將洋行底賬起出，始詢知規定數實始於廿六年冬洋行之私議，然其問多寡與黃仕簡原奏所開懸殊，問之參將溫泰並不能一一指明，據供係奉黃仕簡諭查，伊復轉令營書吳有文。……遂先將廈防同知衙門書辦洪純及洋行船戶李錦等訊問據將底賬中各項買帳墊用及各道廳等取用之處指出，臣等按其年月質問，調到各員則底賬所開一一確鑿。又將代為上司置買貨物貼墊價值之處供出，並據自認收受陋規屬實。……及提到吳有文將原單數目緣何加倍多開之處嚴行追究。據供溫泰令伊查訪文官陋規，伊意溫泰不過偶然查問，或係提督欲知文員數目以便收受放心，並不知提督要辦，因隨便向素識之雜項人等及各衙門書役打聽，所聞原有不同亦未見過洋行底賬等語。臣等令其與船行人等將單開數目與底賬不符之處逐一質對，始知吳有文係向各處隨問隨開，或開散數，或已開總數又將散數添入并將向來聽聞舊話如土生男女關部等名色皆現今所無，一併開寫，是以其數倍增。不獨原單內總督一萬，巡撫八千之數係屬混開即洋行底簿內所開督撫名下共有八千之數亦係船行議出，此項名目以為自己墊辦物價之需，並非督撫等實有所收受也。」至於舒赫德裘曰修對於屬員為上司墊價購物並未經實價開呈，而在洋行陋規項下挪墊一事，顯有同情總督巡撫之嫌，他們在同一摺上說：「臣等伏思，在上司令屬員代為置貨固屬違例，而屬員以此逢迎上司並不將實價開呈，上司亦無由得知，且屬員為上司代置貨物取之洋行，視為習慣。洋行又自將賠墊之數註於簿中，究之洋貨等物並無定價。洋行雖係墊價買物之人而所開之數，亦難必其是否確實。……今楊廷璋除買燕窩呢羽外，譚尚忠、劉增所爲代買物件據開墊價四千銀兩。又續據懷陰布單開墊價二千餘兩。定長則只有發買燕窩呢羽並無他項物件。……臣等研詢各參員均堅供該督撫實不知情。則是原奏所指總督衙門一萬，巡撫衙門八千之數已屬子虛……。」並請旨將楊廷璋，定長交部議處。黃仕簡不察虛實率臆具奏也請一併交部議處。而參將溫泰等到訊明陋規案質訊部份後另行定議。其他各參革道府等員因都是親收陋規，應該計贓論罪，也等到程霖解到應訊後，再由舒赫德等定擬具奏。

五月十一日欽差舒赫德裘曰修，接獲定長照常任事的硃批廷寄後，裘曰修立將福建巡撫印信移交給定長，定長便於次日（十二）具摺奏謝天恩。

(四) 楊廷璋的辯白及程霖的應訊

楊廷璋於四月內入京陛見，隨於五月初一日起程回任閩浙總督。五月廿日抵浙省，浙江巡撫熊學鵬便將總督印務交還給楊廷璋，楊廷璋次日自浙起程回閩。楊廷璋回閩，對於舒赫德查出洪純所存底賬內所開他辦買各項物件而少發價款事，他具摺提出答辨，內容如後：

「奏爲瀝血陳情叩恩垂鑒昭雪事……等因業經奴才在京時先將大概情形奏陳聖鑒。今遵旨兼程南回，途次復再三追憶，伏念奴才需用物件大半皆赴江蘇粵東分頭採辦，其在福建本省買辦之物甚少。查所開各物內如人參，綠松等項本非廈門所有之物，節年並未買過係屬虛開，其燕窩一項歷年買自廈門定價每觔四兩四錢，前任各督臣均照價給買向有成例並非創自奴才，然亦係陸續採買亦無一次即買七八十觔之多。至呢羽等物福建運到者粗鬆不堪遠遜於廣東，是以祇買過一二次。其自鳴鐘僅買過一架係內地船戶帶來，損壞不堪應用遂不復再買。惟珍珠等項聞內地客商船戶有自外洋帶來者，因於屬員晉謁時令其送看，內有堪用者或發銀數百交令代購開價銷算，或當時照數給發；其開價少者仍駁令另開，間有於開價之外加倍給予者，從不敢於開價之內短發絲毫，且實係乘交給屬員代買，並不知有轉發書役令洋行貼費之事。蓋因需用各物，親身既不能採買，若令家人長隨往購，勢難免招擾滋擾，不得已而託之屬員，實非有所希冀於其間也。今查洪純所開數簿內，如人參、綠松等項係奴才從未發買之物，而竟悉行列入奴才名卜，則其中混開之物不少。今無論物之買與未買？簿之是捏是正？價之實與不實？悉坐於奴才一人，將使奸胥墨吏不妨任意勒索侵漁，事敗則造僞挾制誣陷上官以爲脫漏之計，於聖朝政體大有關係。且即據洪純數簿內載私派船戶番銀三萬元以備各衙門買物貼費，今祇查出總督衙門每年四千元而於各文武衙門貼費若干又未查及。始無論貼費之實在有無若干，縱或有之亦必係官吏串通牙行私派船戶銀錢肥己，藉稱貼費以爲卸罪張本。即所開奴才買辦物件除折實並給價外所貼亦祇開有二千元。其自廿六年至今每年所貼之四千元又侵蝕何處？中飽何人？若非徹底根究安能水落石出。查所受陋規至一萬八千元之多，而僅以奸胥無稽數簿內混開奴才等買物貼費各色以實其事。在奴才受其借端誣害固不足惜，而使奸猾胥吏影射作奸侵漁捏混復得彌縫漏網，於吏治民生有礙。若謂奴才身任總督所部屬員胥吏敢於暗地議派陋規串捏分肥，不能早爲覺察查拏昏憒無能原無可置喙；設謂奴才知有此項貼費故爲短價派買物件貪得便宜，奴才雖下愚無恥斷斷不敢出此。奴才愧悔之下捫心自揣所以致此之由，揔由乾隆廿六年先後參奏馬龍圖林洛二人，爲本省大小武員所忌嫉，而馬龍圖之子即係黃仕簡之婿，林洛之子又係馬龍圖之婿。且聞各洋行內又有馬龍圖之姪子在開行數家。婣黨積恨成仇欲得甘心於奴才已非一日。今聞奴才問有交屬買物之事而奸胥洪純又有派索洋行陋規之弊，因而借以發端假公報復。奴才孤蹤幾難自保，幸荷我聖主明並日月於刑獄案件，務期愼重精詳歸于平允，俾天下無一冤獄。奴才將處覆盆之下不得不呼籲於君父之前。伏乞聖主諭令舒赫德等再將此案官犯人等逐一提齊悉心研究秉公查審奴才當日所買何物的係何人承辦？發價若干？是否足數？原價所開價値有無短發？其未買之人參等物確係何人開入？並如何私議貼費？每年實有若干？何官何吏作何侵蝕分肥？務得此案正實情節分別從重治罪，俾巧詐無由自逞，鬼蜮難以潛形。倘奴才之所奏有涉虛誣即請皇上重治奴才之罪以爲奉職無狀者戒。……至廈門同知程霖先經領咨，由建河水路進京；奴才係由陸路行走並非隨同奴才進京，人所共知。至保舉堪勝知府係由藩臬兩司會同密稟。奴才與撫臣核其居官才具聯銜保奏有案可稽，訊之程霖即明，更可毋庸置辨……。」楊廷璋回任的同時乾隆皇帝便下旨要舒赫德等就近詳悉核對，該諭見於五月甲戌（廿三）實錄（註二七）：「諭軍機大臣等……楊廷璋在京自云置買物件實屬無幾，並未有如許之多。因令該督回閩自行就近覈對。其是否確係貼辦實數；抑或屬員等混行指開，款證俱在無難立見分明。楊廷璋即可將此項墊價實在多寡之數逐一詳質確實；各該員自無能裝飾，非若一面之詞難成信讞也，著將此諭楊廷璋知之。」六月三日舒赫德等接到楊廷璋的咨文，內中將屬員代他買物，造僞挾制誣陷，反覆陳述，並向舒赫德等提出要求，請再提解各官犯到案，重加質訊務得實在情節。舒赫德裘曰修接到移咨後便傳集藩臬兩司，復行公同研訊譚尚忠、劉增、懷蔭布等，將他們替楊廷璋購物如何收交經過審訊清楚，詳見於六月八日舒赫德裘曰修所上的奏摺內：（註二八）

「……令臣等再提各官犯到案質訊，務得實在情節等語。臣等隨即傳集藩臬兩司，將譚尚忠、劉增、懷蔭布等復行公同研訊，均各堅供如初，並將如何交收之處一一供吐。據譚尚忠供：我從前供代總督買的物件內珊瑚朝珠、蜜蠟朝珠、水晶如意珠、東方朔（人像）四件共銀一千一百四十八圓除發價一百二十四圓實墊用銀一千零二十四圓。東西是我面回交進去的，所墊價值現有洋行出貨簿子可證，不是推卸得的。又珠彌勒一座，因總督起身時沒有做起，直至三月二十日纔同滇玉如意二枝差家人趙二趕送到浙江去，至今未回不知有無收到，當經供明在案，這都是實情。劉增供：我代總督買的物件內大珠一顆重一錢一分，又一顆重一錢，又珠人一個，珠記念一副、大小珠二十顆，蜜蠟朝珠一串係珊瑚佛頭記念，又象形玉帶頭一個、又珊瑚佛頭記念全副共買價銀三千四百四十圓，兩次奉發價銀一千兩，我也沒有再開價銀、總督也沒有再發的。以上各物內除珍珠記念一副，大小珠二十顆是我面繳外，其餘也有長隨車書經手繳送的，也有差弁吳千總到廈門取去的。又有鑲綠瑪瑙時辰表一對價錢三百圓開價四十兩。蜜蠟朝珠二串，珊瑚佛頭記念價銀一百五十圓開價五十兩，伽楠香一塊價銀四百圓開價三十兩，珊瑚帽頂一個價錢四十圓開價十兩，以上也係車書繳送照開價給發的。再人參半斤價值七百圓我開價三百二十兩，此項原奉總督諭買，我買辦後上省時回過送進去的。因預先奉發銀四百兩除買蜜蠟朝珠伽楠外，餘就扣還參價了。又代買八音樂一對價錢六百圓我止開銀六十兩，係照價給發的，因繳送後時刻不準發回帶往廣東，收拾好了送到浙江交繳的。以上所開各物價值現有行賬底簿可憑，我何敢絲毫隱瞞。我動用陋規已屬有罪，如何敢推卸在上司身上呢？所供是實。懷蔭布供：我代總督買過洋錦五十疋，羽縐二十五套共用銀一千六百五十圓，係家人沈福同吳千總送至浙江交繳。又買過眞珠蔴姑一個大小珍珠九顆，用銀一千一百圓，墜珠角四顆，珠背雲一個，小珠四顆用價銀一千四百圓，表一對用銀三百圓，俱係稟見時自己面交總督。前後共發過價銀一千一百兩這都是實供。又訊據劉增家人車書供：我係原任漳州府知府劉增之長隨。劉增在廈門同知任內差遣往省或投稟或解呢羽，並上憲投繳物件是常有的事。記得前年差我繳伽楠香一塊，珊瑚佛頭記念一付，帽頭一個，時辰表二個，在福州總督衙門投繳見頭總督。還記得繳過八音奏樂鐘一對，其月日因日久記不得了。又去年三月間差我往浙江投繳珠人一個，玉像帶頭一個交巡捕宋千總轉繳。亦見過總督，隨蒙總督賞飯又賞銀四兩。更有解繳呢羽等物，俱有箱匣封固，也有別物用小匣裝盛搭放箱內；那是稟帖內寫明的我不能知道。懷蔭布家人沈福供：我係直隸宛平縣人，自乾隆十六年跟隨懷蔭布，至廿一年到福建。廿八年總督發交銀四百交採辦洋錦羽毛縐，我家主差我往廣東去置辦。我於正月底到廣東即對機房人面定洋錦五十疋羽毛縐袍褂二十五套，共用過番銀一千六百五十圓，於三月內自廣回泉。因總督在浙江，我家主即差我送往浙江總督衙門。在浦城地方遇見吳千總，說總督叫他來催洋錦。我同他到杭州繳進，係交武巡捕宋千總手。總督傳見又發交二百兩叫我帶回，並諭如若不敷叫你主兒開了價來，並未問起多少價錢買的，又賞飯賞給夫牌一張是實各等情。是日適值程霖解到，亦供出：本年二月爲楊廷璋購貨珍珠墜角二副，珊瑚佛頭記念背雲一副係面交。又珊瑚朝珠一副，珠佛一座係交管門朱姓收進，共用過價銀二千二百一十圓未經開價等語。又洋行承辦燕窩呢羽底賬內開有廿六年十月以後總督共買過燕窩二百五十斤，內已發價者一百八十斤，未發價者七十斤，以總督官價每斤四兩四錢合算尚短發銀三百零八兩。又買過呢羽二次，以官價計算除發過銀兩外尚短發銀三百五十四兩。二共短發六百六十二兩。令前後領價置辦呢羽之劉增、懷蔭布、程霖逐一細對，均稱實係總督未發並非伊等領用。……」

經譚尙忠、劉增、懷蔭布等所供，代楊廷璋買物，除發過價值外共貼墊市平行銀六千五百六十兩，再加上程霖供出貼墊市平行銀一千七日六十八兩尙未給領，另楊廷璋所買燕窩呢羽亦尙短發銀六百六十二兩。總計貼墊市平行銀八千九百九十兩。（註二九）其中因譚尙忠代楊廷璋置買珍珠彌勒佛、滇玉如意二件，墊銀六百三十四圓。所差交送的家人趙二在途患病未能趕上呈送，已將原物帶回。故應於譚尙忠代總督貼墊項下除去銀六百三十四圓，計八折行銀五百零七兩，經扣除後洋行爲楊廷璋代購貨物總計共貼行銀八千四百八十三兩。

同年五月廿三日上諭（註二七）命楊廷璋明白回奏，六月十日交到楊廷璋的手中。六月初八日舒赫德的奏摺原稿相繼也抵他的手中。上下相逼，楊廷璋只有惶悚涕零不能起立的份了：（註二八）

「……奴才奉職無狀已屬罪無可逭，更有萬難自解者，奴才每年有需用之物假手屬員，以致奸胥墨吏得以因緣作奸恣意婪索。……不特奉職無狀實深負聖主簡畀之鴻恩。」而他咨覆舒赫德等無需再

查，他的辦白也告一段落，六月十二日舒赫德的奏摺有清楚的記載：（註三〇）

「……各等情臣等錄供咨覆楊廷璋去後，今據楊廷璋覆稱，所有本閣部堂陸續交參員採買之物，未經存有底賬，一時失記已無庸再爲剖晰。……六月十一日楊廷璋回至閩省，臣等敬將所奉廷寄諭旨，現今該督回閩可就近詳細覈對不難立見分曉之處面行告知。隨將洋行各項底賬全數交與閱看并以案內人證現皆齊全，令其覈對。據稱回咨內已經聲覆無須再行覈對……。所有該督咨覈臣等及臣等令其會覈並該督面覈無庸重審名緣由……。」總督楊廷璋也只有等待乾隆皇帝的發落了。

廈門同知程霖，當舒赫德裘曰修於四月下旬進行審訊時，他先已進京引見，因此未能質訊。但經由軍機處將程霖在京及返閩途中訊取各供詞先後具奏，也先後寄交給舒赫德等做查訊參考。到了六月初三日由郎中法明押解了程霖及其家人馮天祥到了福建省。舒赫德裘曰修便立即招集了藩臬兩司公同面訊。六月初八日審訊結束，便具摺向乾隆皇帝提出報告，其供詞重點如后：（註三一）

「……據供伊在廈門同知任內得受洋船陋規銀二千六百四十圓，又置買貨物拖欠洋行銀一千餘圓及賒取燕窩八十匣等事均屬實情，其燕窩八十匣係轉買與浙江鹽道張琦得銀七百二十兩。又查出程霖此外尚有向各行戶供銀三千餘圓等款亦據自認屬實，再詰之以從前在京如何堅不承認之處則供稱彼時心慌害怕，且陋規事情不止一件不知那一件是見，當下無人質證就堅供並無其事。今一路仔細尋思一切證據俱在福建焉能再行支飾等語。質訊馮天祥，所供程霖得受陋規情節，亦與程霖所供無異。又據程霖供出尚有代楊廷璋辦買物件未曾發價之事。臣等隨令其據實開單，據單計算銀共二千二百一十圓。…

……」經奉乾隆皇帝硃批：「此人尤屬鬼詐可惡，當嚴行案擬。」這是程霖應訊之經過。

第三節　陋規案的結束

舒赫德、裘曰修自奉命到閩，查辦廈門陋規案，經過長時間的調查審訊，終於在六月十三日結束，並審擬具奏，即日起程回京。審擬重點如後：（註三二）

「……參革興泉永道譚尚忠……在署同知任內兩月用過洋行陋規銀一千二百圓，又用過鄉船陋規銀三百三十圓，共實用過陋規銀一千五百三十圓又未發洋行物價三百八圓。參革漳州府知府劉增前在廈防同知任內一年零八個月，當廿六年十月洋行自定陋規數目回稟，該員未能飭禁。復收用洋行陋規銀六千圓，又用過鄉船陋規銀四千圓，又置買洋行貨物，洋行將伊應得陋規墊用銀四千一百圓，而劉增家人分用洋行銀二千圓。參革泉州府知府懷蔭布署廈防同知四個月用過洋行陋規二千四百圓，又用過鄉船陋規銀六百圓共三千圓又據供修埋育嬰堂及修誌書等項用過洋行銀一千五百餘圓，但無冊檔存案例不准銷。參革廈防同知程霖在任四個月收用過洋行陋規銀二千六百四十圓，又用過鄉船陋規銀六百一十圓，又拖欠洋行貨價銀一千五百九十圓，又賒燕窩八十匣價銀五百六十圓，又二次預借洋行陋規一千兩，又一次預借各船行陋規銀三千五百圓。參革同安縣知縣李逢年在任一個月收用洋行陋規銀三千三百圓，雖據供充作書院膏火並修理監獄用去；但未詳立案據亦例不准銷。……現任中軍參將溫泰，任內廿八年十二月以後所收陋規業經繳送現任提督黃仕簡收存。其廿八年十二月以前自收陋規並甘國寶諭存大擔等汛陋規，除甘國寶用去外，溫泰本營共存陋規銀二千八百餘圓，內現存銀三百二十餘圓，溫泰用過銀二千四百七十餘圓；雖據開有修工等項支銷之數，但並無文卷及工匠領據可憑即屬私用。復究其開稟黃仕簡各單與現在查明船行陋規數目多寡懸殊之故，則溫泰係奉黃仕簡諭查，始令營書吳有文查開轉稟。黃仕簡據單具奏緣由伊實不知其事並非有心誣揑應與得受陋規各文員一例治罪。」

並經欽差大臣們各按律定罪如后：

「查律較官吏非因公務科斂人財物入己者計贓以不枉法論。不枉法贓折半一百二十兩以上絞監候。又律載官吏求索所部內財物計贓，准不枉法論，名例內載准者但准其罪，罪止杖一百流三千里。又律載家人求索減本官罪二等，各等語。今程霖收受船行陋規應與譚尚忠、劉增、懷蔭布、李逢年、溫泰一例問擬，其因進京盤費邀請商戶三十餘家預借銀三千餘圓，係額外科斂應將程霖照非因公務科斂律擬絞監候秋後處決。譚尚忠、劉增、懷蔭布、李逢年、溫泰、所收銀數多寡均係在任久近日期接收，尚非挾勢勒取，應俱照求索所部財物律，擬流改發闢展等處效力贖罪。書辦洪純於廿六年洋行議定陋規數目時即係伊回稟劉增，此後正署各同知接收陋規及辦買貨物等事又皆其經手，實非安靜之人未便仍留原地滋事，應照得受陋規各員所犯流罪擬以杖一百流三千里至配所折責發落。營書吳有文將遠年舊單及聽聞未確數目冒昧開稟殊屬不合，應照不應重律杖八十革役。程霖家人馮天祥在京混供亦屬不合，亦應照不應重律杖八十折責發落。劉增任內得受陋規之家人訊係按月收受，闔署家人長隨均分。劉增離任一年，其從前分得陋規之家人現在只有王峻生、李七保、孫國柱、楊正芳、沈棟等五人，各得過銀八十九圓及百圓不等，均應照不枉法贓折半四十兩，杖一百律減二等杖八十，各折責發落。各員名下所收銀兩均應著追入官。查譚尚忠、劉增、懷蔭布、程霖、李逢年任所貲財業經查封，應交地方官變抵，如有不敷，行文各該員旗籍著追。溫泰應追銀兩交地方官照數追繳。劉增家人分用銀二千圓亦即在劉增名下著追。……總督楊廷璋巡撫定長業經臣等查奏請旨，交部分別議罪，……。所有審擬各犯證供詞僅繕清單呈覽，仰祈聖鑒敕部核議施行，為此謹奏請旨……。」直到六月廿四日（甲辰）奉到乾隆帝的諭旨（註三三）：「諭曰楊廷璋現在交部嚴加議處，著解往來京候旨，蘇昌（原兩廣總督）著調補閩浙總督。兩廣總督員缺著李侍堯（原湖廣總督）調補，李侍堯未到任之前者明山暫行署理。吳達善著調補湖廣總督，其雲貴總督員缺著劉藻補授。」次日（乙巳）廿五日又諭曰（註三四）：「諭軍機大臣等奏查辦廈門陋規一摺，與前次所奏情事大概相同，此案既經徹底查明，自可即行完結。現在楊廷璋定長明白回奏各摺已批交部分別議處，可將此傳諭舒赫德等知之。」

七月初一日高宗實錄記載了一道上諭，有關此陋規案的前因後果有明白交待，並恩賞楊廷璋散秩大臣來京效力，定長從寬留任。其重點如后（註三五）：「……至購買燕窩等物定長惟沿習向例給價，而楊廷璋於此外復有令屬員墊買人參珊瑚珍珠等物僅照所開平價給發，致屬員添價墊買為婪收陋規藉口。楊廷璋溺職負恩罪實難逭，但此等陋習料非僅福建一省為然，別省幸而不致敗露，則亦姑置不究。今既訊有確據，豈可不示以創懲。楊廷璋擢任封疆以來尚能實心任事，是以簡用大學士仍留總督之任，乃不能正己率屬致啓屬員巧為逢迎借端欺蝕之漸，不但不堪表率封疆，即令其還京供職，亦有何顏面廁綸扉耶。姑念其宣力有年，齒復衰邁（璋年七十七歲），不忍遽加擯斥，著加恩賞給散秩大臣來京效力。定長本無大過，著從寬留任。」隔一天（癸丑初三日）乾隆帝又下旨再加以剖析重申（註三六）「諭……但督撫令屬員購買物件究非體制所宜，或有謂若非委之屬員，恐假手家人胥役益致借端滋擾，不知屬員中賢否不齊，此端一開必啓逢迎賄謁不可不防其漸。若以上貢方物原司分內應辦之事，遂致購覓一切什物悉託下僚混濫皆所不免。即如程霖等代楊廷璋所買各項內，并有將自用人葠等件亦託名列入者，其流弊更無所底止。豈可不早爲禁飭，使不肖之員藉口爲罔利營私地乎。……此案舒赫德等查辦入手未得關鍵，節經訓示更正及審明定讞。則楊廷璋之罪斥總督，解退閣務。及定長之從寬仍留原任，皆視其所自取。恐中外之人未能深晰此中就裏，特將奏情原委明白宣諭知之。」

七月十五日楊廷璋接到前項解任來京的諭旨，料理清楚經辦事件，便於七月十八日將總督印務移交給撫臣定長接收署理，十九日便自閩起程，八月初九日抵浙省即兼程馳赴熱河行在，赴闕請罪。未幾，卻授正紅旗漢軍都統，十二月授工部尚書（清代通史清代宰輔表第三）。三十年命署兩廣總督，三十二年召授刑部尚書，三十三年授直隸總督兼直隸河道總督，直至三十六年十月廿日丁亥離任，十二月卒年八十四，還贈太子太保，並賜祭葬。相反的：陋規案的原告發者黃仕簡，並未因此高升，反而於九月十七日承兵部劄付內閣抄出八月廿一日奉上諭黃仕簡著調補廣東提督，而其福建水師提督員缺即著吳必達補。有趣的是乾隆帝在黃仕簡奏謝天恩的摺子上批曰：「以福建文武官皆怨汝，故調用非有他故。汝莫懼更宜勉力可也。」（註三七），黃仕簡又重新回到離開約十個月的廣東提督的任上。

後來因爲林爽文起事，黃仕簡督兵討之，師久無力，經總督常青、李侍堯先後參劾貽誤而被奪官，幾經逮下刑部論斬，特宥之，尋赦歸。這樣一位乾隆帝的「汝可謂知恩，朕亦可謂知人。」（註三八）大臣竟有如此的下場；而楊廷璋被認爲「溺職負恩罪實難逭」的罪人卻得到高官厚祿，誠所謂公平乎？

結語

清朝經康熙帝六十年休養生息，以寬大爲治，民物靜豐，但終不免人心玩忽，諸事廢弛，因而顯得失之於寬。繼而雍正帝稟持嚴厲，以整頓積習，大臣奉行過苛，擾累百姓，誠有嚴刻之弊。乾隆帝即位，深以寬猛互濟之道爲然，並且屢次下召說明「故寬非縱弛之道，嚴非刻薄之習，朕惡刻薄之有害於民生，亦惡縱弛之有妨於國事。」（註三九）但常因時制宜，不得不以寬大矯雍正帝峻厲之弊，大臣們便漸存放縱玩弛之勢。廈門陋規案因勢發生，更由於此案未能嚴刑懲治犯法官吏，誠是乾隆朝疆吏侵呑剝削，聚斂行賄的先河。乾隆四十二、三年和珅寵用聚斂，四十六年甘肅官吏之侵糧冒賑，四十七年山東巡撫臣國泰之勒派屬員，婪索多贓……隨之各省吏治敗壞。總之廈門陋規案雖是地方上的貪黷，其影響之巨可見，清朝之中衰便由乾隆帝開始也。

【附註】

註　一　黃仕簡、福建平和人，曾祖黃梧率衆投誠清朝，受封一等海澄公准襲十二次，雍正八年襲爵，乾隆十六年，皇帝南巡，二月黃仕簡在蘇州接駕請當差，諭曰……著總督喀爾吉善再爲教導學習，俟才識堪以勝任之時奏聞請旨。三月賞戴花翎，十九年授浙江衢州鎮總兵，廿三年四月丁母憂。廿四年命署湖廣提督軍門。廿五年服闋實授，九月調廣東提督。廿八年調福建水師提督。（清史列傳卷二十五）

註　二　《宮中檔》，乾隆朝第一六九四〇號，乾隆廿九年一月廿四日黃仕簡摺。

註　三　《清史稿》，黃仕簡傳云：「上嘉之，諭汝知恩，朕亦知人。」及清史列傳黃仕簡傳云：「硃批嘉悅之，汝可謂知恩，朕亦可謂知人。」兩者記述與本摺略有出入。

註　四　《清高宗純皇帝實錄》，新裝第十四冊，一〇一八五頁。乾隆廿九年三月乙卯諭。

註　五　《宮中檔》，乾隆朝奏摺第〇一七五五〇號，乾隆廿九年四月十五日舒赫德等摺，「……再三月廿三日所發硃批臣舒赫德奏摺並廷寄諭旨廿四日所發硃批臣裘曰修奏摺具經奉到合併陳明……。」

註　六　同註五。

註　七　《清高宗純皇帝實錄》，新裝第十四冊，一〇二二七頁。乾隆廿九年四月戊申（廿七日）諭。

註　八　同註四。

註　九　《宮中檔》，乾隆朝奏摺第一七三〇〇號，乾隆廿九年三月十二日陝甘總督楊應琚摺。

註一〇　《清高宗純皇帝實錄》，新裝十四冊，第一〇二〇〇頁。乾隆廿九年三月甲戌（廿三日）諭軍機大臣等。

註一一　《宮中檔》，乾隆朝奏摺第一六七八三號，乾隆廿九年正月四日楊廷璋摺。

註一二　《宮中檔》，乾隆朝奏摺第一七五五〇號，乾隆廿九年四月十五日舒赫德裘曰修摺。

註一三　同註一二。
註一四　同註一二。
註一五　同註一二。
註一六　《宮中檔》，乾隆朝奏摺第〇一七五五八號，乾隆廿九年四月十五日舒赫德摺。
註一七　同註一六。
註一八　《宮中檔》，乾隆朝奏摺第〇一七五八一號，乾隆廿九年四月二十日舒赫德裘曰修摺。
註一九　《宮中檔》，乾隆朝奏摺第〇一七五八〇號，乾隆廿九年四月二十日裘曰修摺。
註二〇　《宮中檔》，乾隆朝奏摺第〇一七六二一號，乾隆廿九年四月廿四日裘曰修舒赫德摺。
註二一　《宮中檔》，乾隆朝奏摺第〇一七五八三號，乾隆廿九年四月二十日裘曰修摺。
註二二　同註七。
註二三　《清高宗純皇帝實錄》，第十四冊，新裝一〇二二八頁。乾隆廿九年四月辛亥諭。
註二四　《宮中檔》，乾隆朝奏摺第〇一七七七五號，乾隆廿九年五月十二日舒赫德裘曰修摺。
註二五　《宮中檔》，乾隆朝奏摺第〇一七七七六號，乾隆廿九年五月十二日舒赫德裘曰修摺。
註二六　《宮中檔》，乾隆朝奏摺第〇一七八五三號，乾隆廿九年五月廿一日楊廷璋摺。
註二七　《清高宗純皇帝實錄》，第十四冊，新裝一〇二四二頁。乾隆廿九年五月甲戌諭。
註二八　《宮中檔》，乾隆朝奏摺第一八〇〇六號，乾隆廿九年六月八日舒赫德裘曰修摺。

註二一九　《宮中檔》，乾隆朝奏摺第一八〇〇八號，乾隆廿九年六月八日舒赫德裘曰修摺之附摺。
註二二〇　《宮中檔》，乾隆朝奏摺第一八〇五八號，乾隆廿九年六月十二日楊廷璋摺。
註二二一　《宮中檔》，乾隆朝奏摺第一八〇〇八號，乾隆廿九年六月八日舒赫德裘曰修摺。
註二二二　《宮中檔》，乾隆朝奏摺第一八〇六三號，乾隆廿九年六月十三日舒赫德裘曰修摺。
註二二三　《清高宗純皇帝實錄》，第十四冊，新裝一〇二六四頁。乾隆廿九年六月甲辰諭。
註二二四　《清高宗純皇帝實錄》，第十四冊，新裝一〇二六五頁。乾隆廿九年六月乙巳諭。
註二二五　《清高宗純皇帝實錄》，第十四冊，新裝一〇二七一頁。乾隆廿九年七月辛亥諭。
註二二六　《清高宗純皇帝實錄》，第十四冊，新裝一〇二七三頁。乾隆廿九年七月癸丑諭。
註二二七　《宮中檔》，乾隆朝奏摺第〇一八七一二號，乾隆廿九年九月廿一日黃仕簡摺。
註二二八　同註三。
註二二九　清代通史蕭一山先生著，第二冊第三頁，乾隆元年二月上諭。

第八章　乾隆三十九年雲貴總督彰寶勒屬虧空邊儲重案

前　言

雲南貴州兩省均屬中國古代禹貢荊梁徼外之域。明制，置雲南、貴州布政使司。清初改爲雲南省、貴州省，各設巡撫治之，並設雲貴總督，兩省互駐。乾隆元年設雲南總督，十二年改雲貴總督、駐雲南府城即現在的昆明市。雲貴地方因與暹羅、緬甸相交，向來駐有重兵防守，爲國防邊陲重地。因此軍需邊防形成雲貴地區重要的政務。乾隆三十九年，原任雲貴總督彰寶因病奏請解任，清高宗命貴州巡撫覺羅圖思德署理雲貴督篆，在他清查一切邊防並軍需錢糧倉穀以及軍裝等項時，發現雲南省永昌府屬下保山等四廳州縣，於卅九年五六月青黃不接之際加買穀四萬石實出常理之外，進而委員確實盤查倉廒庫儲，得知永平保山兩縣共缺穀七萬八千三百餘石之多，立即奏報清高宗。高宗便明令圖思德確查具實參奏，始暴發原任雲貴總督彰寶勒屬虧空邊儲重案。後經發審得實，彰寶被奪官，逮京師論斬、後死於獄。雖然本案虧累只有四萬餘兩，但本案卻暴露了清朝邊圻大員貪婪無饜，無法無天，勒屬供應，甚至連邊陲重地的雲貴也在所不免。經由本案的討論更可以瞭解清朝乾隆年代，地方軍需腐敗，上下欺瞞的一般了。

彰寶的生平

彰寶，鄂謨託氏、滿州鑲黃旗人。乾隆十三年，自繙繹舉人授內閣中書。十八年授江蘇淮安海防同知，累遷江寧布政使。三十年授山西巡撫，三十三年調江蘇，三十四年命馳驛往雲南，署巡撫。師征緬甸署雲貴總督，命出駐老官屯督餉，加太子太保。三十八年實授雲貴總督。三十九年四月，以病請解任（註一）。

第一節　虧空案的緣起

(一)彰寶因病解任

彰寶在普洱染病，移駐永昌，於三十九年四月二十四日奏謝的摺子得知，清高宗欽差乾清明門侍衛鰧安帶御醫爲他診視：

「乾隆三十九年三月十六日內閣奉上諭，雲貴總督彰寶現在患病未能即愈，著派乾清門侍衛鰧安帶領御醫一員馳驛前往永昌診視欽此……奴才沐此異數鴻慈至優至渥，自揣分量實爲感入心髓跼蹐難安。奴才病勢自四月以來較前日增疲憊。現在恭俟欽差御臣來至永昌，將奴才病症根源細加診視作何醫治可望向痊，自當盡心設法調理；但封疆責任至重，奴才辦理公務實形竭蹷實有不得已下情，現在另摺瀝情陳奏……。」（註二）彰寶病勢經御醫沙成璽診視調治未見好轉，因此奏請解任回京調理。後再經雲南巡撫李湖奏稱督臣現今病體日甚，心思智慮愈見疲憊。清高宗便准其解任調理，派令貴州巡撫圖思德就近馳往永昌署理，接辦彰寶任內一切事務，貴州巡撫由韋謙恒暫行護理。彰寶於五月十六日自永昌起程，六月初六日回至雲南省城。詳情見彰寶三十九年六月九日的奏摺：（註三）「……臣於本年五月十六日具摺奏明，由永昌回省。於五月二十六日行至姚州普淜地方接到廷寄；五月十四內閣奉上諭，前因彰寶患病未愈，屢諭加意調攝，並派御醫診視。嗣據彰寶奏稱病勢日深，懇請解任回京調理，曾諭以現在無事不妨姑緩。今據李湖奏稱，督臣現今病體日甚，心思智慮愈見疲憊等語，看來彰寶一時不能向愈，若仍令力疾治事，轉恐不能安心靜攝。彰寶著准其解任調理並著伊自行酌量或暫留雲南省城調養，或緩程回京醫治以冀就痊。其雲貴總督員缺緊要，若由內地簡員前往未免道遠需時。著即令貴州巡撫就近馳往永昌署理，接辦彰寶任內一切事務。其貴州巡撫印務著韋謙恒暫行護理，貴州布政事務著國棟署理，其按察使事務著圖思德於道員內揀選一員；奏明遞行接署欽此欽遵。臣跪讀聖諭之下俯伏泥首感極涕零望闕叩頭，恭謝天恩訖。伏念臣犬馬之軀久病不痊實由福分淺薄所致，惟恐公務據實瀝情奏懇解任調理，實出於下情之萬不得已。奉硃批現在無事不妨姑緩欽此。臣益感聖主曲賜矜全有加無已之鴻恩。適值巡撫李湖奏及臣病體日甚情形，更煩睿慈垂念以臣力疾治事轉恐不能安心靜攝，恩綸特沛俯准解任調理，仍令臣自行酌量或暫且留滇調養或緩程回京醫治以冀就痊。凡此鴻慈優渥實淪肌浹髓無可復加。臣自忖分量受此格外天恩感泣於地，益覺跼蹐難安，未識何時即得就痊並如何奮竭駑駘捐糜圖報於萬一。臣於六月初六日回至雲南省城。貴州撫臣圖思德亦於初八日到省，隨將雲貴總督印信及一切應交事件於六月初九日移交圖思德祇受接辦訖。伏思臣肢體拘攣運動拙滯，長途行走雖未免累墜，緣滇中水土氣候久病之後不甚相宜，所需藥物亦乏地道堪供選購。仰蒙聖慈令臣自行酌量，臣再四斟酌不如起身回京得以安心醫治。今自永昌抵省尫羸之軀未免委頓，是以暫留省城調養旬日，並可將一切公務細加記憶檢查面交圖思德接辦後，臣擬於六月十七日自滇緩程起身，途中賴有聖主大恩差來御醫沙成璽一路同行，早晚診視就便調攝。臣於到京後赴湯泉坐湯幾時，內外兼治以冀速痊，仰報聖主造就生全之高厚隆恩於萬一……。」清高宗批曰「好，今略覺好些否？」足見清高宗對彰寶病體的關切倍至，憐惜有加，而彰寶書摺的盡忠情切躍於紙表，於案發前熟料他是貪黷勒屬，虧空邊儲的禍首哩！

(二) 虧空米石的發現

貴州巡撫覺羅圖思德接到署理雲貴總督命令之後於五月二十四日自貴陽省城起程經由安順南籠二府進入滇省平彝，霑益，六月初八到昆明省城，初九日蒞署雲貴總督。彰寶將一切文案及應辦事宜移交清楚，並於十七日由省起程，緩站進京，據雲南巡撫李湖奏聞（註四）：「……臣連日察看督臣病體情形，精力雖覺疲憊，神氣尚屬清爽，惟間作頭暈，兩足不能運動需人抬扶。現在由滇北上，沿途水土日見平喜，兼有御醫隨時調治安穩前行，將來似可漸望輕減……。」

圖思德接署雲貴總督後清查軍需錢糧倉穀等項緊要事項時，除查出署中營都司陳世萃虧空火藥一萬觔，於七月二十六日專差齎摺參奏之外，發現移交公文內有六月二十六日軍需局呈轉經前督臣彰寶所批准永昌府屬保山縣等處添買穀四萬石，於糧道庫米折銀兩內動支，請撥給穀價銀三萬六千兩一案。因業經彰寶批准咨部，故圖思德隨照詳批發給銀兩；但他考慮雲南省五六月間係穀稻青黃不接之時，其他各屬尚多平糶出穀，唯獨永昌一帶違背常規反令採買穀石，何況經查保山等四廳州縣存有米穀達三十萬石之多必有蹊蹺，爲此將查辦發現疑惑情形先行奏報，隨於三十九年八月七日專摺具陳：（註五）

「……臣細查五六月間係青黃不接之時，各屬尚多平糶何獨永昌一帶更變常規轉令採買穀石，如謂彼時穀賤減於去年應行買備，殊不知今歲滇省夏間雨水調勻，各屬稟報俱稱年歲豐稔可卜。似此永昌穀價五六月內尚能平減，則秋成新米出市自可更減於夏季。況該廳州縣自乾隆卅五年至上年冬間止，疊次採買現共應存穀二十萬六千六百四十石。每年出防兵丁口糧所需不過一萬一二千石，現存倉穀甚多已足十年之用原無虞缺少，何必於青黃不接之際急急動項採買。臣猶恐到滇未久，地方情形尚未深知，面詢撫臣李湖，據稱採買一事去冬騰越等處曾請添買五萬石，其時即因各處存穀甚多，備貯充盈無需採買，當經嚴檄駁飭，嗣經彰總督奏請買備並未與聞。今年詳買之穀亦係伊在永昌批准咨部不及挽正等語。查採買穀石督撫皆得核辦，彰寶乃於不應採買之時濫准添買已屬非是，且查保山等處穀多廒少作何存貯？隨札據署糧道張鳳孫覆稱保山等四廳州縣現在兵糧及常平共存米穀三十萬石有奇、舊有倉廒並新建之倉核收貯米穀共十九萬餘石，其餘不敷收貯米穀尚有十萬餘石皆係分堆於各寺廟中等情。查米穀無倉收貯滲漏霉朽勢所不免，舊存穀石既無倉可貯則現令添買穀石之處更可無庸辦理。臣不敢因其已經咨部附會從事；隨一面檄飭永昌府停其採買仍徹底清查因何添買及寺廟中所存穀石作何妥協存貯緣由再行辦理。……」清高宗批曰：「所奏是，餘有旨諭。」八月廿五日另奉旨（註六）「諭軍機大臣等，據圖思德奏彰寶移交案內……等語，是採買穀石徒致朽爛狼籍殊爲可惜，彰寶彼時已在病中精神自不能照應，然非有屬員稟詳彰寶何以籌辦及此，則稟詳之員或希圖採買從中冒濫侵肥亦不可知，著圖思德查明係何人主見稟詳，據實參奏。」圖思德於九月十四日承大學士于敏中字寄該項上諭，經過十天的調查發現採買穀石乃祝忻主稿詳買，彰寶立意批准，於三十九年九月廿四日據實參奏（註七）「……欽奉上諭詳稟之員或希圖採買從中冒濫侵肥令臣查明何人主見，據實參奏。伏查此停買穀石價銀三萬六千兩業經臣追繳入庫。茲臣欽遵諭旨檢查案卷，本年二月內先據署保山縣知縣王錫詳請加買穀八萬石，經彰寶批令軍需局籌議通詳。該局以保山常平加買及兵米各穀米石存數繁多恐滋虧缺，俟盤查實貯在倉再看市價詳買等因詳覆。又經彰寶批飭親盤另詳各在案。嗣於四月該局忽以每石九錢二分比上年減價三分詳請奏令保山縣買穀四萬石，彰寶隨批令四廳州縣分買及每石減價二分准買咨部，此今夏買穀石之原委也。臣因軍需局務向係原任糧道祝忻承辦，隨傳該道面詢，據稱此案前後不相照應之故，實緣前院（彰寶）面諭催令速詳加買是以具詳；但祝忻從前總理局務不行力阻主稿詳買咎無可辭等語。臣查彰寶既經批局親盤，該局並未盤清，何不確查乃遽照請買之詳批准採買又不具奏，僅止咨部，案情頗覺離奇，且臣到永後盤查保山永平二縣虧空米穀共七萬餘石，現在另摺參奏。伏思舊存米穀虧缺如許之多，復急急加買顯有挪新掩舊情弊，況彰寶與祝忻同駐永昌，保山則近在同城，永平亦相距不遠，豈皆毫無聞見。乃祝忻主稿詳買，彰寶立意批准令其迅速採買均實出情理之外。其中是否上下通同作弊，從中有無冒濫侵肥，事關數萬兩軍需帑項，必須徹底根究以期水落石出，相應請旨將祝忻革職嚴審以重軍需而肅功令。將來如查有應參之員，臣再續參一併訊究。……」同日圖思德、李湖另摺特參署保山縣知縣王錫及署永平縣知縣沈文亨兩共虧空軍需等米穀共七萬八千三百餘石，請旨革職嚴審究擬，除分委各員摘印署理並一面照例封貯任所資財，一面分咨原籍查封家產備抵。詳情見圖思德會同李湖特參虧空備貯軍需兵糧米穀之署縣請旨革職嚴審以肅官方事摺（註八）「……竊照前督臣彰寶任內青黃不接之際，准令龍陵、騰越、保山、永平四廳州縣添買穀四萬石，既非採買之時又無倉可貯，經臣一面飭令停買隨即繕摺具奏並聲明到永確查另辦在案。茲臣到永當分委各員前往該四廳州縣逐一盤查。旋據查覆四廳州縣應存常平、兵糧、軍需三項米穀通共二十萬石，內除龍陵、騰越二廳州常平、兵糧、軍需各米石及保山、永平二縣常平穀石俱實存無虧，出結呈送備案外，查永平縣三十七、八兩年分應採買軍需穀二萬三千石，應存兵糧米一千二百六十六石九斗零，現在米穀均顆粒全無。又保山縣自乾隆三十五年起至三十八年止採買軍需穀應存九萬三千六百三十石四斗，內缺穀三萬九千六百五十八石。應存兵糧米一萬五千二百三十八石五斗零，內實少米一萬四千四百五十二石八斗零，各等情到臣。臣復督同管理軍需局之署糧道張鳳孫等逐一盤量，永平實係一粒無存；保山則虧短米穀共五萬四千一百餘石。伏查採買加貯軍需米穀原爲出防駐防兵食並所以籌備邊儲，地方官自應照額採買收貯，奚容顆粒短少乃任意虧蝕實屬駭異，該二縣皆係署員在任均甫及一年即虧空軍需等米穀共七萬八千三百餘石之多，尤爲可疑，其中必另有情弊，似此侵虧軍需之劣員斷難一日姑容。茲據軍需局道府等揭報前來，相應據實參奏。請旨將署永平縣雲龍知州沈文亨、署保山縣知縣太知縣縣丞王錫一併革職嚴審究擬以重軍需兵食而肅功令，除分委各員摘印署理并照例封貯任所資財，一面分咨原籍查封家產備抵，仍令接署之員查明，此外有無別項未清……。」清高宗批曰：「有旨諭部」。（見後附表）

第二節　虧空案的審訊

覺羅圖思德正在密訪嚴查間，署保山縣知縣太和縣縣丞王錫便自動呈出賬目，稱皆因供應前督臣彰寶行署中一切用度及其隨帶弁役轎夫戲子，各項工匠工錢飯食等用。計算卅八年八月起至卅九年五月內止，共用銀四萬餘兩，因而虧空米石案情漸明。圖思德不勝駭異，便命派署糧道張鳳孫，永昌府周際清，麗江府吳大勳，署開化府文德，署蒙化同知宋惠綏，嚴加查訊。其查訊經過見於三十九年九月二十八日覺羅圖思德的奏摺：（註九）：「……據王錫供稱，上年八月十二日彰前院帶病來永，性情急躁異常，一切差使供應稍有遲延則差役人等即口出不遜，打罵辦差家人，不得已隱忍應付。雖院中每月發銀七十餘兩僅敷一日之用，竭蹷支持苦於借貸無門，所以連穀價都挪墊花銷，實出無奈。至所供應一切現有賬目可據，並有辦差家人王槐等可訊，不敢絲毫誣揑等語。復提王槐等隔別研訊，供無異詞。並據供交進供應各物皆經彰前院家人楊三、李二、戈七、周二之手，願與質對等情錄供呈送前來。臣查彰寶歷任封疆，受恩深重，即果因病情性乖張亦何至驕奢縱恣罔顧官箴若此，恐係王錫因其去任欲圖狡卸侵虧重罪，昧良污衊，并其中或更有王槐等浮冒開銷，用一登十哄騙王錫情弊均不可不嚴加根究。臣隨親率道府各員逐一研訊確情。據王錫及王槐等均各堅供如一，矢口不移，且其指證皆鑿鑿有據並與所呈賬目核對相符。臣復詢之舊在軍需局之前任糧道祝忻亦稱彰前院病後諸事任性，動輒嗔怒，道府等原知供應非是，不敢過問等語，是王錫所供似非盡屬誣妄；但查彰寶任滇已歷四、五年何忽於上年王錫任內勒軋供應致令虧缺累萬，或其家人乘伊主病中昏憒，通同在轅弁役擅作威福逼勒供應，飽橐分肥抑係彰寶明知故縱，自便營私均未可定。事關虧空邊儲重案未便據一面之詞即定虛實，除在滇應證人犯現飭提齊質審外，相應請旨敕下部旗將楊三、李二、戈七、周二拏解來滇以憑與王錫等質對，徹底根究以期水落石出，臣斷不敢稍有徇隱，自罹欺矇重譴……。再署永平縣知縣沈文亨因何致虧之由，臣現在飭訊……。」清高宗批曰：「已有旨了。」圖思德奏請將王錫、沈文亨及祝忻革職嚴審兩摺，到了三十九年十月十四日（甲午）分別奉旨「……沈文亨、王錫均著革職，交與該撫李湖一併嚴審定擬具奏。」「……祝忻係總理局務之員既經彰寶批局親盤。乃並不盤查確實遽請加買，顯有扶同冒濫情弊，不可不徹底根究。祝忻著革職，交與該撫李湖嚴審定擬具奏。」（註一〇）到了戊戌（十八日）又下一道諭旨傳諭彰寶令其明白回奏：「……此項虧空軍需等米穀至七萬八千三百餘石之多實出情理之外。彰寶向來辦事尚屬認眞，何以此此案率據該道批准；而於虧缺如許之多，又不能查出頗不類其平日所為。已就近傳諭彰寶令其明白回奏。至此項虧缺，自應於兩縣及該道名下賠完，仍令該署督等於此案審結後妥議具奏，將此由四百里傳諭知之。」（註一一）清高宗得知王錫呈出賬目內皆供應彰寶行署中一切用度及隨帶弁役轎夫戲子工匠等費時，於二十日（庚子）再下諭痛斥彰寶外並嚴責雲南巡撫李湖不能及早奏聞，因令李湖即速回奏明白：（註一二）「諭軍機大臣等……自上年八月起至本年五月止，約共用銀四萬餘兩等語，實堪駭異。該省自前歲朱一深錢度一案（註一三）大創懲，意必稍加儆惕；不謂整飭未久，復有此事殊出情理之外。該撫李湖同在一省，彰寶狼藉若此，豈毫無見聞，何以並未奏及；況彰寶在永昌患病李湖曾往看視，其於彰寶情性乖張勒索供應等事，所見尤應親切，何竟若罔聞知；且圖思德到永昌未久即能查出彰寶種種情弊，李湖在滇同事數年豈得謂全未窺其影響耶。李湖係朕加恩特用之員……是以特加賞識洊陞兩司擢爲巡撫。今於彰寶婪索款跡竟至代爲徇隱並不據實奏聞，豈有因地遠官高如此改節，實不類其平日所爲，殊非朕委任之意。著傳諭李湖即速據實明白回奏，毋再稍有欺飾，自逮重戾。」很明顯地，使我們瞭解到清朝地方督撫之間互相監視，並有向皇帝據實奏聞的義務，否則負有連帶責任。清高宗並於十月廿三日諭令刑部侍郎袁守侗隨帶司員姜晟、奇豐額一體馳驛前往雲南查審這一虧空穀石案。

李湖奉旨覆奏，但清高宗並不滿意，於三十九年十一月十七日（丙寅）實錄記載道：（註一四）「雲南巡撫李湖覆奏，彰寶在普洱染病，移駐永昌，其時隨帶標弁書役衆多，臣以爲皆係差遣辦事之人，伊廉俸豐厚，不疑其勒派屬員供應。及圖思德到永昌查出保山縣虧缺實數，將署知縣王錫收禁，始據王錫呈出供應賬目計四萬餘兩，臣不能及早覺察，請交部治罪。」得旨「該部嚴察議奏」。摺內又稱前在永昌接見道府各員，王錫亦在晉謁之列並無一語提及供應督臣食用。批「是何言耶！若俟屬員訐告現任上司則天下必無一貪黷之督撫矣，殊覺可笑。」又稱彰寶解任後，臨安府知府張鳳孫來省詢及永昌屬加買軍需穀石，據該府稱聞保山縣未經收倉者尚有數萬石，即飭令轉稟署督臣圖思德。又批「彰寶若不解任並此言亦無矣，汝豈耳聾目盲，專待屬員之教導汝乎。」又稱臣與圖思德面商，王錫到任未久虧空如果屬實，當親盤確數嚴審，又批「遲矣！圖思德不似汝憒憒，待汝教導之人。」得知李湖備受指責，並交部嚴察議奏。

第三節　虧空案的結束

雲南巡撫李湖再三嚴究署保山縣知縣王錫等虧空根由，結果與初供相同，並且供應彰寶行署等物，指供鑿鑿實有證實，不俟刑部侍郎袁守侗等審訊覆查，清高宗即於三十九年十一月十八日下旨將彰寶革職拏問，並交刑部議奏，後遭處斬。詳見該日高宗實錄（註一五）「丁卯（十八）又諭前據圖思德奏署保山縣知縣王錫虧空兵糧米穀一案……因彰寶業已回京，傳諭詢問，伊堅稱實無其事，並將伊在永昌交中軍動用清摺呈出。因命侍郎袁守侗馳驛赴滇查辦後，再行降旨。並以李湖在彼豈無見聞，因何不及早據實查勘，諭令李湖明白回奏。今據覆奏稱，嚴究王錫虧空根由，據呈出供應賬目，自三十八年八月起至本年五月止，彰寶署中取用食物等項計四萬餘兩，係伊家人楊三、李二等收進，供指鑿鑿等語，是此事已有實據，不必更俟袁守侗奏到矣。除李湖已批交該部嚴察議奏並將朕硃批原摺發鈔宣示外，彰寶即著革職拏問交刑部，俟袁守侗審案奏到，嚴審定擬具奏。」彰寶因案奪官，逮京師、論斬，四十二年卒於獄。李湖也因案革任，帶布政使銜自備資斧前往四川軍營，會同鄂寶等辦理軍需事務以觀後效。

同案署永平縣雲龍州知州沈文亨，經嚴審得實，因其接收前任買補霉變及採買在民未交穀石結報實貯，又將倉穀私借在民并支給站夫口糧自行碾用食米，因而虧空穀石。後經審議定擬，照侵盜錢糧入己數在一千兩以上例，擬斬候，乾隆四十、四十一兩年秋審情實奉旨未勾。於四十二年二月二十三日因染患脾虛翻胃作瀉病症醫治不痊身死於雲南監獄。（註一六）

結語

彭寶以滿洲鑲黃旗人，歷任內閣中書，海防同知，布政使、巡撫、總督。乾隆三十七年授雲貴總督，一品大員廉俸不謂不豐，三十九年患病，清高宗派欽差御醫診治。高宗對他不謂不重視，居然在短短的十個月內（自三十八年八月至三十九年五月）勒屬供應達四萬餘兩之多，貪黷婪索之劣蹟，誠實堪駭異。雲南一省，前有布政使錢度刻扣銅本平餘，勒屬吏市金玉；後有總督彰寶勒屬供應。足見清代乾隆年間地方官吏貪婪成風，雖然清高宗再三下諭申飭嚴辦，但吏治敗壞，朝政中衰，已欲振乏力了。

【附註】

註一　《清史》第六冊、列傳一百十九頁四三三四，國防研究院印行。

註二　《宮中檔》，乾隆朝第二八七八九號，乾隆三十九年四月二十四日彰寶摺。

註三　《宮中檔》，乾隆朝第二九〇二九號，乾隆三十九年六月九日彰寶摺。

註四　《宮中檔》，乾隆朝第二九〇九四號，乾隆三十九年六月十七日李湖摺。

註五　《宮中檔》，乾隆朝第二九五三一號，乾隆三十九年八月初七日覺羅圖思德摺。

註六　《清高宗純皇帝實錄》卷九六五，頁十一，乾隆三十九年八月丙午（二十五日）諭。

註七　《宮中檔》，乾隆朝第三〇〇三〇號，乾隆三十九年九月二十四日覺羅圖思德摺。

註八　《宮中檔》，乾隆朝第三〇〇三一號，乾隆三十九年九月二十四日覺羅圖思德、李湖摺。

註九　《宮中檔》，乾隆朝第三〇〇八六號，乾隆三十九年九月二十八日覺羅圖思德摺。

註一〇　《清高宗純皇帝實錄》卷九六八，頁五一，乾隆三十九年十月十四日甲午諭。

註一一　《清高宗純皇帝實錄》卷九六九，頁九，乾隆三十九年十月十八日戊戌諭。

註一二　《清高宗純皇帝實錄》卷九六九，頁十八，乾隆三十九年十月二十日庚子諭。

註一三　《清史稿》，卷三百三十九，列傳一百二十六〈錢度〉「……仍左授雲南布政使。三十七年，監銅廠。宜良知縣朱一深揭戶部，告度貪婪，勒屬吏市金玉，上命刑部侍郎袁守侗如雲南會總督彰寶、巡撫李湖按治。貴州巡撫圖思德奏獲度僕持金玉諸器，自京師將往雲南，值銀五千以上；江西巡撫海明奏獲度僕攜銀二萬九千有奇，自雲南將往江南，並得度寄子鄠書，令為複壁藏金為永久計；兩江總督高晉籍度家，得窖藏銀二萬七千，又寄頓金二千。守侗等訊得度刻扣銅本平餘，及勒屬吏市金玉得值，具服，逮京師。命軍機大臣會刑部覆讞，以度侵欺勒索贓私具實，罪當斬，命即行法。」

註一四　《清高宗純皇帝實錄》卷九七一，頁五，乾隆三十九年十一月七四日（丙寅）諭。

註一五　《清高宗純皇帝實錄》卷九七一，頁八，乾隆三十九年十一月十八日（丁卯）諭。

註一六　《宮中檔》，乾隆朝第三〇八八五號摺，乾隆四十二年三月六日署雲貴總督兼署雲南巡撫覺羅圖思德摺。

附表：乾隆三十九年九月雲南省永平保山兩縣虧空米石數量表

縣名	實缺	軍需	兵糧	合計
永平	應有	二三、〇〇〇石	一、二六六石九斗	二四、二六六石九斗
	缺額	全缺	全缺	二四、二六六石九斗
保山	應有	九三、六三〇石四斗	一五二、三八〇石五斗	二四六、〇一〇石九斗
	缺額	三九、六五八石	一四、四五二石八斗	五四、一一〇石八斗

共缺米石七八、三七七石七斗

第九章　乾隆朝五十一年竇光鼐含冤事件

清高宗乾隆皇帝弘曆於雍正十三年（西元一七三五）九月初三即位，當時才二十五歲。清朝經順治、康熙、雍正三朝近百年的經營，政局已經穩定，乾隆皇帝從他的祖父、父親手裏接過來太平江山。他吸取了康熙、雍正兩朝的統治經驗，標榜「執兩用中」的原則。他說：「治天下之道，貴得其中，故寬則糾之以猛，猛則濟之以寬。」（註一）又說：「天下之理，惟有一中，中則無過不及，寬嚴並濟之道也。」（註二）採取「寬猛互濟」、「損益隨時」。也就是指不拘泥於成法，隨時恩威並施，有剛有柔。爲此矯正雍正一朝過嚴之偏，所以可以施行「惇大之政」，諸事從寬，使雍正皇帝在位時綳得很緊的弦子稍微鬆弛下來；但寬鬆是否適中本來就很難拿捏得準的，而乾隆皇帝又常「因人立法、徇庇親信」「以時立法、時寬時嚴」（註三）使天下官吏不知所從，再加上乾隆晚期獨寵和珅，讓他兼統吏、戶、兵三部尚書，集行政、財攻、軍事大權於一身。由於和珅「性貪黷無厭」，徵求財貨皇皇如不及。使得一時官吏貪墨之風興盛，非但貪黷案件層出不窮，婪贓巨大，而且上至部院督撫，下至胥吏衙役幾乎無官不貪。貪官污吏們爲了維持既得利益，因此上下彼此奧援，形成官官相護，互相掩飾。遇有揭發奏參他們的，盡量予以打壓矇蔽。因此清代乾隆朝後期清官受奸官誣陷的冤枉事件相當衆多。乾隆五十一年（西元一七八六）竇光鼐含冤遭遇就是個典型例子。

竇光鼐，字元調，號東皋，山東諸城人。乾隆七年（西元一七四二）進士，選庶吉士，散館授編修。八年擢左中允（屬詹事府正六品）。十三年正月充會試同考官，六月大考得四等，罰俸一年。十六年遷翰林侍讀。十七年二月擢侍讀學士，六月大考獲一等擢內閣學士（從二品）入直南書房。十八年丁母憂。二十年服闋授左副都御史（正三品），尋提督浙江學政。二十六年逢九卿秋讞會議，竇光鼐因廣西陳希統及貴州羅阿扛兩案，與刑部大臣意見相左彼此爭議不決，竟遭乾隆皇帝以「會讞大典，竇光鼐意氣自用，甚至紛呶謾罵而不自知。設將來豫議者尤而效之，於國憲朝章尚可訓耶！」遂下旨降一級留任。二十七年三月奉旨竇光鼐識見迷拙不克勝副都御史之任，著以對品另用，十一月命署內閣學士告祭南海。二十九年授順天府府尹（正三品）。三十二年丁父憂。三十五年服闋補原官。三十八年調光祿寺卿（從三品），六月遷宗人府府丞（正三品）。四十七年五月授浙江學政。四十九年乾隆皇帝南巡，特賜竇光鼐以詩勉之曰：「士習民端首，風方繫厥司。況茲文盛處，所重政修時。熟路輕車試，迪人克己爲。前車應鑒己，自力尚勤思。」（註四）

乾隆五十一年正月癸亥（十八日）諭：「擢竇光鼐爲吏部右侍郎（正二品）仍留浙江學政之任，其吏部侍郎事務者李授暫行兼署。」（註五）是年因浙江省州縣倉庫多有虧缺無法依限全補，浙江巡撫福崧奏請分別展限。乾隆皇帝遂於五十一年二月十七日派「尚書曹文埴，侍郎姜晟、伊齡阿等前往浙省將各州縣倉庫，徹底盤查，究竟虧缺若干？彌補若干？或銀或未俱歸有著。」（註六）到了三月二十七日因曹文埴等具奏浙省虧空一案仍須分投盤查，等到查有明白結果再行具奏，乾隆皇帝遂下旨要曹文埴等仔細確切清查。四月浙江學政竇光鼐具奏稱：

浙省各州縣倉庫虧缺未補者多，蓋因從前王亶望、陳輝祖貪墨繼踵，敗露時督臣富勒渾僅以倉庫虧缺具奏，並未徹底查辦。只據司道結報之數渾同立限，各州縣遇有陞調事故，輒令接任之員代爲出結，辦理殊屬顢頇。聞得嘉興府屬之嘉興、海鹽二縣，溫州府屬之平陽縣虧數皆逾十萬，應查明何員虧缺若干分別定擬，指名嚴參。……去歲杭嘉湖三府歉收，倉內有穀可糶者無幾，浙東八府歲行採買惟折收銀兩以便挪移……（註七）

乾隆皇帝據報後於四月乙酉（十二日）下旨除嘉獎竇光鼐所言公正必係耳聞目睹，所奏不爲無據，將竇光鼐原摺鈔寄曹文埴、姜晟、伊齡阿等閱看，令其照竇光鼐所奏各款再逐一秉公詳細盤查，務將該省數年積玩虧缺實數及原虧續缺裝點各情弊，並虧空數逾十萬之嘉興等縣及平糶無穀折銀挪移之杭州浙東等屬，逐一查明嚴參辦理，命曹文埴等速行回奏。四月十八日添派竇光鼐會同曹文埴等據實查辦。自三月二十七日到四月十八日曹文埴並未將浙省虧空一案分投盤查結果具奏。乾隆皇帝故於四月壬辰（十九）日諭旨曰：

……至浙省倉庫虧空一事昨已有旨，添派竇光鼐會同秉公據實查辦。前據曹文埴等奏（此係指三月二十七日諭旨），分派隨帶司員前往各府屬清查倉庫，至今又有十餘日，並未據曹文埴等奏到。浙東八府距省較遠。至嘉湖二府地方接近省城，往返不過五六日有無虧空不難立見。至杭州則曹文埴等現在彼處，尤可就近盤查。將現在情形先行覆奏，豈必待彙齊始行入奏耶？等曹文埴等即將現已查清之府屬倉庫虧缺若干之處迅速先行覆奏。（註八）

乾隆皇帝恐曹文埴等不能將浙江省虧空案速行了結，遂於五月丙午（初四）傳諭：「阿桂即行速赴浙省會同曹文埴等徹底查辦，庶之持定見，遇事會銜具奏。而竇光鼐係浙省學政，現在科試未竣且屬鄉試之年掄才大典，不可貽誤按期考試未經考竣府分。」（註九）由於竇光鼐在奏參浙省虧缺案的奏摺內並稱盛柱（原任浙江布政使後改任杭州織造）上年進京攜貲過豐，外間頗有煩言。爲此乾隆也同日諭：「盛柱現有質訊事件，著解任候質。」（註一〇）也一併交阿桂等質審。

後來竇光鼐及曹文埴就他們分別查過的縣分提出報告。乾隆皇帝於五月辛酉（十九日）頒旨：

……據竇光鼐奏盤查過嘉興、桐鄉、海鹽等六縣倉穀，有缺穀數百石及百餘石者。隨飭該府轉令該縣按數補足。惟桐鄉縣倉內實無儲穀，所有之穀乃借自社倉，又借米三千石開報平糶掩飾一時，嘉興縣社倉空虛呈控紛紛，是該二縣社倉辦理皆不妥協。並據曹文埴等奏前赴紹興杭州所屬各縣，指出一二廒照斛，其餘廒簽探丈量折算。惟山陰、嘉興多穀十三石，此外各縣廒口俱有短少，自一、二石至五、六石不等語。著將原摺鈔寄阿桂閱看，到浙後即將竇光鼐所奏各條款與曹文埴等逐一覈辦。如該縣果查有侵那捏報情弊，自應據實嚴參辦理。（註一一）

大學士阿桂到浙省後，查詢浙省各屬倉庫情形及竇光鼐所稱盛柱上年進京攜帶過豐各情節，結果向乾隆皇帝報告，並言竇光鼐於相關重要證據都無法指實。竇光鼐乃於五月乙丑（二十三日）受到乾隆皇帝嚴厲的指責：

……竇光鼐原奏永嘉，平陽二縣借穀勒派之事。阿桂面詢該學政係何人告知，該學政不能記憶姓名。是竇光鼐既欲於朕前見長，又恐得罪眾人，實屬進退無據。至於所稱盛柱進京攜帶銀兩及總督收受門包各節，詢之該學政，亦不能指實。阿桂等傳詢盛柱，則因上年進京時有應解價蔆銀三萬九千餘兩，盛柱自行裝匣攜帶，到京後即赴廣儲司兑交有案。是盛柱攜帶銀兩係屬官物，豈可指爲贓私之證，而竇光鼐因見所帶銀匣數多，遂疑爲盛柱私貲。若如此疑人天下竟無一清廉之官矣，尤爲可笑。至盛柱所稱進京時並無送給十五阿哥物件，阿哥亦從不許其幫助等語。阿哥等素常謹慎，宮中廩給亦優，本無需伊等幫助之處，盛柱所言自屬可信，朕閱之深爲嘉悦。至總督藩司收受屬員門包餽送，事關大員婪索，若無確據何得率行陳奏，乃詢問該學政毫無指實，是竟係信口誣人；若竇光鼐欲誣人謀反，將不論其實有無將人治罪，有是理乎？此案若非朕特派阿桂前往查辦，則竇光鼐與曹文埴等爭執板引，即經年之久辦理亦不能完結更復成何事體。今阿桂與曹文埴等公同面詢逐層駁詰俱確有據，竇光鼐竟不能復置一詞。……（註一二）

六月十七日阿桂傳旨令盛柱回任杭州織造。盛柱一案即告結束。

浙省虧空一案，六月經阿桂等查明上報，所有倉庫彌補未完銀兩二十五萬三千七百餘兩，與前任浙江巡撫福崧（五十一年三月伊齡阿任浙江巡撫）初報二十七萬餘兩之數，有少無多足見其尚無隱飾。而有關浙江永嘉，平陽二縣那移勒派各款，阿桂等於六月二十三日向乾隆皇帝具奏，經嚴密訪查並無其事。至竇光鼐所參平陽知縣黃梅丁母憂演戲一節也於事實不合。爲此乾隆皇帝對竇光鼐下旨切責，說他全不顧及他人名節實屬荒唐。七月甲辰（初三）乾隆皇帝下的上諭是這樣說的：

……今據阿桂等查明黃梅爲伊母演戲慶壽，伊母於是夜痰壅身故。是其演戲在未丁憂之前；況伊母年已九旬風燭無常猝然身故，亦屬情理所有。此事關繫名節，竇光鼐輒行入告並不確細清查，若此事果實如原奏所稱，行同禽獸不齒於人類矣。該學政不顧活人名節，以無根之談冒昧陳奏，實屬荒唐。竇光鼐著飭行仍令據實回奏。（註一三）

竇光鼐於七月二十一日覆奏中又參奏前任仙居縣知縣徐廷翰監斃生員馬寘，並倒塡月日揑飾情形，各上司展轉情庇而未審出實情。乾隆皇帝於閏七月初一日（壬申）卻批斥下旨道：

……乃竇光鼐必欲加該縣徐廷翰以故勘濫禁，因而致死之罪，並將參奏徐廷翰摺與曹文埴閱看，聲言汝等辦理此案若不將徐廷翰照故勘濫禁治以重罪，我必將汝等參奏並令告之阿桂、伊齡阿等語；是其袒護劣衿，偏執己見，不自知其言之狂妄若此。設如所言，將來劣生必致武斷鄉曲，目無官長，適足以成惡習而長刁風，尚復成何政體耶！（註一四）

竇光鼐在覆奏時，對於平陽縣知縣黃梅勒派彌補一案未能指實，遂引起乾隆皇帝對他嚴加指責並予交部議處，同日下旨道：

……又竇光鼐覆奏，平陽縣黃梅母喪演戲係閭邑生童所言。及平陽虧空自黃梅始，該縣以虧空之多挾制上官，久據美缺，縱令伊子借名派索濫用而不彌補，且指阿桂等於議處虧空各員未將黃梅從重辦理等語。……竇光鼐係讀書人，亦何心污人名節致禽獸之不若耶。據稱派往詞員海成爲地方官所矇。今伊竟親自赴平陽縣訪查，如果能查明自當另辦，若至生事陵夷地方官是伊自取咎耳。且阿桂、曹文埴、伊齡阿屢蒙任使皆係素能辦事之人，朕之信竇光鼐自不如信阿桂等。即令竇光鼐反躬自問亦必不敢自以爲在阿桂之上也。今竇光鼐固執己見，嘵嘵不休者以爲盡職乎？以爲效忠乎？且竇光鼐身任學政，校士是其專責。現當賓興大典，多士守候錄科，平陽去省往返二千餘里，該學政必欲親往訪查而置分內之事於不辦，殊屬失當。且其固執辯論，意在必伸其說，勢必蹈明季科道盈廷爭執，各挾私見而不顧國事之陋習。不可不防其漸，竇光鼐著交部議處。（註一五）

竇光鼐因爲平陽縣虧空勒派彌補一案未能指實，所以才親自赴平陽縣訪查，又因與阿桂、曹文埴、伊齡阿等意見相左，遂遭同僚排斥，甚至受到有意的排斥。

閏七月初十日浙江巡撫伊齡阿便參奏竇光鼐，未到平陽之先潛差人招集生監，呈控地方事件。並於明倫堂發怒咆哮，言詞恐嚇並勒寫親供，用刑具逼喝……等事。乾隆皇帝閱後大怒，並於閏七月十八日下諭切責竇光鼐，並照部議革職。諭旨內容如後：

……生監把持唆訟，學政方將約束之不暇，而竇光鼐招告於未到之先，逼嚇於既到之後，咆哮發怒紛紛若狂，實屬大孤厥職。若生監等因此挾制官長，顚倒是非，實足以長惡習而助刁風。而竇光鼐執意妄行，竟欲以生監等筆據爲驗，是其舉動乖張瞀亂，朕亦不能爲之曲庇矣。……今復召集生監逼令指實而置目前錄科之事不辦，徒令合省生監守候多時幾誤場期。如此若再姑容則何以爲曠職生事者戒。竇光鼐著照部議革職，其吏部右侍郎員缺著金士松調補，其浙江學政著顧學潮暫行署理。（註一六）

閏七月十五日竇光鼐自平陽縣歸來，帶來了典史李大璋及生監等十七人以爲證佐，顯然平陽縣虧空彌補勒派侵吞一案顯有突破性發展。但浙江巡撫伊齡阿非但不參予會審竟以先下手爲強的手段予以竇光鼐重大打擊。於閏七月十六日奏報竇光鼐罪狀，說竇光鼐以不欲作官不要性命也要查清此案等幾近瘋狂的言語，以激怒乾隆皇帝。乾隆皇帝隨於閏七月乙未（二十四日）下旨加以嚴懲，將竇光鼐拏交刑部治罪，似乎已陷入絕地。這道諭旨內容如後：

茲復據伊齡阿奏，竇光鼐回時攜帶丁憂典史及生監多人以爲質證，且言不欲做官不要性命等語。看來竇光鼐竟係病瘋，是以舉動顚狂若如此。伊於黃梅丁憂演戲一節，始則誤聽人言欲以忤逆不孝之事污人名節。今赴平陽訪查此事屬虛，復言黃梅任內另有別項款跡以實其說。如此乖張瞀亂，不但有乖大臣之體且恐煽惑人心，致啓生監平民人等訐告官長，效尤滋事之風，不可不嚴行懲儆。僅予革職不足蔽辜，竇光鼐著拏交刑部治罪。（註一七）

竇光鼐自平陽回到省城杭州後也立刻以五百里馳奏，報告他親赴平陽查出知縣黃梅以彌補虧空爲名計畝派捐；每田一畝捐大錢五十文。又每戶給官印田單一張，與徵收錢糧無異。既已勒捐仍不彌補，以小民之脂膏肥其欲壑，且採買倉穀並不給價勒捐錢文。蒞任八年所侵吞部定穀價與勒捐之錢，計婪索不下二十餘萬。並據各生監繳出田單、收帖各檢一紙呈覽。乾隆皇帝接摺後，了解竇光鼐檢舉黃梅勒捐彌補一案不是無敵放矢，爲此要阿桂等重新秉公審理，閏七月戊戌（二十七日）下旨道：

……今觀竇光鼐所奏，又似黃梅實有勒派侵漁之事，且有田單、印票、借票、收帖各紙確鑿可據，豈可以人廢言……。今觀其呈出各紙，此事不爲無因。又有原告吳榮烈隨伊到杭，願與黃梅對質。若朕惟阿桂，曹文埴、伊齡阿之言是聽而置此疑案不明白辦理，不但不足以服竇光鼐之心，且浙省現值鄉試生監雲集，眾口藉藉，將何以服天下輿論。此事關係重大，不可不徹底根究以服眾懲貪。阿桂現已起程在途，接奉此旨仍著回至浙江秉公審理。此時竇光鼐業由浙起解，阿桂於途次遇見即將伊帶回浙省以便質對。……著添派閔鶚元（任江蘇巡撫）會同審辦，務須將竇光鼐摺內所奏黃梅勒派貪黷各款逐一根究……。以此觀之，伊齡阿不免爲屬員所欺矣。此事卻有關係伊齡阿尚可，朕與阿桂可受其欺乎？必應審明，朕不迴護，惟有大公至正而已。閔鶚元亦應如此。……黃梅如果有此種種劣蹟，即應審明定罪以儆奸貪，不可顢頇完結致滋物議也。（註一八）

乾隆皇帝爲了顧到阿桂前次未經查出黃梅勒派弊端，恐其稍存偏袒芥蒂之見，同日六百里傳諭再三爲之開導：

……今據奏到黃梅贓穀確鑿，則是阿桂等前此在彼查審時竟爲地方官瞞過；然朕知阿桂必非有心爲黃梅開脫，不但阿桂無此心，伊齡阿甫任巡撫，亦無所用其迴護，想亦爲地方官所矇蔽。即派往訪查之司員海成與黃梅素無交議，亦不値代爲掩飾，祇以地方事件猝往查辦不得其底裡；而知府范思敬爲之詭詞遮飾，海成即墮其術中。此等情形朕無不洞悉原諒。……朕豈肯稍爲迴護，將就留此疑案顢頇了事，而阿桂前往查審又豈可迴護原辦，俾貪污敗檢之劣員仍得倖逃法網乎？且竇光鼐性情堅執而浙省士子議論風生，若阿桂等稍有袒護，不將黃梅款蹟徹底查辦以服人心，仍復含糊結局，將來竇光鼐到刑部時豈能箝其口而不言。而該處輿論藉藉，倘經御史復行參奏朕將何以中止。阿桂等亦不値爲此劣員任咎也。著傳諭阿桂、閔鶚元會同前往浙省將黃梅款蹟逐一根究並將該處生監等傳集質對。無論各款俱實，固應將黃梅按律定擬寘之典刑，即有一二款得實亦應從重治罪，以爲州縣勒派殃民虧缺倉庫者戒……。而竇光鼐執辯不撓獨能列款入奏，雖其舉動乖張固有應得之咎，而始終不肯附和亦屬人之所難。如果所奏不誣朕尚欲加恩原宥。阿桂遇彼時不妨即以此旨給其閱看令伊心服也。阿桂係受恩深重之人自不致稍有迴護。閔鶚元素能辦事亦當深體朕懷秉公查詢……。（註一九）

這個上諭的頒發，肯定竇光鼐舉發黃梅勒派婪索的正確，而對阿桂等未能將此案情晰查出未加苛責，卻加以諄切開導，可見乾隆皇帝處事的清正幹練了。

閏七月庚子（廿九日）竇光鼐又覆奏黃梅在任匿喪三日，假稱慶祝以便追糧。他在任八年虧空累累，知府方林於乾隆四十九年五月曾經揭參離任，後任金仁接署不到一個月，便復委任汪誠若接署，該年十一月內復回原任。總因平陽空倉空庫各員不敢接收，黃梅遂抗不彌補以爲自固之計。並奏明前浙江巡撫福崧並無沾染；但他姑容劣員顯失之懦弱姑息。竇光鼐的這個奏摺使乾隆皇帝對他有了好感，遂令阿桂除去其刑具並免其拏問。黃梅的原籍家產及任所貲財一並查封外並行緝拏提審黃梅的長子。同日乾隆皇帝下旨云：

……今既據查出田單、領借等紙二千餘張，則是證據確鑿。朕從不迴護，雖欲不查辦而不能，看來竟大有關係，朕不爲已甚亦不肯聽其已甚常論之語，阿桂自知也。即如所奏黃梅匿喪三日，假稱慶祝三日以便追糧，其事出乎情理之外。由今觀之貪夫之心慾無厭昧盡天良，未必非實在情形矣。朕於此事毫無成見，惟以查辦得實爲主。阿桂、閔鶚元到彼時，惟當共體朕心秉公嚴審。且據竇光鼐奏，黃梅任內虧空累累，經該府方林（溫州府）揭參後，任署知縣金仁、汪誠若俱在浙省更不難就近質對。阿桂等即當提訊嚴質，則黃梅之始而虧空既而勒派勒捐，捐派之後仍不彌補，種種劣蹟自可水落石出矣。……著傳諭阿桂於遇見竇光鼐即傳朕旨就伊除去刑具免其拏問，著即帶往浙省隨同查辦此案，並將此旨給其閱看。至黃梅在任即有贓款則伊任所私蓄必多，除傳諭孫士毅等伊原籍家產查封外，著阿桂等即將黃梅任所貲財一併查封。若其家貲豐厚則即借彌補爲名，攤派把稾之實據也。並查伊長子究係何名逃往何處，即行緝拏提審。至黃梅任內有無別項劣蹟亦著一併嚴審具奏。再伊齡阿兩次參奏竇光鼐未必不受屬員慫恿，此案伊可無庸會

辦以免迴護。（註二〇）

乾隆皇帝對於黃梅勒派一案，內心非常著急，要阿桂、閔鶚元等盡速辦理，故於八月初一日再下旨：

……並著阿桂接奉此旨即速兼程行走，朕惟計日以待也。將此傳諭阿桂並諭閔鶚元知之，閔鶚元亦當善體朕意也。（註二一）

阿桂、閔鶚元在途次接奉諭旨，即分別自山東平原及江蘇常州途次回程前赴浙江查辦黃梅貪贓各款。而浙江巡撫伊齡阿卻於閏七月二十六日具奏傳詢竇光鼐自平陽帶回省城之丁憂典史李大璋供出竇光鼐前後誘令寫供及變臉發怒各情節；但不爲乾隆皇帝所信，這是他睿智見解：

典史李大璋不過微末之員，如何敢於巡撫前翻案，是以止將竇光鼐逼供發怒情形順巡撫之意搪塞支飾，而於黃梅貪贓款蹟概不吐露，其所供未可爲憑。（註二二）

八月丁卯（廿七日）乾隆皇帝接獲阿桂等奏，審訊平陽縣知縣黃梅，確有向部民勒借錢文並按田科派二款已供認不諱，遂下諭道：

……黃梅以彌補虧空爲名，向部民勒借派捐業有確據，其貪婪不職殊出情理之外，黃梅著革職拏問。溫州府知府范思敬著解任，一併質審定擬具奏。（註二三）

對於溫州知府范思敬徇庇屬員及黃梅長子黃嘉圖等種種情形，也要阿桂等仔細查辦，同日又下旨：

……至該府范思敬於所屬知縣黃梅如此貪婪骫法，並不早行揭參顯有徇庇情事。……今黃梅如此貪黷乃范思敬竟爲袒庇置若罔聞，自必受黃梅賕賄，是以隱忍姑容並不據實揭報，阿桂等務將此情節切實審訊定擬具奏。至阿桂等查辦此案尚有未中竅要之處，黃梅以彌補虧空爲名，肆其貪婪派捐勒借。即使將科斂銀兩實在彌補倉庫已有應得之罪，況藉端派借並未彌補虧缺，俱以侵漁肥橐，是其貪黷營私，實出情理之外，此一節最關緊要，阿桂等當從此根究，令其據實供吐毋任狡飾。並將黃梅採買倉穀私收水腳朋貼各情節逐一嚴究，務得實情以成信讞。至於黃梅長子黃嘉圖，民皆號爲石板砲，是黃梅縱容伊子在外招搖婪索貽害地方必有實在款蹟，以致眾怨沸騰，混號即其實據。並著阿桂等一併嚴審究擬迅速具奏。所有此案漫無覺察之上司及該管道府均著阿桂等於定案時分別查參。（註二四）

平陽縣知縣黃梅以彌補虧空爲名勒派貪黷婪索一案，經阿桂等已審訊明確據實奏報。乾隆皇帝便於九月丁亥（十七日）頒旨說明案情並相關官員的疏忽職責，下旨懲處前任浙江巡撫福崧，前任浙江藩司現任杭州織造盛柱及現任浙江巡撫伊齡阿等，並加恩命竇光鼐署理光祿寺卿。諭旨內容如後：

……茲據阿桂等將黃梅在任婪索各款嚴切審明；黃梅借吳榮烈等錢二千一百文，侵用田單公費錢暨朋貼採買錢一萬四千餘千文，而於原報虧缺僅彌補四千餘兩，仍未依限補足。是竇光鼐所奏，惟黃梅匿喪演戲及侵用廩生餼糧，並短發老民銀兩三款屬虛，其餘三款已爲確實，是伊從前冒昧固執之咎尚屬可寬。現在陸錫熊已出學差，所有光祿寺卿著加恩令竇光鼐署理，即行來京供職。……惟福崧在巡撫任已歷數年，乃於此等劣員骫法侵貪，並不據實參奏豈可復膺封疆之任。藩司盛柱所屬州縣錢糧是其專責，伊在浙較之福崧尤爲最久，亦復置若罔聞姑容闇允，是盛柱亦不應仍任織造。伊等現交部嚴議，自係革任革職，難邀寬宥，福崧盛柱先著革去翎頂俱著來京候旨。……伊齡阿於黃梅婪索一案雖非其任內之事，但聽屬員之言兩次將竇光鼐冒昧參奏是其錯謬，伊已自請交部嚴加議處，著在任聽候部議。……（註二五）

乾隆皇帝對於阿桂等查辦浙省虧空一案，遺漏平陽縣知縣黃梅婪索未曾查出，也應自行檢舉，故於九月十八日下旨對阿桂等深加切責：

……浙省倉庫虧空未能依限彌補，特派阿桂、曹文埴、姜晟、伊齡阿先後前往該省徹底查辦。伊等自應將各州縣虧空實在情形及有無借備補爲名藉端勒索侵肥之事，詳晰查究據實參劾不負委任之意。何得祇憑地方官結報，就案查覈遽爲了事。即如黃梅貪黷營私，贓款累累實由借彌補虧空爲名，侵漁肥橐而於原報虧短穀價，僅彌補四千餘兩仍未依限補足。阿桂等從前查辦時即應將此等情弊詳悉訪查，切實根究方足以服眾懲貪。豈黃梅種種婪索之事乃在虧空本案之外乎？阿桂等以該省虧缺較原報之數有減無增，即謂可以完案；而於黃梅借端派斂各弊並不虛心察訪。若果如此則此等案件，祇須令督撫等照常查訪，由地方官出結具詳已可完案，又何必特派欽差前往辦理。今因竇光鼐將黃梅借票田單查出據實具奏，經朕復令阿桂會同閔鶚元前往覆查，並再四申諭令阿桂毋得稍存迴護芥蒂之見。始據阿桂等將黃梅在任勒借部民錢文及侵用田單公費朋貼各款據實審出。試思此等情弊非從前阿桂等遺漏未曾查出事乎？阿桂等此次查審時，如竇光鼐所參黃梅各款俱涉虛誣尚可藉口；今既審實則阿桂等豈無應得之咎，乃並不自行檢舉。……但前此查辦黃梅時節，據伊齡阿等奏稱竇光鼐曉曉執辯咆哮生事，並有不要性命不要做官之語，亦殊乖大臣之體。又稱黃梅母死演戲，家人竊物外逃透漏信息，並逼令典史李大璋書寫呈詞以爲證據。今已審明並無其事，是竇光鼐並不得爲無過。……阿桂等定案時亦應將竇光鼐所參黃梅款蹟，雖已審實而從前性情偏執舉動乖張不合之處分晰陳奏，乃並未經議及。可見阿桂等始則因竇光鼐堅執多事心懷憎惡，及事已審實則又妄臆朕曲護竇光鼐不復置議，尤屬非是。……黃梅調任平陽，在任八年隱私累萬，其歷任本管道府瞻徇袒庇並不揭參，本省巡撫亦俱置若罔聞，非尋常失察可比其罪甚大。設各省效尤國政尚可問乎？是以降旨將福崧、盛桂俱行革任。阿桂等定案時自應將各該上司道府等查明嚴行參奏；乃僅於摺內照常請交部查取職名分別嚴議。此一節阿桂等亦難辭瞻顧迴護之咎，但朕意不爲已甚故如此完案耳。……阿桂、曹文埴、姜晟、伊齡阿俱著交部議處。……（註二六）

乾隆皇帝對於參予浙省虧缺一案的上下官吏，除自請議罪部分外更明白指出他們的遺漏過失，可見乾隆皇帝御下很嚴，也是他過人之處。

先前浙江巡撫伊齡阿於乾隆五十一年閏七月十日及閏七月十六日分別兩次參奏竇光鼐親赴平陽，發怒咆哮用言語恐嚇並於該縣城隍廟多備刑具等等惡蹟。都是溫處道張裕穀、永嘉縣知縣程嘉讚、新任平陽縣知縣田嘉種等向伊齡阿具稟的。乾隆皇帝得知後對張裕穀等非常不滿，認爲他們明係迴護溫州知府范思敬及前平陽縣知縣黃梅，爲迎合上司，竟官官相護，聯爲一氣，牽行裝點情節，扶同具稟希圖矇混上司，故於五十一年九月庚寅（廿日）下諭：

……所有溫處道張裕穀、永嘉縣知縣程嘉讚，平陽縣知縣田嘉種，俱著交部歸案一併嚴加議處。（註二七）

竇光鼐以吏部右侍郎留任浙江學政身分檢舉浙江省各州縣倉庫多有虧缺，尤以平陽縣知縣黃梅借彌補倉穀爲名，勒捐勒派部民爲數累累等事，但不爲欽差阿桂、曹文埴、姜晟等所相信，並奏報乾隆皇帝實無其事。又經浙江巡撫伊齡阿兩次參奏，說竇光鼐曉曉執辯，並親赴平陽縣訪查時招告生監，訊問有關黃梅貪黷款蹟時，咆哮發怒，鎖拏吏役逼令書吏塡寫供詞甘結。乾隆皇帝爲此下令將竇光鼐革職並拏問解京，幾乎形成冤獄。幸竇光鼐適時查出黃梅向部民勒派勒捐的田單、借票、收帖千餘張以爲憑證。經乾隆皇帝發旨更審，復令阿桂會同江蘇巡撫閔鶚元前往覆查，並再四申諭令阿桂不可稍存迴護，才將黃梅貪黷婪索侵漁諸弊審實。竇光鼐因而始獲平反，並奉旨署理光祿寺卿。竇光鼐參奏黃梅貪黷婪索，地方道府官吏卻官官相護，甚至欽差大臣也受蒙蔽，並且紛紛對他落井下石；但竇光鼐雖在四面楚歌聲中仍能曉曉執辯，爲眞理始終不曲，親訪平陽尋找證據，其不畏強權的操守品德足堪後世效法。乾隆六十年竇光鼐充會試正考官，因浙江歸安人王以鋙、王以銜兄弟聯名高第，和珅謂竇光鼐迭爲浙江學政，顯有私情，遂遭解任。後因王以銜參加廷試竟以第一人及第，竇光鼐含冤始解，但卻因年老命以四品銜休致，九月卒。竇光鼐一生耿直正義，但卻終不獲大用。

總之，在君主專制的政治體制下，要皇帝承認自己的錯誤，自甚爲困難。但當其發見光鼐所提出之證據之後，能夠即令阿桂等前往復審，卒得平反，亦殊不易。至大學士阿桂奉諭前往查辦，雖言起先並未能查出眞象，竟坐光鼐以罪；但奉旨再查，卒能秉公落實，使光鼐含冤得解，亦自有其難能之處。故清吏稿對於竇光鼐一事的論評：「高宗中年後遇有言事者，遣大臣按治，輒命其參與，光鼐既將坐譴，卒得自白，阿桂之賢也。」（註二八）雖有過譽，卻並非全無依據。

【附註】

註一　《清高宗純皇帝實錄》，卷四，頁二九，甲戌條上諭。

註二　同註一，卷一四，頁二一，乙巳條上諭。

註三　《清史研究》，一九九二年一期，〈試析乾隆懲貪屢禁不止的原因〉，劉鳳雲撰。

註四　《清史列傳》，中華書局編，卷二四，頁二八。

註五　同註一，卷一二四七，頁四，癸亥條上諭。

註六　《乾隆朝上諭檔》十三冊，頁四一〈乾隆五十一年二月十七日內閣奉上諭〉（中國第一歷史檔案館編）

註七　同註一，卷一二五二，頁一七，乙酉條上諭。

註八　同註一，卷一二五三，頁一一，壬辰條上諭。

註九　同註一，卷一二五四，頁二，丙午條上諭。

註一〇　同註九。

註一一　同註六，冊一三，頁一七一，〈五十一年五月十九日奉上諭〉。

註一二　同註六，冊一三，頁一七六，〈五十一年五月二十三日奉上諭〉。

註一三　同註一，卷一二五八，頁三，〈甲辰條上諭〉。

註一四　同註一，卷一二六〇，頁五一，〈壬申條上諭〉。

註一五　同註一四。

註一六　同註一，卷一二六一，頁三，〈己丑條上諭〉。

註一七　同註一，卷一二六一，頁二六，〈乙未條上諭〉。

註一八　同註一，卷一二六一，頁三六，〈戊戌條上諭〉。

註一九　同註一八。

註二〇　同註一，卷一二六一，頁四九，〈庚子條上諭〉。

註二一　同註一，卷一二六二，頁二，〈辛丑條上諭〉。

註二二　同註一，卷一二六二，頁二二，〈乙巳條上諭〉。

註二三　同註一，卷一二六三，頁一九，〈丁卯條上諭〉。

註二四　同註一，卷一二六三，頁二一，〈丁卯條上諭〉。

註二五　同註一，卷一二六五，頁一，〈丁亥條上諭〉。

註二六　同註一，卷一二六五，頁九，〈戊子條上諭〉。

註二七　同註一，卷一二六五，頁一七，〈庚寅條上諭〉。

註二八　《清史稿》，洪氏出版社出版，卷三二二，〈列傳一百九〉，頁一八〇二。

第十章　結論

本書第一章至第六章是就乾隆朝吏治整飭改革及失敗情形的敘述分析探討。茲就各章次序做簡單結論如後：

一

清高宗的吏治整飭改革內容，從整頓中央九卿懶散、因循推諉、文移稽延、鄉愿習性等惡習開始，又提高科道及御史的素質採取擴大選拔對象，並責實言官職責。進而對地方督撫州縣的整飭，要求作好察史的基本工作並注意民間飢苦調查，教養兼備進而採取有效措施以發展地方經濟。清高宗也注意地方幕客的整頓，使幕客們不得在省會勾結為惡並霸佔吏途。各地武官的整飭，亦非常重視他們訓練成績，定三年一閱，欽命大吏分別校閱各省營伍演練。官員考績無論京官之京察或外官之大計，以才、守、政、年為四格以評定等第，凡三等以外便糾以六法並按例處罰。此外清高宗嚴格懲治貪官污吏，雖然地方侵貪案件層出不窮，但不無嚇阻作用。但因清高宗在位過久中期以後，精神顯然不繼，遂有重人治而輕法治，滿漢官員日漸喪失志節無論中央或地方侵貪案件層出不窮，而且上下勾結沆瀣一氣敗壞吏治。再清高宗寵幸和珅，使和珅秉持朝政達二十餘年，朝綱不振。而且清高宗個人縱肆奢靡，巡幸無度，間接促成官員侵貪。等等原因促成清高宗吏治整飭效果不彰。

二

乾隆皇帝即位之初，在「寬嚴並濟」思想指導下，一切從寬的基礎上，執行「治天下之道，貴得其中，故寬則糾之以猛，猛則濟之以寬。」因此他認爲最理想的「寬嚴並濟」應該是「朕主于寬，而諸王大臣嚴明振作以輔朕之寬。」（註一）爲了怕諸臣誤會寬政的含義，所以論旨累頒。並積極推行寬政，確實糾正了雍正皇帝的苛嚴政治，解決了宗室內部積案，改善士子科舉考試。對一般百姓困苦生活也進行改善。提高了文武官員俸祿。對於有玷官箴的大吏治以重罪，嚴格甄別僧道恢復度牒之法，不讓無賴之徒混跡其中。使乾隆朝前期政治出現了穩定而興盛局面。但自乾隆十三年之後由於乾隆皇帝家庭的悲劇發生，金川失利、命盜叛逆案屢興，官吏廢弛，官場貪污弊案滋生、軍營腐敗嚴重……等等因素，使乾隆皇帝的政策遂由寬轉嚴，極力澄清吏治，使乾隆朝中期開創了一個「特盈保泰」的局面。即清高宗自謂「重熙累洽誠斯日，保泰持盈亦此時。」（註二）但由於過份陶醉在盛世的夢幻中，使得政治風氣和社會關係發生了急劇的變化，社會秩序的混亂，人民群衆的反抗也大爲增加。到了乾隆朝晚期，吏治更加敗壞，加上乾隆皇帝寵幸和珅，貪污賄賂公行，雖然乾隆皇帝也企圖挽回這一江河日下的趨勢，但年老力衰也已力不從心了。縱使實行高壓政策也無能爲力，使清朝由盛而衰。總之乾隆皇帝的寬政轉變對乾隆期及整個清朝的盛衰有著極大的影響。

三

清代雍正朝，制定各省提取耗羨以利公用，或分期歸還地方虧欠並支付官員養廉。將原來地方官員暗收羨餘，以飽私囊的惡習舊例加以公開化合法化。耗羨按各省貧富情況，是否有災情以決定提取耗羨多寡分數。各省文武官員按地方事務繁簡地方遠近，是否爲邊陲重地，並按各官品級分別規定予以不等的養廉銀。這項耗羨提撥及養廉銀頒給，從制度面來看，本來是一項好的財政改革。乾隆朝繼續推行該項政策，並還具體干預各地方耗羨收額，雖然屢次蠲免地方耗羨、或減少各地方耗羨徵收額，如陝西省火耗原定加二徵收，其中一錢五分作養廉銀，另外五分用于採買社倉預備糧。清高宗鑑于西北二路大軍漸次撤退，軍需簡少而倉儲已多，決定裁減五分，僅加徵一成半。（註三）清高宗很多措施都體恤百姓，而對在外文武官員增加養廉銀兩。但就實際面來說，有些地方官員並未體諒清高宗的用心，最大的問題發給地方的公費太少遇有重大乾旱水患，常要靠官員捐廉俸解決，再清代地方官員所有幕友、長隨、等人數衆多，要吃之于官，用之于官。若有貪黷惡習者，再多的養廉銀也不夠用，因此乾隆一朝官吏侵貪案件衆多。有關提取耗羨的侵呑，如乾隆六年七月，山西布政使薩哈諒，其侵貪事實是：收受錢糧加平入己、縱容家人婪贓不法。（註四）有關頒發養廉銀兩的侵呑，如乾隆十六年（西元一七五一）四月，丁憂（湖廣）總督永興，收受賄賂、擅自提用道庫養廉並未扣還歸補，（註五）可見養廉銀制度並未完全解決地方官員收取「陋規」的實際問題。故〔中國政治制度通史〕云：

及至清末咸豐、同治以後，因國家財政困難，裁削各項經費。同時也影響到官員的俸銀。如咸豐七年（一八五七）清廷以「軍需要孔急，自督撫以至州縣各裁減養廉以佐兵餉」。（註六）

至此雍正朝制定的提解耗羨及頒發養廉銀兩制度，到了乾隆朝中後期，其作用和美意卻有被好侵貪之官員所破壞。這個制度的發展及延伸本來是政府體諒地方經費之不足，但卻造成貪污官員聚斂枉法機會。

四

中國封贈制度，歷史悠久，素爲朝廷官吏所重視，更爲一般士子所嚮往。官員遇覃恩封贈，獲得皇帝頒給誥敕，是一項莫大的榮典，除了本身獲得榮耀，凸顯地位外，更可以封贈祖先，發揚崇尚孝道精神。封贈制度是由散官、階官的封賜爵號而來，階官品秩愈高，其榮耀愈顯，章服愈盛，朝班愈前。中國封贈制度，演變到清代，更趨完備。官吏每遇覃恩頒詔，官員除本身得到封贈外，其妻室、父母、祖父母、曾祖父母也可一體獲得封贈榮典。另有推恩貤封的規定，更可以將官員本身及妻室應得封典貤封（贈）給未得封贈的本宗尊長或外姻長輩，以表感恩圖報。但是，因官員品秩高低不同，所能封贈及貤封的對象不同。品秩愈高，封贈祖宗代數愈多，榮耀也愈大。顯有鼓舞士氣、獎勵從公的作用。但清代，自道光朝起，因國庫匱乏，始允許捐封。輾轉推衍，甚至使封贈制度單純的獎勵精神受到金錢污染而喪失殆盡，實甚可惜。綜觀清代封贈制度，大體而言仍然是一項有助於官員向心與奮勉的制度。

五

乾隆朝官吏侵貪案件之探討，經過官吏侵貪案件簡表敘列，及官吏侵貪特別個案分析，以及官吏侵貪案件在乾隆朝發生原因的縷述，已經可以獲得很明確得認識。如清高宗的統治政策，寬嚴不一。初期雖能穩定社會次序和鞏固專制統治，而收到較好的效果。但從乾隆十三年以後卻處斬了很多大臣。乾隆晚期，清高宗因年老力衰，又寵幸和珅，不克振興，官吏侵貪案件也就更行嚴重。次就清高宗懲貪執法不一而言，由於重人治而輕法治，換句話說即爲執法不堅，以個人意志爲轉移，不時隨意改動成法。尤其是，他常以「不爲已甚去已甚」的主張，而從輕發落，更使他懲貪執法不一。對於喜歡大臣，如浙江巡撫盧焯因營私縱賄，雖初處以擬絞監候，秋後處斬，但後來卻屢任要職。又如富勒渾之侵貪被逮後，雖被處以革職論斬。但後來卻竟予恩釋。而對於不喜歡大臣卻嚴懲不貸。其懲貪法令雖嚴密，範圍雖廣泛，手段雖激烈，卻因此使官吏侵貪案件越來越多。再加上清高宗用人不當，寵幸和珅，讓和珅專擅朝政，藏污納垢，包庇貪贓納賄，他自己和依附于他的大小貪官就愈來愈加放肆橫行。更是乾隆朝官吏侵貪案件衆多的主因。清高宗個人縱肆奢靡，大量收受貢品，大臣疲於奔命，因所費不貲，就侵貪公帑、虧空庫銀。他又巡幸無度，地方督撫等官吏接待，花費尤其鉅大，也是官吏容易侵貪的原因。再加上他喜好驕奢，愛大排場，而臣工爲奉承討好，收刮民脂民膏。在上索下求的普遍要求下，官場彌漫著巧取豪奪，再多的養廉銀兩也不足以應付。官吏侵貪婪索案件遂日益衆多。而社會上因統治階級核心滿洲貴族，生活日益奢靡，常常鮮衣美食，使社會上充滿了銅臭氣，官吏生活浮華奢侈，爲享永遠富貴，官吏便不擇手段婪索侵貪。有清一代，乾隆朝官吏侵貪的橫行促成吏治腐敗，是國勢由盛而衰的主要原因之一。雖然本文的探討，因受史料的限制，有的較詳細，有的較簡略。更因本人學識不夠精研，也有掛一漏萬之嫌。但本文的確爲研究乾隆朝的吏治提供一項方向。

六

清代末年郭嵩燾曾經縱論古今天下：「中國自漢、唐以來，雖號爲君主，然權利實不足，不能不有所分寄。故西漢與宰相、外戚共天下，東漢與太監、名士共天下，唐與后妃、籓鎭共天下，北宋與奸臣共天下，南宋與外國共天下，元與奸臣、番僧共天下，明與宰相、太監共天下，本朝則與胥吏共天下耳。」（註七）可見胥吏在清朝政府中，地位之重要性。胥吏包括京吏與外吏，外吏即含地方書吏（總督、巡撫、學政、各倉、各關監督之吏，稱書吏。）地方書吏在地方衙門內，分別熟悉某一方面或某一部門辦事規則例案，卻無法順利進入仕途作正式官員，便以吏爲業，祖孫父子相傳，藉以爲生。但是地方書吏比地方官員更接近百姓，若能清廉潔身自愛，服務百姓，無論錢糧收納、丁役田賦、堤圩修築、……等事均能熱心造福鄉里。否則攬權納賄貪婪不職，舞文弄墨愚弄百姓，貽害鄉里。一但東窗事發，則身敗名裂，本身即遭黜革重罰，更牽累地方官員亦遭嚴重議處。總之，地方書吏之好壞影響地方吏治臧否。再統觀前述十七例案，小計十九件地方書吏弊案中，被中央特派封疆大吏（總督、巡撫）具摺參奏的，共有八件：(2)、(3)、(5)、(6)、(8)、(10)、(13)、(15)等，約佔百分之四十二。由中央各部及其他單位咨文具奏舉發的（兵部、吏部、都御史、盛京將軍），共有五件：(1)、(4)、(9)、(11)、(12)等，約佔百分之二十六。清高宗下旨徹查的，只有(14)(2)一件，約佔百分之五。鄉民、縣民、革生、巡檢等在地方衙門呈控無效後，始赴京城步軍統領衙門呈控的，共有四件：(14)(1)、(16)、(17)(1)、(17)(2)，約佔百分之二十一。眞正由地方官（藩司即布政使）具奏的，只有：(9)一件，約佔百分之五。從以上的統計，使我們了解地方書吏弊案的舉發，大多數是來自外界的。這表示地方官員與書吏是相互包庇的，而老百姓所受書吏的冤屈只有上京呈控一途。這也顯示清代乾隆朝地方吏治腐敗的另一面。本文利用國立故宮博物院所藏第一手史料《軍機處錄副奏摺》及相關史料，來探討地方書吏之弊害，除了瞭解地方書吏實際欺凌百姓的醜陋一面外，可以看到二三百年前的社會狀況，這也是撰寫本文的另一項收穫。

第七章至第九章是就乾隆朝官吏侵貪及吏治失敗舉例使讀者更能明確瞭解乾隆朝實際吏治狀況。

經由上述九章的探討及舉例，使我們對清高宗乾隆朝的吏治，有明確的瞭解。清代康熙、乾隆兩朝，時雖並稱，但仔細思之，一爲創業之主，開拓國運；一爲守成之君，坐享太平，生爲貴公子，長爲富家翁，有席豐履厚之觀，國庫充裕，不論對內學術思想的壓制或對外爭戰都是大手筆揮霍，但已造成無可彌補的缺陷。吏治趨向廢弛，官吏的貪黷橫行。乾隆晚年寵信和珅，行成貪污集團，維護內外官員侵貪成風，使政治腐敗。而國家因長期安定，戶口激增，民間的經濟情況已不如前；再加上政治敗壞，社會乃漸趨凋敝，使清王朝統治至乾隆一朝，漸由盛極而中衰。乾隆末年，已發生叛亂，苗亂及白蓮教亂接連發生，乾隆朝以後，清帝國便在一連串的內亂下步入衰運。

【附註】

註一 《清實錄》(九)〈清高宗純皇帝實錄〉卷四，頁二一六，雍正十三年十月甲戌條。

註二　《清高宗御製詩文全集》第八卷。

註三　唐文基羅慶泗《乾隆傳》第四節（調整政治經濟政策）頁三八（北京，人民出版社，一九九四年八月）。

註四　《故宮學術季刊》第十七卷第四期（唐瑞裕—論清代乾隆朝幾則官吏侵貪案件），頁一八一。

註五　同註四，頁一八二。

註六　白鋼主編《中國政治制度》（第十卷清代），頁五七二。

註七　任恆俊《神奇的腐朽—晚清吏治面面觀》（做官不做事），（三聯書店，一九九六年，十一月），頁四三。

徵引書目

1.錢穆著《國史大綱》，國立編譯館出版，商務印書館發行，民國四十九年，一臺七版。
2.蕭一山著《清代通史》，臺灣商務印書館發行，民國六十一年，一臺三版。
3.日本稻葉君山原著，但燾譯訂《清朝全史》，臺灣中華書局發行，民國六十六年，十二臺四版。
4.《清史列傳》，臺灣中華書局發行，民國七十二年二月，臺二版。
5.《中國歷史大辭典》（清史），戴逸等主編，上海辭書出版社發行一九九二年，十月。
6.《欽定大清會典》光緒十二年敕撰，光緒二十五年刻本，啓文出版社出版，民國五十一年，一月。
7.《大清高宗純（乾隆）皇帝實錄》，臺灣華文書局發行。
8.楊樹藩著《中國文官制度史》，三民書局經銷，民國六十五年，九月初版。
9.唐文基等著《乾隆傳》，人民出版社出版發行，一九九四年，八月北京第一版。
10.唐瑞裕著《清代吏治探微》㈠，㈡文史哲出版社出版，民國八〇年，十一月及民國八七年，六月。
11.大陸版《辭源》，臺灣商務印書館發行，民國七十八年，七月。
12.吳哲夫著《四庫全書纂修之研究》，國立故宮博物院出版，民國七十九年，六月。

13. 劉子楊著《清代地方官制考》，北京紫禁城出版社，一九八八年，六月。
14. 《清史》臺北國防研究院印行，民國五十二年，八月。
15. 繆全吉著《清代幕府人事制度》，臺北，中國人事行政月刊社，民國六十五年。
16. 繆全吉著《明代胥吏》（附錄），臺北，嘉新水泥公司文化基金，民國五十八年，等。

引用檔案資料

1. 國立故宮博物院所藏《軍機處錄副奏摺》。
2. 國立故宮博物院所藏《宮中檔奏摺》。
3. 國立故宮博物院所藏《國史館及清史館》（傳包）（傳稿）。